大别山区生态产业开发及生态经济区建设研究

王 哲 著

合肥工业大学出版社

前　言

改革开放三十多年，我国经济实现了持续快速增长，综合经济实力有了很大提升。但是，我国区域经济则长期存在非均衡倾斜发展状况，东部地区率先开发、开放和发展，中西部地区发展相对滞后。这种非均衡发展状况造成了区域经济差距扩大和区域利益关系扭曲，产生了发展中的不平衡、不协调、不可持续等问题。近年来，国家相继出台了数十个国家战略，几乎囊括了所有的区域，这表明我国将由过去优先发展沿海的非均衡战略，转变到全国各个区域普遍崛起的均衡战略。均衡发展战略为区域经济的协调发展铺平了道路。中部地区是我国区域发展承东启西的纽带，中部地区崛起是全国经济发展大格局的要求。中部崛起，东西部发展必然协调和谐；中部若发展凹陷，东西部发展则必然失衡。而大别山区处于中部地区的中心位置，处于中原经济区、武汉城市圈和皖江城市带的交汇处，在区域格局中的衔接、过渡作用十分重要。然而，大别山区经济社会发展相对滞后，已成为中部崛起的短板。因此，大别山区振兴是适应国家发展战略的需要。

大别山雄踞中原，是淮河与长江的分水岭。大别山区具备完整的自然生态系统，森林覆盖率高，是我国东中部地区重要的生态屏障。根据国家主体功能区规划，大别山区许多区域是限制开发的国家重点生态功能保护区和禁止开发的自然保护区、风景名胜区等。因此，构建大别山生态经济区，发展生态经济，是落实国家主体功能区战略的具体体现，也是维护国家生态安全，实现社会经济与生态环境相互协调和可持续发展的必然选择。

大别山区又是一个集山区、老区、贫区、传统农业区为一体的特殊地区。2011年，中央把大别山区列为全国11个连片特困重点扶贫地区之一，作为国家扶贫攻坚的主战场。2015年6月1日，国务院正式批复《大别山革命老区振兴发展规划》，将大别山革命老区振兴发展上升为国家战略。因此，大别山区应把扶贫攻坚战略与绿色发展紧密结合，探索区域发展新思路。发挥生态资源优势，大力发展绿色生态经济，是大别山区实现从扶贫开发走向区域经济振兴的客观选择。同时，鄂豫皖三省的大别山区山水相连，资源相通，生态、经济、社会等众多方面的共同性和特征鲜明的区域性，使大别山区成为一个相对独立的整体。因此，实现各类资源共享、推动区域经济社会合作协调发展是一种大趋势。

根据国家主体功能区规划，结合大别山区域特色和各地具体现状，探讨大别山区生态产业开发的重点有哪些？如何对大别山生态经济区进行规划？发展大别山区生态经济应该采取哪些具体策略？等等。本文围绕这些问题展开研究。

第一，对发展大别山区生态经济的意义、背景及可行性进行分析；对生态经济的相关概念进行界定，对生态经济研究相关的理论基础进行探讨；对生态经济学研究现状进行述评。第二，对大别山区生态功能保护区进行梳理，应用GIS技术对自然保护区、国家地质公园和国家森林公园的位置分布分别进行定位并绘图，并进一步对各生态功能保护区情况进行简要介绍。第三，对大别山区国家AAAA级以上风景旅游名胜区进行梳理，应用GIS技术对各风景名胜区的位置分布进行定位与绘图，并进一步对各风景旅游名胜区进行介绍。第四，本文研究认为，大别山区生态产业开发的重点是生态农业、生态林业、中药材、生态旅游业和生态工业。本文对大别山区这些产业的发展现状、存在问题及发展策略分别进行探讨。第五，本文研究将大别山区划分为生态产业集中发展区和生态经济综合配套区，并进行具体规划；对大别山区各县、区进行产业定位与分工。第六，六安茶谷是大别山区生态产业集中发展区的典范。本文对六安茶谷建设的背景、意义、目标、现状、特色产业优势、规模、运营模式、重点企业及建设路径进行全面深入探讨。第七，通过构建大别山区生态经济效益评价指标体系，结合层次分析法(AHP)，对大别山区四市生态经济综合效益进行测度评价，并进行比较分析。最终，在全文研究的基础上，对发展大别山区生态经济进行具体策略探讨。

本文研究成果是皖西学院大别山发展研究院成果之一。大别山发展研究院是皖西学院坚定不移地走地方性、应用型发展道路，深化拓展“大别山道路”，深入推进产学研合作，服务大别山区域经济社会发展而成立的人文社会科学研究创新平台。研究院总体建设目标是努力建成水平较高、有一定影响的大别山区域发展研究中心。本文研究成果不仅是上述精神的集中体现，也是皖西学院应用经济学重点学科建设项目和皖西学院应用经济学教学团队项目成果。

由于作者水平有限，加之资料和文献的缺乏，致使本文研究成果还存在一些不足之处，这将在以后的相关研究中日臻完善。

王　哲

2017年5月于皖西月亮岛

目　录

第一章　绪论 ………………………………………………………………………………（1）

第一节　发展大别山区生态经济的意义、背景及可行性 ……………………（1）
第二节　相关概念的界定与理论基础…………………………………………（5）
第三节　生态经济学研究述评 ………………………………………………（12）
第四节　主要研究内容、研究方法及技术路线………………………………（21）
第五节　本文的创新及研究的不足 …………………………………………（24）

第二章　大别山区概况 ……………………………………………………………（26）

第三章　大别山区生态功能保护区 ………………………………………………（31）

第一节　水源涵养保护区 ……………………………………………………（32）
第二节　自然保护区 …………………………………………………………（44）
第三节　国家地质公园 ………………………………………………………（64）
第四节　国家森林公园 ………………………………………………………（77）

第四章　风景旅游名胜区 …………………………………………………………（97）

第一节　大别山区4A级以上风景旅游名胜区分布概况 ……………………（97）
第二节　大别山区4A级以上风景旅游名胜区 ………………………………（98）

第五章　大别山区生态产业开发类别……………………………………………（166）

第一节　生态农业……………………………………………………………（166）
第二节　休闲农业和田园综合体……………………………………………（181）
第三节　生态林业……………………………………………………………（192）
第四节　中药材………………………………………………………………（196）

第五节　生态旅游业 …………………………………………………………（201）
第六节　生态工业 ……………………………………………………………（211）

第六章　大别山区生态经济区规划 ………………………………………（220）

第一节　生态经济区规划建设的影响因素和基本原则 ……………………（220）
第二节　大别山区生态产业集中发展区 ……………………………………（221）
第三节　大别山区生态经济综合配套区 ……………………………………（230）

第七章　六安茶谷——大别山区生态产业集中发展区的典范 ……………（234）

第一节　六安茶谷建设的背景、目标、宗旨 …………………………………（234）
第二节　六安茶谷的范围、茶旅线路、茶谷节点 ……………………………（238）
第三节　六安茶谷特色产业、产业规模、经营模式及品牌创新 ……………（250）
第四节　六安茶谷建设取得的成果及建设策略探讨 ………………………（266）

第八章　大别山区生态经济综合效益评价及发展策略探讨 ………………（273）

第一节　大别山区生态经济综合效益评价 …………………………………（273）
第二节　大别山区生态经济发展策略探讨 …………………………………（281）

第九章　结论及展望 …………………………………………………………（285）

参考文献 ……………………………………………………………………（287）

第一章 绪 论

第一节 发展大别山区生态经济的意义、背景及可行性

一、发展大别山区生态经济的背景与意义

(一)发展大别山区生态经济的背景

1. 非均衡倾斜发展战略带来了一系列区域经济发展问题

改革开放三十多年来,中国经济实现了持续快速增长,综合经济实力有了很大提升,区域经济则长期实行非均衡倾斜发展战略,投资重心与政策优惠一味向东部沿海地区倾斜,用东部沿海地区的率先开发、开放和发展带动中国经济的腾飞,实现邓小平同志提出的先富带动后富。这种战略强调经济效益目标,却忽视了平衡发展目标,造成区域经济差距扩大和区域利益关系严重扭曲,产生了发展中的不平衡、不协调、不可持续等问题。目前,区域非均衡发展导致的区域差距扩大、区域间利益的矛盾和冲突、地区发展机会不均等问题越来越突出,而长期形成的资源驱动、投资拉动、出口导向型经济发展模式也难以为继。如何缩小区域差距、缓和区域矛盾和冲突,实现经济发展模式的创新就成为目前困扰我国经济社会发展的重大问题,也成为学界研究的重大课题。

2. 均衡发展战略的转变为区域经济协调发展带来机遇

作为大陆型大国,任何强国的崛起,必然伴随着大陆经济的兴盛,俄罗斯、美国均是如此。近年来,我国内陆地区经济快速增长,逐渐成为中国经济未来最大增长极。国家也相继出台了数十个国家战略,几乎将所有的区域都囊括其中,这表明了中国国家战略的转变,即由过去的优先发展沿海的非均衡战略,转变为全国各个区域普遍崛起的均衡战略。均衡战略的转变为区域经济的协调发展铺平了道路,为解决区域差距问题提供了机会,区域经济协调发展将是国家未来经济发展的一项重大任务,如何平衡好地区经济的发展,缩小地区经济的差距将会决定我国未来经

济发展的前景。只有协调好区域经济均衡发展，才能使我国更快地迈入发达国家行列。

3. 中部崛起成为我国经济崛起的关键点

从国家战略棋局来看，随着内陆市场依赖度的提高，中国未来崛起的关键点是中部崛起。中部崛起是全国经济发展大格局的要求。经过三十多年的发展，东部地区一直是经济高速增长的最主要力量。随着西部大开发战略的成功实施，西部省份的经济也保持着较高的增长速度。但由于东西部之间存在着较大的经济技术差距和空间距离，要形成中国经济区域总体均衡态势和完整结构，唯有作为承东启西的中部地区成为坚实的支撑点。中部地区的发展成为区域经济协调发展的关键，中部强烈崛起，东西部必然协调和谐；中部若凹陷，东西部则必然失衡。只有中部崛起，才能为东西互动、南北合作提供坚实的支撑点，才能真正实现区域协调均衡发展，实现全国现代化战略目标。而大别山区处于中部地区的中心位置，处于中原经济区、武汉城市圈和皖江城市带的交汇处，在区域经济格局中的衔接、过渡作用十分重要，如图 1－1 所示。然而，大别山区经济社会发展相对滞后，已成为中部崛起的短板。因此，大别山区振兴是适应国家发展战略的需要。

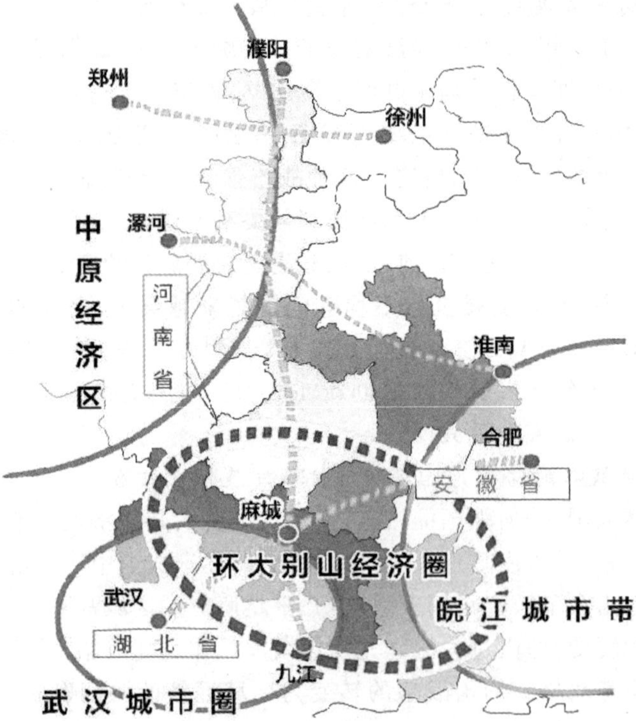

图 1－1　大别山经济圈在区域经济格局中的位置

(二)发展大别山区生态经济的意义

大别山雄踞中原,是淮河与长江的分水岭,华东与华中的界限,在中国战略位置至关重要,是中部地区经济协调发展的纽带。纵观我国,比较发达的经济圈之间,其核心城市的分布,远近适宜,既可以保持各自的辐射范围,又可以产生产业协同。如在长三角经济区,上海至南京最远,但是也不超过400千米,上海至苏州、不过100多千米,至杭州也不过200千米,杭州至苏州至南京,距离也很近。再如珠三角的中心城市广州和深圳、香港,各自相距最远也不超过200千米,并在各个中心城市之间,分布着众多的次中心城市。纵使西部的几个中心城市,成都至重庆距离也不过350千米。而在整个中部地区,中心城市之间距离太过遥远。武汉至郑州距离达600千米,合肥至郑州也达600千米,而武汉至合肥距离最短,亦有400千米。武汉、郑州、合肥三大中心城市之间缺少次中心城市,成为中部地区经济协调发展的软骨。而大别山经济区,正好在郑州、武汉、合肥之间,三地之间缺少次中心城市的连接亦根源于大别山的"塌陷"。

振兴大别山区的经济,利于国家均衡发展战略的实施,意义重大。不仅在于振兴老区,也是事关中部崛起;不仅是事关中部崛起,更是改变中部各个区域之间独自为战,建立中国大中部经济圈的纽带,完成中国从外贸型大国,向内需型大陆经济强国的转型。因此,振兴大别山区经济已成为大势所趋,而发展生态经济是振兴大别山区经济的重要选择。

二、构建大别山生态经济区的必要性和可行性

(一)必要性

1. 是维护国家生态安全,实现社会经济与生态环境协调发展的必然选择

大别山区是我国最大的长江水系和淮河水系的分水岭,是重要的水源水利储备库。大别山区对长江中下游经济区和黄淮经济区的经济社会发展起着重要的生态涵养与保护作用。大别山区具备完整的自然生态系统,森林覆盖率高,是我国东中部地区重要的生态屏障。因此,构建大别山生态经济区,利于维护国家生态安全,实现社会经济与生态环境相互协调和可持续发展。

2. 是落实国家主体功能区战略的必然要求

国务院于2010年底印发的《全国主体功能区规划》以及环境保护部与国家发改委于2015年联合下发的《关于贯彻实施国家主体功能区环境政策的若干意见》,是促使我国经济社会真正走上科学发展轨道的重要举措。根据国家主体功能区规划,大别山区许多区域是限制开发的国家重点生态功能区和禁止开发的自然保护区、风景名胜区等。构建大别山生态经济区是落实国家主体功能区战略的具体体现。

青山绿水是大别山区最大的特色和优势。大别山大部分地区属于国家限制或禁止开发区，这限制了区域的工业选择。大别山振兴不能走传统工业化老路，要抓住生态经济这个特色，处理好开发建设与生态保护的关系。为了实现生态保护与经济发展双重目标，必须坚持在发展中保护，在保护中发展。一方面，要进一步加强生态环境保护力度，大幅度提升生态环境质量；另一方面，要把握政策机遇，着力优化国土空间开发格局。把保护良好的生态环境作为加快发展的基石，把维护生态资源优势作为自然资本来投资，把发展生态产业作为生产力提高的抓手来培育，大力发展生态农业、生态工业、生态旅游和生态城镇，实现经济、社会、生态环境协调发展。

3. 是大别山区域扶贫发展战略的需要

据资料统计，2007 年至 2015 年，大别山区人均生产总值均处于所在省的下游水平，农民和城镇居民人均收入均低于全国和三省平均水平。大别山区经济发展滞后，不仅影响鄂豫皖三省经济的整体协调发展，而且还会影响中东部地区的可持续发展。因此，发挥大别山区天然绿色资源、地情资源和红色等人文资源，更好地发挥区域比较优势，积极探索科学发展、转型发展、绿色发展、合作发展的新路径和新模式，加强区域生态建设和环境保护，在经济社会发展中实现发展方式的“绿色化”，缩小区域发展差距，更好地实现国家区域扶贫发展战略的实施，加快消除集中贫困地区，全面实现革命老区小康社会建设的宏伟目标。只有国家“绿色化”战略在大别山革命老区探索与实践，才能实现大别山区走向跨越式、可持续发展的正确道路。

（二）可行性

1. 优越的自然生态资源和条件

大别山区地处暖温带和亚热带过渡地带，具备完整的自然生态系统，是重要的生态功能区。大别山区自然资源丰富，森林覆盖率为 59.58%，其中核心区森林覆盖率在 70%以上。区域内动植物种类繁多，约有动物 2031 种，植物 2079 种，中药材近 2 万种。区域内有皖西六大水库等多个大型水库及一大批中小型水库和水利设施，淡水资源优质丰富，总量达 300 多亿立方米。区域内旅游资源众多，山峰险峻秀美，1500 米以上的高峰就有 10 余座，大型水库、森林公园和自然保护区星罗棋布，自然和地质景观多彩多姿，开发潜力巨大。大别山区因后发而保持有一方净土，这是当今区域发展最具潜在优势和生态环境富有竞争力的绿色资源，是构建“大别山＋绿色化”试验区建设的最佳选择地。

2. 连接鄂豫皖三省的自然、社会、经济、文化

首先，鄂豫皖三省与大别山区山水相连、资源相通、历史同脉、文化同质、人缘相亲、经济同类，是生态经济功能区可行性基础。推进区域经济合作和一体化发展

是一种大趋势，也是实现各类资源共享、推动区域经济社会协调发展的重要方式。湖北、河南、安徽三省的振兴计划，均涉及大别山，三方合力，大势所趋。其次，区域内有多条铁路和高速公路相接，发展水平相近。生态、经济、社会等众多方面的共同性和特征鲜明的区域性，使大别山区成为一个相对独立的整体。最后，早在2011年全国两会上，就有全国政协委员建议中央加快大别山地区经济，并且联络了大别山28个县市的政协。2011年2月，湖北省方面规划了"大别山经济社会发展试验区"，并将试验区建设纳入全省"十二五"规划，将红安县、麻城市等8个县市纳入重点。2011年8月，安徽省出台《关于进一步促进安徽大别山革命老区又好又快发展的若干意见》，将六安，金寨等10个区县纳入重点。同年，河南亦将新县、光山等地纳入重点。2012年末，《大别山片区区域发展与扶贫攻坚规划》正式获国务院批复，更是将鄂豫皖三省的大别山区发展紧密相连。至此，构建大别山生态经济区的政策条件已经具备。

3. 拥有国家扶贫政策的大力支持

大别山区是一个集山区、老区、贫困区、传统农业区为一体的特殊地区，其中有国家贫困县18个。2011年，中央把大别山区列为全国11个连片特困重点扶贫地区之一，作为国家扶贫攻坚的主战场。2015年6月1日，国务院正式批复《大别山革命老区振兴发展规划》(以下简称《规划》)，将大别山革命老区振兴发展战略上升为国家战略。《规划》指出，"要努力把大别山革命老区建设成为长江中下游地区重要的生态安全屏障。至此，大别山区域发展与扶贫攻坚战略上升为国家层面，这对发挥大别山革命老区比较优势，尽快改变贫困落后面貌，加快中部地区发展具有重要意义。这也给"大别山＋绿色化"发展带来了新的机遇与要求。大别山区应把扶贫攻坚战略与绿色发展紧密结合，探索区域发展新思路。按照"区域发展带动扶贫开发，扶贫开发促进区域发展"的基本思路，着力解决区域发展瓶颈问题，不断增强片区经济实力，夯实扶贫攻坚经济基础，解决片区集中贫困问题。

第二节 相关概念的界定与理论基础

一、相关概念的界定

(一)区域经济

区域经济是指在一定地域和范围内发展经济的各个要素之间相互作用而产生的系统，是一个生产复合体。影响和制约区域经济发展的因素有很多，主要有当地自然条件、社会经济条件和技术经济政策等。任何一个区域经济的发展水平首先会受到诸如降水、热拿、光照、土地肥力和灾害频率等自然条件的影响,这些因素有时甚至还起到决定性的作用,因此区域经济是一种经济发展综合性的地理属性。当然,技术经济政策对于特定区域经济的发展也有重大的影响,在生产力发展水平既定条件下,区域经济发展程度主要受到投入的资本、科学技术和劳动等因素的制约,表现在区域生产力布局的科学性和经济效益的发挥上。它反映区域性的资源开发和利用的状况及其存在的问题,尤其是指矿产资源、生物资源、人力资源和土地资源的合理利用程度。而区域经济的发展成果并不简单地反映在各种经济指标上,更应该综合考虑社会总体的经济效益和地区性的生态效益的最佳均衡。

(二)生态经济

生态经济指运用生态经济学的原理和系统工程的方法来改变生产、生活和消费方式,并在自然生态系统的承载能力的范围之内,发掘自然系统资源的开发潜力,发展环境友好和生态高效的产业,建设与之相适应的、体制相对合理的、文化氛围和谐有序的、生态环境健康的、景观适宜的环境系统。生态经济的实质,就是以生态环境能够承受为最低限的基础上实现生态保护和经济发展的"双赢"式发展,构建经济、社会、自然生态良性循环的复合型生态巨系统。它是一种可持续发展的经济模式,这种模式可以使经济发展与环境保护、物质文明与精神文明、自然生态与社会生态达到高度统一和一致。"社会—经济—自然"复合生态区是系统生态经济的典型特征,既包括物质之间的消长关系、能量之间的转换关系以及信息之间的传递关系,还包括过程、功能和结构等关系,具有生产、消费、供给、包容、控制和缓冲等一系列功能作用。

(三)生态产业

生态产业是一种集团型产业,是基于生态系统承载的能力,并遵循生态经济学原理和知识的经济规律组织起来的一系列产业共存体,具有高效的生态过程及和谐生态功能。生态产业不同于传统产业,传统产业是将生产、消费、流通、回收利用、环境保护及治理建设纵向结合,而生态产业则是将不同行业的生产工艺和技术横向称合。生态产业效果高于传统产业,其以社会服务功能为目标,发展产品结构和工艺流程的多样化,有强大的内外信息网络系统和专家网络系统,以此来提供更多的就业机会,并能适应市场及环境的不断发展变化,随时改变产品结构和生产工艺,而传统产业以产品或利润为生产目标,就不能达到这样的效果。在生态产业里,工人不再是机器的奴隶,而是作为一专多能的产品设计开发的设计者和调控者。生态产业建设带来的是经济主体发展的多样性与优势度,开放度与灵活度,力度与柔度,速度与稳度都达到完美的有机结合,资源正效益取代了污染负效益。产业的技术、制度和文化领域在其建设过程中将开展一场深刻且彻底的革命和革新。

(四)生态经济区

生态经济区是一个地域性的概念,它强调区域经济的生态性,将区域经济发展和生态环境的发展有机融合，达到和谐、平衡、可持续的水平，而并不单纯追求经济的单向性发展或是单纯追求生态环境的保护。自然生态环境良好，并能随着经济的发展而向更高层次的和谐平衡的方向发展，自然资源不会被无节制的开发和破坏，能保持自然资源和社会资源都能按照自身的发展规律发展，有自己新陈代谢的过程，这些都成为生态经济区的重要标志。而生态文化是生态经济区发展的基础，生态经济区有一套健全的法制体系，文明程度不断发展，城市和乡村的文化都能得到充分保护和发展，环境污染得到充分治理甚至完全被消除。

简而言之，生态经济区是一个可持续发展的生态巨系统，它将行政地域作为一个完整的生态系统来分析，而不是完全割裂了经济发展和生态发展之间的内在联系。生态经济区属于高层次发展模式，它相对于卫生城市、园林城市、生态农业示范区域、生态工业园区、生态省市等经济发展形式更加复杂，包含更广的地域范围、更加复杂的人口结构以及更加复杂的自然地理环境，是一种更先进、更具有动态性和兼容性的经济发展模式。

二、理论基础

(一)可持续发展理论

1. 可持续发展的内涵

可持续发展的正式提出和讨论源于 1972 年联合国人类环境研讨会，这次会议重新界定了针对人类在缔造健康和充满生机的生存发展环境上所具有的权利。此后，可持续发展的内涵逐渐丰富，涉及社会、经济、自然、环境、科技和政治等多方面。从社会学角度，世界自然保护同盟(INCN)、世界野生生物基金会(WWF)和联合国环境规划署(UN－EP)于 1991 年提出，可持续发展是“在生存和不超过维持生态环境系统涵养能力的情况下，提高人类的生活质量”，强调地球的可承载力。从自然环境角度，国际生物科学联合会(IUBS)和国际生态学联合会(INTECOL) 1991 年提出，可持续发展是“保护和加强环境系统的生产和更新能力”，强调环境系统自我更新的能力；从经济学角度，爱德华·B. 巴比尔(Edivard B. Barbier)将可持续发展定义为“在保持自然资源的质量及其所提供服务的前提下，使经济发展的净利益增加达到最大限度”，强调的核心是经济发展；从科技角度，认为可持续发展“是转向更清洁、更有效的技术，尽可能接近‘零排放’，尽可能减少能源和其他自然资源的消耗”，强调技术的更新能力。国际上普遍接受 1987 年布伦特兰夫人在世界环境与发展委员会上提出的综合性界定，认为“可持续发展是指既满足当代人的需要，又不损害后代人满足需要的能力的发展”。可见，可持续发展是要建立在经济、社会、人口、资源、环境协调统一的基础上，既满足当代人当前发展的需要，又不损害后代人可持续发展的利益，包含了需要和需要被限制两个基本组成部分。

2. 可持续发展的原则

实现可持续发展必须坚持公平性、可持续性和共同性三大原则。公平性原则指在机会选择方面所具备的平等性，涉及代际间、同代人之间、人与其他生物之间三个层面的平等；可持续性原则指自然生态系统受到外界干扰影响后能继续保持其应有生产率的能力，其核心是人类的经济社会活动不能超越生态环境和自然资源的承载能力；共同性原则指作为全球发展的共同目标，可持续发展的公平性、经济性、可持续性原则，任何一个国家都应该共同坚持。

3. 可持续发展与产业生态化

可持续发展要求产业通过生态化发展将资源和环境的消耗控制在其可以承受的范围内，通过粗放型向集约型发展方式的转变，在保证经济增长数量的同时提高经济发展的质量。通过生态化发展，在改善人类物质条件的同时，为创造一个健康的生存和发展环境承担起应有的责任。产业生态化是可持续发展的重要手段，它的根本目的是在人类赖以生存和发展的自然资源和生态环境可再生的基础上，实现人—社会—自然三者之间的协调可持续发展。

(二)循环经济理论

1. 循环经济的内涵

“循环经济”(Circular Economy)一词最早由英国学者戴维·皮尔斯明确提出，是物质闭环流动型经济发展模式的简称，物质、能量梯级和闭路循环使用成为这种经济发展模式的典型特征，表现为资源高效利用，污染低排放，甚至污染“零排放”。目前，循环经济理论研究正处于发展之中，还没有十分严格的界定，纵观理论经济学家和学者们从不同的层面给予的含义，我们不难看出，循环经济的核心思想是在生态学原理的指导下，通过技术创新、制度安排和流程设计等，对经济活动中的生产、消费、使用的每一个环节进行调整，尽可能实现资源和能源的减量化、再利用和再循环，以最小的资源消耗、最小的污染获取最大的发展效益，最终实现经济、生态、社会的可持续发展。循环经济追求一种生态的最大化，以最小的生态投入获得最大的经济产出，是一种“集约式”的经济发展模式。

2. 循环经济的原则

循环经济遵循三项原则，即减量化、再循环和再利用。减量化原则是实现资源投入最小化，它针对的是投入阶段，采取预防的方式，在生产和消费过程减少物质和能量的消耗，同时尽可能减少对不可再生资源的开采与使用，避免或减少废弃物的产生，实现总量控制。再循环原则即资源化原则，即实现污染排放最小化。它针对的是输出阶段，采取生态环保的工业技术，对废弃物进行多次回收利用，实现闭合式良性循环，达到废弃物排放最小化。再利用原则是实现废物利用最大化。它针对的也是输出阶段，通过对产业结构的调整以及产业体之间的精密分工和高效合作，尽可能以多种方式和多次使用物品，使产品到废弃物的转化周期加大，实现废弃物利用最大化。同时，对自然资源和环境容量的使用采取生态化方式，延长产品和服务时间，实现生态与经济综合效益最大化。

3. 循环经济与产业生态化

循环经济和产业生态化都起源于自然生态系统的存在方式，产业生态化把产业系统看作同自然系统相类似的系统，各个产业和企业分别属于生产者、消费者以及再循环者等不同的类别，它们之间存在着一定的相互依赖关系，并且进行特定的物质、能量和信息流的交换。产业生态化是循环经济在产业发展中的具体体现，两者都追求最小的资源消耗、最小的环境污染和最大的经济社会生态效益。产业生态化是依据生态学、经济学、技术科学以及系统科学的基本原理与方法来进行产业经济活动，并以节约资源、保护生态环境和提高物质综合利用为特征的一种现代产业发展模式，坚持了循环经济减量化、资源化、再利用的原则。产业生态化与循环经济一样都强调物质与能源循环流动的实现，以期对自然环境的影响降到最低程度。产业生态化否定废弃物，认为每个产业在生产过程中所产生的所谓的废物都可以成为其他产业的原材料和能量来源，是可以循环再利用的。

(三)清洁生产理论

1. 清洁生产的内涵

清洁生产理论的形成源于20世纪60年代工业发达国家在对快速发展过程中造成的频繁发生的环境污染问题的反思，从最初的“污染预防”“无废技术”“环境友好技术”的尝试，到后来的“废料最少化”“无公害工艺”“少废无废工艺”“生态工艺”“环境工程”“再循环工艺”等的提出，清洁生产理论逐渐成熟。目前，美国环境保护局、联合国环境规划署、《中国21世纪议程——中国21世纪人口、环境与发展白皮书》《中华人民共和国清洁生产促进法》都相继给出了清洁生产的定义。本质上，清洁生产是一种环保型的发展战略，是对生产过程和产品采取全程预防的环境战略，是在满足人类需要的同时减少或消除对环境产生的危害和破坏，提高生态效率，是一种实现社会经济效益最大化的生产模式。清洁生产强调清洁能源技术的开发与使用，强调清洁生产的全过程，强调生产出清洁产品。清洁生产一方面要实现资源和能源利用的最优化，另一方面强调对环境的危害最小化和经济效益的最大化，是生产者、消费者和社会三方利益最大化的集中体现。

2. 清洁生产的特征

清洁生产主要有两个方面的特征：一方面，清洁生产是对传统末端治理方式的革新，是一种全新的发展战略。它有效回避了末端治理成本高、二次污染、资源浪费等弊端，要求通过全过程和多角度的方式来推进清洁生产。其本质在于对污染物的预防和对生产全过程的控制。另一方面，清洁生产是一个积极防御的战略，它已经完全改变了以往被动滞后的污染控制手段，强调在产品及其生产过程和服务中减少废弃物的产生和对环境的危害，要求在污染物产生之前就开始预防削减，强调污染源头的预防和控制。

3. 清洁生产与产业生态化

产业生态化与清洁生产的目标一致，产业生态化追求产业经济和自然生态协调发展，清洁生产强调在生产过程和产品及服务中坚持全程预防环境污染和资源浪费的环保战略。清洁生产是产业生态化在微观层次即企业及其产品层次的体现。在生产发展上，清洁生产强调用生态化的理念对传统生产方式的变革；在环境保护上，清洁生产强调环境污染的预防。随着理论研究的深入和实践的不断推进，清洁生产的影响力不断扩大，不仅仅影响生产、产品和服务，更进一步影响着社会经济、法制建设、消费行为等社会各领域。清洁生产将成为产业生态化过程中的一个重要手段和实现形式，清洁生产实施的深度和广度，直接决定着产业生态化的进程和水平。

（四）生态经济理论

1. 生态经济学的内涵

生态经济学产生于 20 世纪 60 年代末，由美国经济学家 Kenneth Boulding 首次正式提出。其缘于环境污染的不断恶化和生态退化日益严重，世界各国尤其是发达国家对传统经济增长方式纷纷提出了质疑和批判。到 20 世纪 80 年代生态经济学已成为一门独立学科，随着生产的发展和研究的深入，生态经济学作为一种经济理论，在适应资源节约、环境保护和经济发展需要的过程中不断加以拓展，理论逐渐丰富和完善。本质上，生态经济学是最大限度地节约资源和保护环境，旨在研究经济活动与自然生态间的相互作用，探索经济、社会和生态复合系统可持续的发展规律，为环境保护、资源节约和经济发展提供理论支撑和措施建议。生态经济学是基于经济系统和生态系统的矛盾运动，它突出人类经济社会活动与生态环境的协调和可持续发展，力求揭示经济系统和生态系统、社会和自然的内在联系和发展规律，将探索社会、经济、自然、环境和谐发展的途径作为最终目的。

2. 生态经济的特征

生态经济具有三个方面的特征：学科的综合性、区域的差异性和长远的战略性。生态经济学涵盖经济学和生态学两门基础学科，与生物学、地理学、技术经济学和政治经济学等学科也有普遍广泛的联系。经济发展与不同的自然资源和生态条件有着紧密的关系，每个地方的资源禀赋和生态环境都不尽相同，经济发展也各具特色，生态经济必然具有明显的差异性。这就要求在一个国家内，甚至一个区域内，要实事求是地研究经济发展和生态保护之间的关系。生态经济学强调的不仅仅是短期的经济效益和社会效益,更强调的是长远的生态效益以及资源的优化配置和自然环境的代际公平性,生态经济学关于生态保护、资源节约、污染治理等的研究是具有长远战略意义的。

3. 生态经济与产业生态化

生态经济理论为产业生态化发展中生态资源价值化和生产方式生态化提供了科学理论基础。生态经济一方面要在经济发展中体现生态的价值,即自然生态作为一种资源应有其合理的价值体现;另一方面,经济的发展必须采取生态化的方式,要以模仿生态系统来实现资源的循环和节约,以及废弃物排放的减少,实现经济系统和生态系统的协调发展。产业生态化是实现生态经济效益的重要途径。产业生态化是对产业未来发展的必然要求,是生态经济系统中产业发展的一个动态过程。它依据生态经济学原理,运用生态、经济规律和系统工程的方法引导产业发展,生态产业区将成为生态经济系统的一个子系统。

(五)产业集群理论

1. 产业集群的内涵和特征

产业集群最早由波特提出,他认为,产业集群源于竞争,是产业获取竞争优势的组织基础,是某一特定领域内相互联系的企业及机构在地理上的聚集体。集群包括一系列相关联的产业和其他一些与竞争有关的实体,也常常向下游拓展至销售渠道和客户,横向扩展到互补产品的制造商和技术、技能上相关或有着共同投入品的企业中。后期学术界加以丰富,综合起来,产业集群可理解为围绕同一产业、相互关联(互补、竞争)的企业与机构在一定的区域内集中连片,形成上中下游结构完整(从原材料供应到销售渠道甚至最终用户)、外围支持产业体系健全的有机体系。产业集群的实质是知识网络、生产网络和社会网络的融合。产业集群是在市场经济条件下工业化发展到一定阶段时的必然产物,是现阶段产业竞争力的重要来源和集中体现。从产业集群的发展历程看,其表现为五个方面的特征:空间集聚、灵活专业化生产、合作网络、社会文化和自我增强等。

2. 产业集群与产业生态化

产业集群理论为产业生态化提供理论基础和指导。区域内的相关企业形成的特色产业体系明显具有群体优势和区域品牌优势,是增强区域竞争力的有效方法与途径。而通过产业生态化,实现生态产业区,形成产业集群,满足区划的发展要求,提高产业竞争力,实现经济效益和生态效益共赢是最终目的。产业集群成为产业生态化实现的一种手段或方式。产业生态化的实现也是以资源为基础,以市场需求为导向,以提升竞争力为目标,着力培养具有市场前景、对整个经济发展具有较强关联带动作用的生态产业,并集中力量,聚合各种生产要素,完善产业体系,形成生态特色产业集群。

(六)生态产业理论

1. 生态产业系统

生态产业以企业的社会服务功能而不是产品或利润为生产目标,谋求工艺流程和产品结构的多样化,有灵敏的内外信息网络和专家网络,能适应市场及环境变化而随时改变生产工艺和产品结构。按照三次产业的分类,生态产业系统由生态农业、生态工业和生态服务业三部分组成。生态农业是基础,生态工业是主体,生态服务业是有机组成部分。生态农业是相对于传统农业而产生和发展起来的,是指农业的发展以生态学发展模式为指导,并在农业生产体系中的方方面面采用生态学发展的模式,来实现农业的生态化,实现生态农业的发展。生态农业已经成为世界现代农业发展的方向,它的典型标志是:减少消耗、提升环境质量和农产品的质量、注重生态技术在农业范文内的运用和推广、维持生态平衡以及促进整个产业经济效益的提高。生态工业是按生态学原理建立起来的新型工业体系,它的一部分同生态农业直接衔接,以农产品或生物资源为加工对象,生产相应的消费品;另一部分运用或借鉴生态学原理,通过循环利用和综合利用各种非生物资源,生产消费品和其他产品。生态服务业包括清洁交通运输系统、科技教育服务部门、绿色商业和金融服务部门以及其他有关的服务业。生态服务业要在尽可能实现自身资源循环利用和清洁生产的同时,为发展生态农业和生态工业以及建设生态城市服务。

2. 生态产业与产业生态化

生态产业的理论基础是产业生态学,产业生态学也是一门研究可持续能力的科学,产业生态化为生态产业的形成提供理论指导作用,通过产业生态化,将非传统产业引向生态产业,实现经济、自然和社会的和谐统一。产业生态化是生态产业形成过程的体现,实施产业生态化要求我们在生产中大力推广资源节约型生产技术,建立资源节约型的产业结构体系,减少对环境资源的破坏,倡导绿色环保消费,形成生态产业区,实现经济、自然和社会的可持续发展。

第三节　生态经济学研究述评

客观上来说,人类发展史也就是人类创造财物——人化自然的发展史。随着人类改造自然和改造社会能力的不断提高,人化自然突飞猛进,人类的物质文明和精神文明也得到飞速发展。“人类中心主义”在很长时间内成为支配人类行为的一种重要理念,“唯人万物之灵”。18 世纪工业革命以来,人类为了人化自然和创造巨大的物质财富,对大自然的索取和改造不断地向广度和深度进军,向广袤的宇宙空间扩展。“二战”以后,随着科学技术的持续发展、劳动生产率的不断提高和世界经济的快速增长，人类干预和改造自然的能力也在加速增强。随着人类征服自然欲望的满足，大量的环境污染和生态退化问题就出现了，而且问题越来越严重。随着时间的推移，资源和环境问题从局部向全局、从区域向全球扩展。世界范围内的人口骤增、粮食短缺、环境污染、资源不足、能源危机、自然灾害等悄悄地降临到了每一个国家和地区，甚至危及人类自身的生存。于是，人类不得不开始反思，人类及其社会与生态环境到底是一个怎样的关系？

当科学家们探索以上问题产生的历史原因、发展趋势、预防措施和解决途径之时，他们发现，单纯从生态学或从经济学的角度来解释和解决这些问题，是难以找到答案的，只有将生态学和经济学有机结合起来进行分析，才能从中寻求到既发展社会经济又保护生态环境的解决之策。于是，生态经济学就应运而生了。

一、西方生态经济学思想变迁及其理论演进

（一）生态经济学思想的萌芽：17 世纪末 18 世纪初—20 世纪 20 年代初

早在 17 世纪末 18 世纪初，古典经济学家们就提出了关于经济增长与资源承载力和环境容量间关系的朴素观点，这是生态经济学思想可以追溯的最早萌芽。17 世纪，英国古典政治经济学的奠基人威廉·配第开始意识到劳动创造财富的能力要受到自然条件的制约。1798 年，马尔萨斯开始关注人口与土地、粮食的关系，认为人口增长有超过食物供应增长的趋势，从而提出了“资源绝对稀缺论”。1817 年，大卫·李嘉图提出了不同于马尔萨斯的“资源相对稀缺论”。1871 年，约翰·穆勒提出了“静态经济”的观点，认为自然环境、人口和财富均应保持在一个静止稳定的水平，认为，生产的限制是两重的，即资本不足和土地不足。1876 年，恩格斯在《自然辩证法》里警戒人类“我们不要过分陶醉于我们对自然界的胜利。对于每次这样的胜利，自然界都报复了我们”。1898 年，出任美国第一任林业局局长的 G·平肖，曾经提出“明智利用”自然的生态伦理思想。总的来说，20 世纪之前，人们对生态与环境问题已经开始关注，但主要体现在人口与粮食的矛盾上，主流经济学一直主张的环境对经济增长的制约是微不足道的。

（二）生态经济学的兴起及其理论发展：20 世纪 20 年代中期—20 世纪 70 年代末

20 世纪 20 年代中期，美国科学家麦肯齐首次运用生态学概念对人类群落和社会予以研究。到了 20 世纪 30 年代，美国的莱奥波德出版了《保护伦理学》一书，提出经济决定论、一切向钱看是破坏生态环境的根源，要用法律的、经济的、伦理的手段综合管理自然。第二次世界大战以后，人口爆炸、粮食不足、环境污染、生态退化、资源短缺、能源危机等一系列社会公害不仅严重威胁着人类的生存，而且制约着社会经济的进一步发展。20 世纪中期，经典经济增长方式引起人们的全面而深

刻的反思与批判，提出要将生态学和经济学有机结合，才能科学揭示自然和社会之间的本质联系和规律，生态经济学应运而生。1962 年，美国生物学家莱切尔·卡逊所撰的《寂静的春天》一书引起人们的广泛关注，该书客观上催化了公众环境意识的快速形成，越来越多的经济学家和生态学家试图重新思考传统经济学的局限性。1968 年，美国经济学家肯尼斯·鲍尔丁在《一门新兴科学——生态经济学》一文中首次正式提出生态经济学概念，明确阐述了生态经济学的研究对象，并对人口控制、资源利用、环境污染以及国民经济与福利核算等问题做了原创性研究。肯尼斯·鲍尔丁还在《宇宙飞船经济观》中提出了"循环经济"理念和"经济—社会—自然"协同发展的初始模型。肯尼斯·鲍尔丁的理论思想被认为是生态经济学作为一门独立的学科真正形成的标志。

生态经济学作为一门独立学科的发展在很大程度上依赖于其研究方法和工具的持续改进。1968 年，由一些世界知名科学家、经济学家和社会学家组成的罗马俱乐部开始利用数学模型和系统分析方法研究"人类困境"问题，开始有组织地大规模地认真反思和检讨人类的发展。同年，英国科学家哈丁在美国《科学》杂志上发表了《公用地的悲剧》一文，描述了理性地追求最大化利益的个体行为是如何导致公共利益受损的恶果。"公地悲剧"又引申出"救生艇伦理"，提出只有牺牲个人利益才能维护公共利益。1971 年，福雷斯特尔在《世界动态学》中提出了动态平衡发展理论，主张必须有目的地暂时停止物质资料的生产和人口增长，才能保持一种动态平衡的经济。1972 年，以美国生态经济学家丹尼斯·米都斯为代表的研究小组发表了关于世界发展趋势的著名研究报告《增长的极限》，并提出了"零增长"对策，令世人十分震惊。这份报告给整个世界敲响了警钟，主张人类社会要想避免这种衰退就必须自觉地抑制增长，从经典的经济增长转向"全球均衡"，即"零增长"。零增长的渊源可以追溯到约翰·穆勒关于"静态经济"的观点。同年，英国生态学家爱德华·哥尔德史密斯在《生存的蓝图》中指出，现行的工业方式不可持续，唯有改变政治和经济。尽管这些观点有些悲观主义，但足以引起人们对经济、社会、自然协同发展的重视，协同发展理论也由此形成和发展。1969—1973 年间，美国人率先发动了一场"社会指标运动"，提出建立包括经济、社会、文化、环境、生活等各项指标在内的新的社会发展指标体系，第一次有力地冲击了以经济增长为中心的传统发展观。事实上，这些标志着人类已经初步认识到了"生态—经济—社会"是一个巨大的三维复合有机体，我们必须严格遵循这个系统自身的运行规律，从而为生态经济奠定了初步的思想基础。

从 20 世纪 70 年代起，生态经济学逐渐走向成熟，理论逐渐丰富。1972 年 6 月 5 日，第一次联合国人类环境会议在瑞典斯德哥尔摩召开，由美国经济学家芭芭拉·沃德、生物学家勒内·杜博斯合著的《只有一个地球——对一个小小行星的关怀和维护》一书受到与会者广泛关注，成为当时生态经济学领域最有开创性的文献之一。1973年，英国经济学家舒马赫提出小型化经济发展理论，主张大规模生产是由于现代科学技术的发展而引起的，它促进了消费需求的不断增长，从而造成不可再生资源的严重短缺，同时还加剧了人和自然的矛盾。1974年，美国著名生态经济学家莱斯特·R.布朗出版了一系列《环境警示丛书》，掀起了全球环境运动的高潮。1976年，日本经济学家坂本藤良撰写的《生态经济学》成为世界上第一部以"生态经济学"命名的著作。这一时期还涌现出不少"乐观派"生态经济学成果，譬如法国学者加博的《跨越浪费的时代》，美国学者埃里克·爱克霍姆的《回到现实——环境与人类需要》，美国未来学家卡恩的《目前和未来的经济——令人兴奋的1978－2000年》和《即将到来的繁荣》，以及朱利安·西蒙的《最后的资源》等。

(三)生态经济学理论的创新:20世纪80年代至今

从20世纪80年代开始，生态经济学作为一门新兴科学开始倍受世人瞩目。1984年，美国学者爱迪·布朗·韦丝在《行星托管:自然保护与代际公平》一文中首次提出代际公平理论和"行星托管"的理论主张。1980年3月5日，联合国大会向全世界发出呼吁，必须研究自然的、社会的、生态的、经济的以及利用自然资源过程中的基本关系，确保全球的持续发展。1983年，联合国任命挪威首相布兰特夫人为世界环境与发展委员会主席，并要求以"持续发展"为基本纲领，制定"全球的变革日程"。1987年，布兰特夫人做了《我们共同的未来》(Our Common Future)的报告，这份报告意义重大，它提出了"可持续发展"(Sustainable Development)的理念，要求"生态—经济—社会"巨大的三维复合系统协调运行，强调人类发展的目标和人类行为的准则是代内公平和代际公平。

也是从20世纪80年代起，生态经济学理论走向创新。生态经济学家根据能量系统理论，利用能量单位初步成功地诠释了自然环境资源系统与社会经济系统间的本质关系。其中影响最大的成果当数美国著名生态经济学家Odum H.T.于1987年首次阐述了"能值"理论以及太阳能值转换率等一系列概念，论述了能值与能质、能量等级、信息、资源财富等的关系，继而基于生态系统和经济系统的特征以及热力学定律，又提出了以能量为核心的生态经济系统能值分析方法，1996年出版了世界上第一部能值专著《Environmental Accounting: Energy and Environmental Decision Making》。Odum H.T.的能值理论以及能值分析方法为生态经济学这一阶段的研究提供了很重要的理论基础和研究方法。1989年，国际生态经济学学会(International Society of Ecological Economics)正式成立，从而标志着西方生态经济学进入理论发展和学科建设的新时期。以国际生态经济学学会原主席、美国马里兰大学生态经济研究所所长罗伯特·科斯坦扎(Robert

Costanza)和副所长赫尔曼·戴利(Herman Daly)为代表的西方生态经济学主流学派,在可持续发展的新理论平台上研究生态经济问题,发表了大量论著,代表了西方生态经济学研究的最高水平。

20 世纪 90 年代以后,可持续发展理论和生态经济价值理论受到各国学者密切关注和重视。1991 年,罗伯特·科斯坦扎发表了著名论文集《生态经济学:可持续发展的科学与管理》,从不同的角度确立了可持续性是生态经济学的基本范畴。他认为,生态经济学是从最广泛的意义上阐述生态系统和经济系统之间的关系的学科。1992 年,D. H. Meadows 等人在《逾越极限的增长》中再一次对人类经典的经济增长方式提出警示。1992 年 6 月,联合国环境与发展大会在巴西里约热内卢召开,大会通过了《里约环境与发展宣言》《21 世纪议程》等重要文件,并要求各国根据本国基本情况,制定各自的可持续发展战略和对策。这次会议揭开了全球可持续发展的序幕,此后世界各国对可持续发展理论展开了广泛而深入的研究。也是从 20 世纪 90 年代开始,生态经济学的研究倾向自然资本,使之沿着可持续发展理论方向又迈进了一步。1990 年,皮尔斯(Pearce)和图奈(Turner)在《自然资源与环境经济学》一书中,把经济学生产函数中的资本理解为人造资本,与之相对应,又提出了"自然资本"的新概念。1993 年,皮尔斯提出用自然资本和人造资本、人力资本来估算可持续发展能力。在此基础上,1995 年,世界银行明确将人类拥有的资本划分为四大类:人造资本、人力资本、自然资本和社会资本。1996 年,戴利发表了《超越增长——可持续发展的经济学》,之后 10 多年间,西方著名生态经济学家的生态经济学专著中都会研究自然资本理论。尤其是美国的保罗·霍肯(Paul Hawken)1999 年在美国出版了《自然资本论:关于下一次工业革命》的生态经济学力作。此后,人类也进入了生态文明阶段。1995 年,罗伊·莫里森在《生态民主》一书中,明确提出"生态文明"(ecological civilization)的概念,并将"生态文明"作为"工业文明"之后的一种文明形式。此后,世界性的生态文明研究与建设,不但在理论层面大致形成了哲学、美学、伦理学、经济学、社会文化学等多角度综合阐释的局面,而且还在社会实践中,普遍以生态经济为其发展的基本模式。在今天,生态经济与可持续发展已成为世界的共识、人类发展的主流和大趋势。1997 年,戴利主编的《自然的服务——社会对自然生态系统的依赖》一书,综合地研究了生态系统服务与功能的各个方面,为生态系统服务价值研究奠定了理论基础,特别是科斯坦扎等在《自然》杂志上发表的题为《世界生态服务与自然资本的价值》的论文,全面肯定了生态系统及自然资本为人类福利做出的巨大贡献。此后,生态服务价值及评估成为学界研究的热点。2001 年 11 月美国布朗教授在《生态经济——有利于地球的经济构想》一书中提出经济系统是生态系统的一个子系统的观点,这一思想在生态经济学界掀起轩然大波,给人们提供了一种全新的视角。

(四)生态经济学发展新趋势

纵观西方生态经济学思想发展史,生态经济学主流学派的理论发展,已经从生态经济的协调发展走向生态经济的可持续发展,从而使其演变成为可持续性科学。从发展的新趋势来看,表现出以下几个特点:一是生态经济学的本质内涵及研究对象已从"相互关系论"走向"可持续性论",从"生态—经济—社会"三维复合系统的整体出发,把经济、社会等看成生态的一个个子系统,从而研究其协调运行的规律,关注的焦点扩展到生态经济价值理论。这一阶段的研究成果标志着真正意义上的生态经济分析的开始。二是彻底突破了马克思的传统资本定义,把人类所拥有的资本分为人造资本、自然资本、人力资本和社会资本 4 种类型,并以此来界定可持续性,并成了人类可持续发展的新的衡量标准。三是特别强调了"生态服务理论",并对生态系统为人类提供的服务进行了详尽的分类。

二、国内生态经济学的发展历程和最新研究动态

(一)国内生态经济学的发展历程

国内生态经济学的研究起步于 1980 年,是年 8 月,时任中国社会科学院副院长兼经济研究所所长的许涤新先生在青海省西宁市召开的一次会议上首次提出,"要研究我国生态经济问题,逐步建立我国的生态经济学"。同年 9 月,许涤新先生主持召开了我国首次生态经济问题座谈会,拉开了我国研究生态经济学的序幕。会后,《经济研究》杂志连续发表数篇探讨生态经济问题的论文,向学术界发出了关注生态经济研究的重要信息。许涤新先生是中国最早认识到生态必须与经济相结合,并倡导建立中国生态经济学的先知者。1984 年 2 月,中国生态经济学会在北京成立,它是世界上第一个生态经济学术团体。1987 年《生态经济》正式创刊,这是世界上第一份公开发行的生态经济学术刊物。1994 年,中国政府发布了《中国 21 世纪议程——中国 21 世纪人口、环境与发展白皮书》,规定了我国生态、经济、社会可持续发展战略三个方面的基本框架,将可持续发展确立为我国的基本国策和发展模式。

生态经济学在中国的发展经历了三个阶段。第一阶段(1980—1985 年),是生态经济学的提出、建立和理论探索阶段。这阶段以揭示中国生态经济问题的严重性为切入点,对新中国成立以来由于政策、工作失误而带来的一系列触目惊心的生态环境问题做了较为广泛和深入的调查研究。其核心观点是:发展经济除了必须遵循经济规律外,还要遵循生态规律。其主要成果是创建了以维护生态平衡为核心的生态经济学。代表作为许涤新先生主编的《论生态平衡》。第二阶段(1986—1994 年),是中国生态经济学科体系的形成以及理论和实践的研究阶段。这个阶段,以生态与经济协调发展为主线,创立了生态经济协调发展理论。许涤新先生主

编的《生态经济学》的出版，是以生态经济协调发展理论为核心的生态经济学初步形成的标志。第三阶段（1995 年以来），是生态经济学理论体系的丰富和完善阶段。以《中国 21 世纪议程》为标志，这一阶段生态经济学研究开始向可持续发展领域渗透，在丰富和完善生态经济学理论体系的基础上，强化生态经济学理论指导实践的能力，并逐步开始与国际生态经济学的研究方法接轨，主要表现在应用西方生态经济价值理论，尝试开展定量研究等方面。这一时期的代表作是当时的生态经济学科负责人王松霈研究员主编的《走向 21 世纪的生态经济管理》。1995 年和 2003 年，中国社会科学院两次将生态经济学列为院重点学科，对生态经济学科的发展起到了极大的推动作用。

（二）国内生态经济学的研究动态

1. 理论研究视角

生态经济学在我国开创以来，其研究领域逐步拓展，研究角度逐步丰富。纵观各类研究成果，研究的角度包括制度约束、生态经济发展的前沿、生态文明、生态经济学的方法论、生态经济理论与实践的进展、生态系统服务价值等各方面。

王孔雀、胡仪元（2004）站在制度约束的角度，论述了生态经济开发必须建立健全完善的制度机制，认为生态经济的制度机制主要包括五大类：法律约束机制、生态转移支付机制、区域协调机制、市场价格机制、生态补偿机制，并对每个制度机制分别进行了阐述。刘克英（2005）对生态经济发展的前沿性问题进行了探讨，指出当代生态经济学必须保持前沿性的发展，应与高科技的融合日趋紧密，应与高新技术有机结合，应与伦理学、美学结合，应吸收其他科学研究成果。丁开杰、刘英、王勇兵（2006）从生态文明的角度阐述了其对生态经济的重要性。指出生态经济是生态文明的物质保障，生态经济系统和自然生态系统相互影响相互制约。生态经济建设中应尊重自然生态系统的基础地位，适度发挥社会经济系统的主导作用，建立人与自然和谐发展的生态经济体系。生态文明对保证生态经济系统的可持续发展具有促进作用。张谊浩（2007）系统地从方法论的角度出发，认为生态经济学的方法论应是多学科、多技术集成下的综合性方法，具有价值多元论、生态人假定、边际分析的替代性方法、不确定性的独特解决路径、市场价值和社会选择的严格区分、生产本质的新界定等特征。新兴的生态经济学提出了在整体上替代标准的成本—收益分析方法和价值一元论的多维决策标准，这种政策分析方法考虑更多样化的相关信息，适用于针对多维度决策问题的选择、评价和权衡。生态经济学采用复杂适应性系统分析方法：在存量和流量频繁地发生变化的条件下，认识到天然资本的损耗作为一个负的流量，有利于政府监管部门重视天然资本的恢复和保持广义系统边界的稳定性。吴建寨、李波、张新时（2007）站在生态系统服务价值的角度，把生态系统提供的服务功能作为生态经济协调发展问题的定量评价方法，研究区域生态经济发展的协调水平，指出区域经济已处于协调水平的边缘。生态环境约束着经济发展的速度和规模，生态系统服务功能是区域可持续发展具有约束性的重要因子。经济的高速发展，对区域环境容量提出更高的要求，因此，要有对应的生态系统服务来适应，须加强生态环境保护力度，促进生态经济协调发展，以最终实现区域的可持续发展。李周(2008)对中国生态经济理论与实践的进展做了全面的阐述。他认为，生态经济学发展经历了以维护生态平衡为核心的研究阶段、以生态经济协调发展为核心的研究阶段和以生态环境与经济社会可持续发展为核心的研究阶段三个阶段。这三阶段的发展丰富和完善了中国生态经济学的理论体系，并为用生态经济学理论指导实践提供了更有力的基础。中国生态经济实践研究进展的主要表现：从政府和公民两个方面实施可持续发展战略的制度建设；生态建设提上各级政府工作的议事日程，生态省建设本着以人为本的宗旨，运用生态学与生态经济学原理，对核心产业、结构调整和生态环境的保护、建设进行统筹规划，形成经济布局合理，环境承载能力不断提高的产业体系，把生态优势转变为生产力，促进区域内经济与生态的协调发展。徐中民、程国栋(2011)强调生态系统整体，总结了生态经济学基本思想是正确的定位和扩展的视野，核心观点是将人类社会经济系统视为生态系统的子系统。同时指出，在具体处理人类社会经济系统与生态系统的关系时，人类社会发展需要面对规模问题、分配问题和配置问题，即要求将全社会的发展限制在生态系统的承载力范围内，要求社会限制市场的不公平性范围，保证不同个体间资源的公平分配，要求经济系统高效率地利用自然环境中的物质和能源，并尽量减少向环境中排放废弃物。

2. *实践研究层面*

理论指导实践，实践进一步丰富理论。国内生态经济实践的研究主要集中在制度、区域和产业三个层面。

从宏观层面上的制度研究看，中国要实现经济与生态相协调的可持续发展，必须进行一系列的制度创新。消除决策过程中的主观随意性，实现依法决策的目标。在考核机制上要以自下而上的方式替代自上而下的方式，实现民主监督的目标；在问责机制上，要以终身问责制和评审专家连带问责制替代首长问责制，以制止各种不负责任的行为，实现权责对称的目标；在评价机制上，要完善评价的标准和评价的指标体系，以制止各种钻评价盲区的空子的行为，确保制度面前的人人平等，实现科学评价的目标。从区域层面上的生态省建设看，各级政府对生态建设的重视程度越来越高。空间上的生态建设已经从生态村、生态乡、生态县、生态市扩展到生态省。1999 年 3 月以来，海南、吉林、黑龙江、福建、浙江、山东、安徽、广东、江苏、陕西等省的生态省建设的发展势头良好，生态建设重点工程进展顺利，生态产业有了新的发展，生态环境保护取得了新的进展。生态建设本着以人为本的宗旨，立足于区域内独特的资源优势和生态环境优势，以高收入水平和生活质量为出发点，以生态环境现状调查为基础，以适用技术和高新技术为支撑，以制度创新和组织创新为动力，运用生态学与生态经济学原理，对核心产业、重点工程、结构调整和生态环境保护、恢复、建设进行统筹规划，形成经济布局合理，环境承载能力不断提高的产业体系，把生态优势转变为生产力，促进区域内的经济与生态的协调发展，逐渐走向生态文明。从产业层面上的循环经济实践看，社会经济系统可持续需要循环机制的提升。社会经济系统和自然生态系统之所以都能够生生不息，不断进化，最为关键的是它们都具有两种机制，即生物体从资源到产品再到资源的循环机制和物竞天择、优胜劣汰的进化机制。只是，自然生态系统的这两种机制是内生的，而社会经济系统的这两种机制是外生的，它们是技术创新和制度创新的结果。具体地说，就是通过技术创新和制度创新构建循环机制，实现"资源—产品—废弃物"的开环流程到"资源—产品—资源"的闭环流程的转换，使生产和消费过程中排放出的废弃物不高于环境的自净能力，使经济和生态具有相容性；通过发育市场体系构建竞争机制，促进技术、产品、企业和制度的优胜劣汰。从农业社会到工业社会，循环机制被重视或关注的程度降低，然而随着时间的推移，以"资源—产品—废弃物"为主体的开环流程对社会造成的负面影响越来越大，循环机制再次得到关注。经济流程从闭环到开环，再从开环到闭环，在循环方式上发生了五大变化，即从企业内的循环提升为企业间的循环，从产业内的循环提升为产业间的循环，从社区内的循环提升为区域间的循环，从小尺度的循环提升为大尺度的循环，从满足自身效用最大化的循环提升为产出效益最大化的循环。

随着理论研究的深入，实践研究的推进，生态经济学科未来研究的方向将集中在以下几个方面：一是生态产业的建设和发展。大力发展生态农业、生态工业和生态服务业，是生态建设的重要内容。它的核心内容是妥善处理政府调控、市场调节和社区参与的关系，使这些活动走上市场化、产业化的道路。二是生态建设的宏观政策体系研究，包括法律、法规、管理制度、经济机制和奖惩政策等，以及国外有关生态保护与生态建设方面的经验教训。三是生态建设的监控体系、标准和指标体系，包括空间数据的基础框架，生态省建设的动态模拟与决策支持系统，生态监测网络与管理的基础设施，生态省建设的管理能力和决策水平等。

(三)国内研究的不足以及亟待解决的主要问题

综上所述，国内学者围绕"生态经济"进行了多方面的研究和探讨，取得了一定的成果，为进一步研究提供了丰富的学术资源，奠定了良好的理论基础，但也存在着诸多亟须进一步思考和亟待解决的问题。第一，生态经济还未实现严格的界定，难于区分循环经济、低碳经济等相似概论。目前，关于生态经济的概念有很多种，从不同角度的表述并未完全统一，特别是关于循环经济、低碳经济的界定也并未明确,但尚没有一个定义能得到学术界的广泛认同。如何凝聚共识,需要进一步进行更深入的理论研究。第二,生态经济学研究领域不广,层次不深,需要进一步拓展和深入。生态经济学研究最初关注的是农林业,后来拓展到工业,并在促进生态农业、生态工业的发展方面发挥了积极的作用;但对商业、服务业一直关注不够,这是生态经济研究视野上存在的缺陷。生态经济研究最初关注的是发展理念的阐释,发展目标和发展方式的界定,生态和环境危机的警示,并在这些方面建立了系统的、准确的话语体系;但对定量方法、计量工具的关注一直不够,以致在研究领域中存在着思辨的能力、解释问题的能力较强、解决具体问题的能力较弱的缺陷。过去20年,我国生态经济学界着重于宏观与中观层次的生态经济问题研究,相比之下,对微观生态经济的研究显得不足。未来生态经济研究必须进一步开阔视野,把商业、服务业纳入研究领域;努力改进实证研究和计量研究的方法论,不断地完善生态经济学科体系。第三,在实践研究方面,与实际联系不够紧密,需要紧密联系当前的区域经济建设和生态文明建设。2012年,党的十八大又明确地把"生态文明"建设纳入中国特色社会主义建设"五位一体"(经济、政治、文化、社会、生态)的总布局之中,从而全面地确立了中国的生态经济与可持续发展的目标模式和战略选择。因此,如何联系我国实际,把生态经济理论研究和区域经济发展结合,如何与生态文明建设实践结合起来,是学者们未来一段时间研究的重点方向。

第四节 主要研究内容、研究方法及技术路线

一、主要研究内容

大别山区是一个集山区、老区、贫区为一体的特殊地区;同时,大别山区又是一个自然资源富集的地区,具备完整的自然生态系统。因此,发挥资源优势,开发生态资源,大力发展绿色生态经济,是大别山区实现从扶贫开发走向区域经济振兴的客观选择。基于此,本文认为,目前构建大别山生态经济区的基本条件已经具备。根据国家主体功能区规划,结合大别山区域特色和各地具体现状,探讨大别山区生态产业开发的重点有哪些?如何对大别山生态经济区进行规划?发展大别山区生态经济应该采取哪些具体策略?等等。本文围绕这些问题展开研究,将全部内容分为九章。

第一章,绪论。对发展大别山区生态经济的意义、背景及可行性进行分析;对

生态经济的相关概念进行界定，对生态经济研究相关的理论基础进行探讨；对生态经济学研究现状进行述评；介绍本文研究内容、研究方法、创新及研究不足之处，展现全书的基本内容概况。

第二章，大别山区概况。从地理位置、地质构造、名称由来、气候、植物植被资源、动物资源、人文历史等方面，对大别山区基本情况进行简要介绍。

第三章，大别山生态功能保护区。其具体包括水源涵养保护区、自然保护区、国家地质公园和国家森林公园。本章对这些生态涵养保护区进行梳理，并应用GIS技术对自然保护区、国家地质公园和国家森林公园的位置分布分别进行定位并绘图，进一步对各生态功能保护区情况进行简要介绍。

第四章，大别山风景旅游名胜区。对大别山区国家AAAA级以上的风景旅游名胜区进行梳理，并应用GIS技术对各风景名胜区的位置分布进行定位并绘图，进一步对各风景旅游名胜区（特色和优势）进行简要介绍。

第五章，大别山区生态产业开发类别。大别山区生态产业开发的重点是生态农业、生态林业、中药材、生态旅游业和生态工业。本章对大别山区这些产业的发展现状、存在问题及发展路径分别进行探讨。

第六章，大别山区生态产业发展区规划。本章将大别山区分为生态产业集中发展区和生态经济综合配套区，并进行具体规划；对大别山区各县、区进行产业定位与分工。

第七章，六安茶谷。六安茶谷是大别山区生态产业集中发展区的典范。本章对六安茶谷建设的背景、意义、现状、运营模式、重点企业及建设路径进行全面深入探讨。

第八章，大别山区生态经济综合效益评价及发展策略探讨。构建大别山区生态经济效益评价指标体系，结合层次分析法（AHP），对大别山区四市生态经济综合效益进行测度评价，并对四市生态经济综合效益进行比较分析。最后，从主导产业培育、构建生态资源开发和产业化的多元化支持体系、构建区域生态资源一体化管理协调机制、自主品牌创新以及生态经济发展与扶贫开发战略相结合等方面，对大别山区生态经济发展进行策略探讨。

第九章，结语。总结全文，展望未来。

二、研究方法

（一）理论研究与实践研究相结合

在本书的写作过程中，大量地参阅了国内外关于生态经济学、绿色发展、可持续发展、扶贫开发、主体功能区建设等大量文献，构建大别山生态经济区研究的理论框架。在理论研究的同时进行实地调研，对大别山区生态资源分布状况和生态产业发展情况进行实际调研和实证分析，并应用 GIS 技术对大别山区生态功能区进行准确测度定位，为生态经济区规划、开发提供依据。

（二）定性研究与定量研究相结合

研究所需的基本概念、基本原理等资料，可先通过梳理文献得到，再进行归纳、演绎、推广等定性分析；研究所需有关大别山生态经济数据资料通过调查法、文献法得到；在对生态产业进行测算时，运用定量分析法，准确揭示其发展现状，得出结论。

（三）注重调研分析，同时进行对比分析

本书的撰写是建立在大量的调研数据之上，通过调研收集大量关于大别山区生态资源和生态经济发展现状的数据资料，同时查阅了大量关于大别山区各市、县、区有关生态经济区建设的资料，来进行对比分析，以期更加准确地为各县、区生态经济发展进行定位。

（四）案例分析法

六安茶谷是大别山区生态产业集中发展区的成功案例。本书以六安茶谷为案例，对其发展现状、路径、运营模式、经济社会效应等方面进行全面的探讨，从中提炼出生态经济区发展的成功经验和一般规律，以便为大别山区其他生态经济区发展提供借鉴，同时也为全国其他地方生态经济区建设提供参考价值。

三、技术路线

本专著按照“提出问题—调研分析—机理研究—策略探讨”思路构架的技术路线展开研究，具体研究思路如图 1－2 所示。

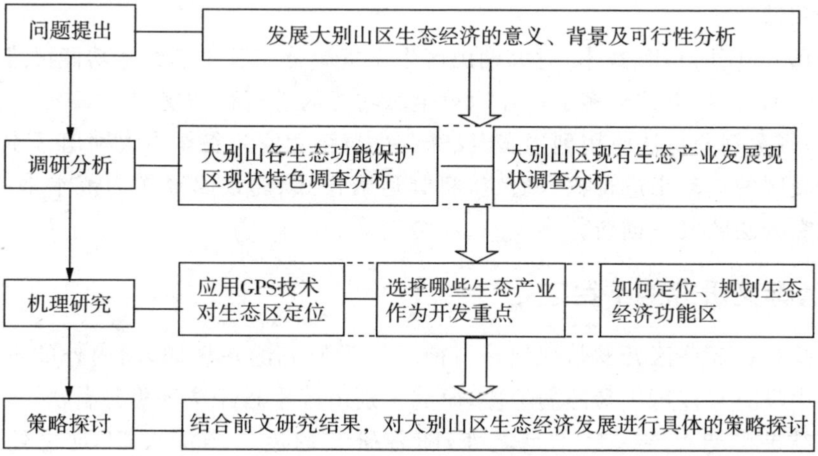

图 1－2　研究技术路线图

第五节 本文的创新及研究的不足

一、本文的创新之处

1. 视角创新

2015年6月，国务院批复同意《大别山革命老区振兴发展规划》后，相关的研究逐渐增多，但从生态资源开发、产业生态化和生态经济区定位的角度全面探讨大别山区域振兴发展和扶贫开发等问题的研究仍未出现。所以，这些问题也是大别山发展实践尚未丰富，亟待解决的前沿课题。

2. 观点创新

(1)大别山区生态经济开发的基本思路是走“生态产业化、产业生态化”“功能层次化、区域一体化”的发展道路。

(2)必须将大别山区分为生态产业集中发展区和生态经济综合配套区，并进行具体规划；对各县、区进行功能定位与产业分工。

3. 方法创新

(1)本文将理论研究与实证研究相结合，综合运用定量研究和定性研究的方法，使得文章的脉络更加清晰，结论可信度更高。本文综合运用生态经济的理论体系，研究生态产业的发展模式，避免纯理论研究与实证研究或是单一研究方法造成的可信度或是结论的局限性等问题，从而在研究方法上保证了本文的研究成果的可行性和科学性。

(2)尝试应用GIS技术，对大别山区生态资源分布及生态经济功能区进行精确测度定位和绘图，再结合多学科知识对生态功能区进行科学规划。

(3)将案例分析法应用到生态经济研究中，将六安茶谷作为大别山区生态产业集中发展区的典范来进行深入研究，将其运营模式、建设路径作为范本来推广，是本文研究方法的又一创新。

二、本文研究的不足之处

一是生态经济区开发与规划是目前经济学研究的新课题，国内外的理论与实践研究中没有直接可供参照的经验，研究大别山区生态经济区更是首次。因此，本文研究结果可能存在一些不足之处，随着研究的进一步深入，不足之处将得到克服。

二是由于统计数据中缺乏大别山区生态经济发展的全面数据资料，因此，许多数据资料必须通过实际调研取得，这给研究增添了难度。由于受数据采集的条件和时间的限制，本文研究涉及的有些数据资料不是很完整，这将使研究结果不够完善。

三是本文的研究侧重于应用研究，论文的出发点和研究结果的目的是为了更好地服务于大别山区生态经济区建设的具体工作，更多地体现了现实意义，而理论分析部分不是很深入。

第二章　大别山区概况

一、大别山简介

大别山(Ta—pieh Mountains)位于中国安徽省、湖北省、河南省交界处,介于北纬 30°10′～32°30′,东经 112°40′～117°10′,西接桐柏山,东延为天柱山、张八岭,西段作西北—东南走向,东段作东北—西南走向,如图 2-1 所示;东西绵延约 380

图 2-1　大别山地理位置

千米,南北宽约 175 千米。山区一般海拔 500～800 米,其中 1500 米以上高峰 10 余座,主峰白马尖海拔 1777 米,次主峰多云尖海拔 1763 米,均位于安徽省霍山县境内。大别山为淮河水系和长江水系的分水岭,也是我国南北水系的分水岭;山北水往北流入淮河,山南水往南流入长江,山南北两侧水系丰富,是淮河中游、长江下游的重要水源补给区。山地南北侧修建了许多水库,有佛子岭水库、梅山水库、响洪甸水库、白莲河水库、南湾水库等。境内有多处和国家自然保护区、国家地质公园和国家森林公园。大别山总面积约 6.7327 万平方千米,其中山地面积约占全部山区的 15%,其余多为低山丘陵;山间谷地宽广开阔,并有河漫滩和阶地平原,是主要农耕地区。大别山区是中国茶叶主产区,其中皖西六安瓜片、霍山黄芽、豫南信阳毛尖、鄂东北的汉绿都是有名的品种;板栗、油桐、油茶、乌柏、漆树等经济林木在低山丘陵区广泛分布。大别山区行政区划范围包括安徽省的六安市、安庆市、河南省的信阳市、湖北省的黄冈市全境以及孝感市的大悟县(如图2-2所示),总计包括39个县、市(区)范围(其中寿县现已划归淮南市,枞阳县现已划归铜陵市),总人口约2780.27万。

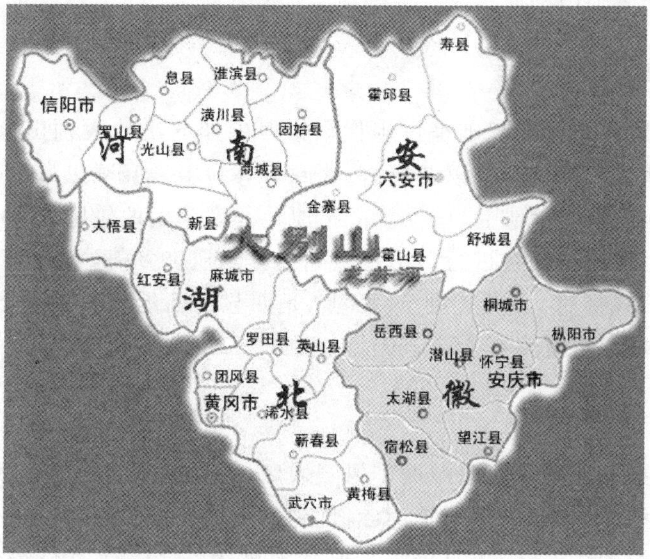

图2-2 大别山区行政区划范围

二、名称由来

大别山的名称早在3000多年前的《尚书·禹贡》中就有记载。至于大别山名称的由来,可谓众说纷纭,莫衷一是,但较为流行的有这样几个说法。

(1)有人说大别山得名于李白,相传当年李白登上了大别山最高峰白马尖,观赏了南北两侧的景色,发现山南山北两侧景色截然不同,不禁赞叹道:"山之南山花烂漫,山之北白雪皑皑,此山大别于他山也!"大别山由此得名。

(2)另外一个说法来源于地缘学界,据地缘文化学者考证,大别山所在地在远古时代曾是一片汪洋,大约20亿年前,由于地壳运动,这里的地面开始隆起,才逐渐形成了大别山。大别山脉与西部的秦岭横亘于我国中部,连绵千余公里,是中国南北水系的分水岭。由于大别山分开了长江、淮河两大水系,也分开了吴国、楚国两地,从而使得南北两地的气候环境和风俗民情截然有别,所以叫作大别山。

(3)还有一个说法带有神话色彩,据说在洪荒之世,天地浑然一体,亿万生灵被挤压在昏暗的天地之间，后来有一座山訇然升起，用它的脊梁把苍天高高撑起，从此有了天地之分，万物生灵也得以获得光明。由于这座山分出了天和地，分出了白天和黑夜，使天地有别，便取名为大别山。

(4)最后一个是和汉武帝有关，相传昔年汉武帝刘彻封禅南岳天柱，途经安徽岳西县境内一座高山。因皇帝不走回头路，竟两个月未走出此山，感慨曰："此山之大，别于天下。"大别山因而得名。

三、大别山地质构造

大别山山地地质构造基础是古生代华力西中期的秦岭大别山褶皱带，主要由前震旦纪地层和侵入岩构成，以花岗岩、片麻岩等为主。麻城以东部分受燕山运动影响更为显著，山地经褶皱后，曾一度准平原化。现今山地轮廓为此后的断层运动所形成，断层运动至今仍在进行。山地被断层分割成许多菱形断块，东南侧黄梅到桐城一带，山麓线挺直，山坡陡到50°以上，是明显的断层崖。山地多深谷陡坡，地形复杂，坡向多变，坡度多在25°～50°。

四、气候

大别山区属北亚热带温暖湿润季风气候区，具有典型的山地气候特征，气候温和，雨量充沛，温光同季，雨热同季，具有优越的山地气候和森林小气候特征。大别山区年平均气温为12.5℃，1月份最冷平均温度为0.2℃，7月份最热平均气温为23℃，气温年较差为21.8℃；平均降水量约1832.8毫米，年降水日数约161天，空气相对湿度平均79%，年日照时数平均1400～1600小时，年雾日102天，太阳平均辐射量110千卡/平方厘米，无霜期179～190天，年平均气温比附近的市、镇分别低5.2℃，降水比附近的地区多360毫米。

五、植物植被与动物资源

大别山雨水丰富，日照充足，优越的山地气候特征为动植物的生长创造了良好的条件，因此，大别山是动植物繁殖生长的天然动植物园，境内动植物种类繁多，约有动物2031种，高等植物2879种。

大别山区森林植被资源丰富，植物种类属北亚热带典型的常绿、落叶混交林体系，其中国家银缕梅、银杏、南方红豆杉、香果树、水杉一级保护树种10多种，国家二级保护树种就有连香树、银鹊树、香果树、鹅掌楸、大别山五针松、小勾儿茶、红豆杉等20多种，都支杜鹃更是世上罕见。山地森林海拔差异大，植被变化明显，高度从400多米至1700多米，形成了丰富多彩的森林景观。低海拔杉木、柳杉、马尾松等人工林成片分布，浑厚辽阔，林相整齐，层次分明；林中杉木、柳杉主干挺拔，生长茂盛；马尾松枝干苍劲，郁郁葱葱；栓皮栎、青冈栎、枫香、黄檀等生机盎然，欣欣向荣；间有小片修篁，掩映其中；海拔渐高，景观迥异峭壁间陡岩上，黄山孤松饱经风霜，傲首从容；山坡上，黄山松林迎风而立，树干弯曲，枝成旗形，优美异常。季节不同，景色各异。春天鲜花盛开，草木蔓发，松绿竹黄，百鸟相鸣；仲夏林木蓊翳，绿荫沉凝，凉风拂肌，几忘酷暑；秋至松竹沉黛，枫叶如火，硕果缀枝，百草含香；冬临风荡林海，雪压劲松，山色凝重，似露峥嵘；山顶积雪经久难消，与繁花绿叶相融，故有"天堂积雪"的美景（如图 2-3 所示）。

图 2-3　大别山"天堂积雪"美景

大别山区不仅植物茂盛且种类繁多，这里也是有利于动物繁殖生长的天然动物园。大山里活跃着草鹿、豪猪、野猪、斑豹、灵猫、狐狸、松鼠等动物，珍稀的有娃娃鱼、甲板龟、穿山甲、鹿獐等；鸟类有长尾锦鸡、画眉、鹞鹰、鹗、百灵、山和尚、八哥、黄莺、白头翁等珍稀动物。其中国家一级保护动物有金钱豹、安徽麝、黑鹳、白鹤、大鸨、原麝、豹、金雕、白尾海雕、白冠长尾雉等。

六、人文历史

大别山不仅山川秀美，而且地灵人杰，是一座历史文化名山。境内人文鼎盛、历史昌隆。早在 3000 多年前的《尚书·禹贡》中就有记载，因唐代著名诗人李白登临而享誉海内外，境内名人、名将、名寺、名址遍布，文化底蕴丰厚。这里是明代"医圣"万密斋、京剧鼻祖余三胜、辛亥革命元勋张振武、方志学家王葆心的故乡。沧桑的古老历史，丰富的人文资源，众多的英才豪杰，传奇的风云故事，神秘的遗址遗迹，……这一切，无疑使这片古老而又青春的土地更增光彩，更显风流，也构成了大别山独具魅力的人文地理。大别山因处于南北交界处，为兵家必争之地，秦皇汉武、曹魏唐宗曾在此跃马扬鞭，这里留下了许多古战场遗址，形成了独特的军事山寨文化。

大别山区是我国著名的革命老区之一。新民主主义革命时期，以天堂寨为中心的大别山区是中国红军第四方面军诞生的摇篮，无数热血男儿走上了不屈的抗争道路。长征会师后的8万红四方面军主力为共和国的诞生立下了不可磨灭的汗马功劳。大别山区位独特，东视南京，西隔武汉，正是其独特的地理位置使得大别山对民国首都南京和中心城市武汉具有重要的军事价值。1947年，刘邓大军千里跃进大别山，拉开了战略进攻的序幕。从鄂豫皖这片大别山里走出了共和国的1位元帅、2任国家主席和300多个开国将军。

第三章　大别山区生态功能保护区

生态功能保护区是指在涵养水源、保持水土、调蓄洪水、防风固沙、维系生物多样性等方面具有重要作用的重要生态功能区内，有选择地划定一定面积予以重点保护和限制开发建设的区域。根据国家主体功能区规划，大别山区有核心保护区、限制发展区、城镇居住区和优化开发区，具体将根据各地方的特色和具体现状，将大别山生态经济功能区划分为生态涵养保护区、风景旅游名胜区、生态产业集中发展区和生态经济综合配套区。

大别山生态功能保护区，是指强化生态功能，禁止开发的核心保护区，是大别山区域生态安全格局的基础。大别山生态功能保护区具体包括水源涵养保护区、自然保护区、国家地质公园和国家森林公园。而自然保护区、国家地质公园、国家森林公园以及风景旅游名胜区统称国家公园。

国家公园是指国家为了保护一个或多个典型生态系统的完整性，为生态旅游、科学研究和环境教育提供场所，而划定的需要特殊保护、管理和利用的自然区域。1872 年美国国会批准设立了世界最早的国家公园，即美国的黄石国家公园。自黄石国家公园设立以来，全世界已有 100 多个国家设立了多达 1200 处风情各异、规模不等的国家公园。综观世界上各种类型、各种规模的国家公园，一般都具有两个比较明显的特征：一是国家公园自然状况的天然性和原始性，即国家公园通常都以天然形成的环境为基础，以天然景观为主要内容，人为的建筑、设施只是为了方便而添置的必要辅助。二是国家公园景观资源的珍稀性和独特性，即国家公园天然或原始的景观资源往往为一国所罕见，并在国内，甚至在世界上都有着不可替代的重要而特别的影响。

设立国家公园的主要意义和作用大致可概括为三个方面：一是景观资源的保存与保护；二是资源环境的考察与研究；三是旅游观光业的可持续发展。经过 100 多年的研究和发展，“国家公园”已经成为一项具有世界性和全人类性的自然文化保护运动，并形成了一系列逐步推进的保护思想和保护模式：一是保护对象从视觉景观保护走向生物多样性保护；二是保护方法从消极保护走向积极保护；三是保护力量从一方参与走向多方参与；四是保护空间从点状保护走向系统保护。

设立国家公园需相应地具备以下几方面的功能:(1)提供保护性环境。国家公园地区大都具有成熟的生态体系,并包含有顶极生物群落,富于安定性,对于缺乏生物技能的都市体系及以追求生产量为目标的生产体系,均能产生中和作用;对于人类的生活环境品质及国土保安极具意义。(2)保护生物多样性。自然生态体系中的每一物种,都是经过长年演化的产物,其形成往往需要万年以上的时间,且无论何种植物现在或未来都是有利用价值的。设立国家公园具有保存大自然物种,提供作为基因库的功能,并以此供后代子孙世世代代使用。(3)供国民游憩,繁荣地方经济。优美神奇的大自然景色可以陶冶情操,启发灵感。尤其都市化及工业化以后,国民对于户外游憩需求与日俱增,回归大自然的行动已风靡全世界。因此,在国土计划中除地方性公园及绿地配置外,具有优美自然原始风景的国家公园,常作为现代都市生活最高品质的游憩场所。另外,国家公园观光旅游的发展同时得以促进地方经济,繁荣区外市镇,并增加区内、外居民就业发展的机会。(4)促进学术研究及国民环境教育。国家公园区内的地形、地质、气候、土壤、水域及动植物生态资源大多没有被人为改变或干扰,是研究自然科学的“自然博物馆”。还可利用国家公园研究生态系统发展、食物链、能量传递、物质循环、生物群落演变与消长等。此外,国家公园也可以供游客参观游览,提供国民野外教育的机会。

我国国家公园的建设类型主要有:(1)自然保护区。1956 年,我国建立了第一个自然保护区——广东鼎湖山自然保护区。20 世纪 80 年代以来,随着社会各界环保意识的增强和环保法规体系的日益完善,我国自然保护区事业才步入依法发展的“快车道”。至 2016 年底,我国的国家级自然保护区总数达到 446 个,各类自然保护区 2740 处,面积达 9466 万公顷,占国土面积的 14.8%,已超过世界平均水平。(2)国家地质公园。至 2016 年底,我国地质公园建设工作已推进了十多年,国家地质公园的数量已达到了 240 处。另外,还有国家级的湿地保护区 705 处、国家海洋类型自然保护区 33 处。(3)森林公园。由国家林业局批准设立。1982 年,我国第一处森林公园——湖南张家界国家森林公园批准建立。截至 2016 年底,全国共建立森林公园 3234 处,其中国家级森林公园 826 处,总面积约 108.455 万公顷。(4)风景名胜区。截至 2016 年,我国已经建立风景名胜区 962 个,其中国家重点风景名胜区 225 个。

本章将对大别山区生态功能保护区的水源涵养保护区、自然保护区、国家地质公园和国家森林公园作一较详细探讨。

第一节　水源涵养保护区

大别山有着重要的水源涵养功能,是淮河中游、长江中下游的重要水源补给区。淮河水系和长江水系中下游诸多中小型河流均发源于大别山，其中山北麓的水往北流入淮河的主要河流有史河、灌河、淠河、潢河等；山南麓的水往南流入长江的主要河流有巴河、蕲河、白莲河、举水、倒水、大悟河、滠水、潜水、杭埠河等。

一、河流

(一)史河

史河古名“决水”，淮河南岸Ⅰ级支流，流域跨豫、皖两省。史河发源于安徽省金寨县西南，大别山之北麓，豫、皖两省交界的伏牛岭(三省垴和棋盘石山系)，其上源有沙沟、银山沟及八道河汇入，至梨花尖始称史河，流经丁埠、金家寨、梅山、叶集、河南固始等地，至三河尖入淮河。河流长度，安徽省志、六安市志谓 220 千米，其中安徽省境内长 110 千米，流域面积为 6889 平方千米，其中安徽省境内为 2685 平方千米。

史河干流，上源称牛山河。以西河为主源，出金寨县羊角尖，又称天台山，峰顶海拔高度为 1166 米，河道北流，经畈湾至老家河，折东南流，至过凤岭右纳白沙河(河长 24 千米，比降 12‰)，折北流至关庙，左纳一小支，以下称牛山河(引《金寨县志》注：牛山河为史河主要支流之一)，主流出自棋盘石山系大牛山一带，上源有沙河、西河、牛山河三源，至三河尖相会统称牛山河，东下至托树坳与竹根河合流，入史河。

史河上游建有梅山大型水库一座和红石嘴(安徽省)、黎集(河南省)两座拦河枢纽，红石嘴至蒋家集站区间有长江河(流域面积为 257 平方千米)、羊行河(流域面积为 219 平方千米)、急流涧河(流域面积为 264 平方千米)、石槽河(流域面积为 670 平方千米)。

梅山水库以上控制流域面积为 2120 平方千米，占史河流域总面积的 30.8%，正常年径流量为 12.23 亿立方米，占史河年总水量的 41.0%，单位面积产水量只低于淠河，为淮河支流第二位。梅山站实测最大洪峰流量为 4380 立方米/秒(1954 年 7 月 11 日)，根据历史资料推算出的历史最大洪峰流量为 10705 立方米/秒，清道光二年(1822 年)，实测枯水季节最小流量仅 0.8 立方米/秒(1978 年 11 月)。正常年份史河入淮总水量为 29.80 亿立方米。水能资源的理论蕴藏量为 10 万千瓦，可利用装机容量 5.78 万千瓦，现已开发装机容量 4.28 万千瓦。

史河是皖西地区和河南省南部重要的水系，流域内众多的水利设施形成史河灌区(安徽境)和梅山灌区(河南境)，为中国三大特大型灌区之一的淠史杭灌区的重要组成部分，为灌区内生产、生活、航运提供了强大的水利支持。

(二)灌河

灌河发源于河南省商城县，流经河南省商城县和固始县，全长约 164 千米(入史河口以上），集水面积为1650平方千米，在固始县水文站下游汇入史河，其上游建有鲇鱼山大型水库和铁佛寺中型水库各一座，铁佛寺水库位于鲇鱼山水库下游，灌河支流陶家河上。

（三）淠河

淠河古称沘水、白沙河，是淮河右岸的主要支流之一，位于安徽省西南部，发源于岳西和金寨县境内的大别山北麓。流经霍山县、岳西县、裕安区，于寿县正阳关入淮河。淠河全长约253千米，流域面积为6000平方千米。

淠河有东淠河和西淠河两大支流。

东淠河有西、东两源。(1)西源——漫水河，系淠河主源流，源出鄂皖交界的挂笼尖北侧，从霍山县太平畈乡余家湾起，经三道河和六道河，与源出八斗岭、鸡心石和自西向东流的清水河，在漫水河镇汇合，折向东北，于王家畈（午旗河）入佛子岭水库。(2)东源——黄尾河，源出岳西县境多枝尖的金岗岭北侧，东北流经青天畈、道义涧，折北经阔滩河、黄尾街，于陡峰寨东进入霍山县境，称石板河。再北流经胡家河，在板里河西与另一源出岳西县境的清潭河汇合，北流至磨子潭水库。出库后与源出黑山尖经东西溪、东风桥的扫帚河（上段称童家河）汇合后，古称潜水，进入佛子岭水库。佛子岭水库汇集东淠河东、西两源，控制面积为1840平方千米（包括磨子潭水库570平方千米）。东淠河水出库后，河谷开阔，比降平缓，出现沙滩。西北流经梁家滩弯道，向东北流经黑石渡，汇入孔家河。至此，东淠河全长约103千米，流域面积为2697平方千米。

西淠河，古称湄水，亦名西河、麻步川，发源于鄂皖交界的三省垴，源流称黄氏河。西淠河从宋家河、乌鸡河汇合口（五七桥）起，东流经茅坪、江家湾有青龙河（又名姜河）入，再东经青山、青枫岭，汇莲花河水，折北至青龙嘴，毛坦河入，再折北向东直至响洪甸水库，出库后，经驻驾湾、独山折向东南至两河口，全长约68千米，流域面积为1585平方千米。

东、西淠河在六安市裕安区两河口汇合后称淠河，东流折北行9千米至横排头，进入淠河灌区渠首枢纽工程，形成5千米长的人工湖，过大坝后经苏家埠东北流汇入十里桥河水，经六安市区折北流15千米至鲍兴集，古芍陂于此引淠水。向西转过大湾道，北流经王集、安城寺、单家埠，折东5千米至六安市金安区马头集，汇入石坝河水，再北经寿县隐贤集、迎河集，于正阳关入淮河。

淠河总落差约456米，水量为41.82亿立方米，占安徽境内淮河水量的20.1%，其年产水量为69.7万立方米/平方千米，为淮河各支流之首位。

淠河历史上水患频仍，历代都有治理。新中国成立后在淠河上游支流上建成佛子岭、响洪甸、磨子潭三座大型水库，均有防洪、灌溉、发电和航运等综合利用功能，三座水库调节拦蓄了淠河大量的洪水，不仅大大提高了淠河中下游的防洪标淮，而且还起到了辅助淮河干流蓄洪的作用。三座大型水库拦蓄淠河洪水54%，减轻了下游的水患。

以上几条河流是发源并流经大别山区而注入淮河的主要河流。发源于大别山区流入长江的主要河流有巴河、蕲河、浠水、举水、倒水河、大悟河、滠水、潜水、杭埠河等。

(四)潢河

潢河是淮河上游重要支流，流经河南省东南部。潢河发源于河南省新县万子山，经光山县东部，从潢川县卜塔集镇马湖村入境，由西南向东北纵观卜塔集镇、春申街道、老城街道、弋阳街道、定城街道、魏岗乡、谈店乡、来龙乡、上油岗乡，至踅孜镇两河村入淮河。潢河全长约140千米，流域面积为2400平方千米，多年平均径流12亿立方米。潢水流域是沿淮平原的"鱼米之乡"。

(五)巴河

巴河位于湖北省黄冈市境内，古称巴水，是西阳五水之一。巴水水系源于湖北与安徽交界处的西峰尖，流经麻城市，罗田县、团风县、浠水县、黄州区，沿途汇水绵延百余千米经巴河镇汇入长江，全长约151千米，流域面积为579.93平方千米。

(六)蕲河

蕲河又名蕲水，属黄冈境内五水之一。蕲河发源于蕲北的四流山(大别山深处)，自东北向西南流贯蕲春县全县，最后注入长江。蕲河长117.8千米，接纳大小支流550条，蕲河流域面积为1983平方千米。

(七)白莲河

白莲河源头为安徽岳西黄梅尖和英山的云峰顶，上游由两条支流组成，全长约148千米，于英山两河口汇合，经浠水巴河注入长江。

(八)举水

举水发源于大别山中段南麓，鄂豫交界的风包裂山，自北向南，流经河南省新县局部、湖北省麻城市大部、红安县小部、武汉市新洲区大部，由黄冈市团风县处注入长江，是长江的一级支流。举水干流全长约170.4千米，流域面积为4367.6平方千米。

(九)倒水河

倒水河发源于大别山南麓河南省新县的庆儿寺，全长约163.3千米，流域面积为2317平方千米，在武汉市新洲区阳逻龙口注入长江。据《水经注》记载：倒水于圻山五水中称西归水，流至李集下，东支入举水者称感化河；西支至龙口入江者称乌石水。其实一水，后世从简，通称倒水。

(十)大悟河

大悟河发源于河南省罗山县与湖北省大悟县接壤的灵山(一说"光头山")，全长约 87 千米，流域面积为 200 平方千米。大悟河流经大悟县全境，在大悟县芳畈镇与孝昌县小河镇交接部位汇入澴河。

(十一)滠水

滠水发源于湖北省大悟县三角山，流经孝感市大悟县、黄冈市红安县和武汉市黄陂区三地，全长约 142.14 千米，流域面积为 2312 平方千米，年入长江水量达 10.9 亿立方米，大小支流 51 条；全流域呈长方形，上中段为丘陵区和少量低山区，水能资源主要在上段干支流上。黄陂区马寨城遗址、城门潭遗址、三姑井三大古城遗址就在滠水河畔。滠水河保护已列入环保部长江中下游水环境综合治理规划。

(十二)潜水

潜水发源于大别山深处岳西县多枝尖(高程为 1721 米)东麓，众多的溪水汇淌成流，上游为来榜河，至岳西县花墩以下始称潜水。潜河水似一条飘扬的玉带缠绕于天柱群山间，涓涓流淌，蜿蜒东去，流经岳西、潜山、怀宁三县，在安庆汇入滚滚东流的长江水系。

(十三)杭埠河

杭埠河，古称龙舒水，因在安徽省舒城县东南，亦称南溪，清光绪《舒城县志》称前河。1949 年，以其下游重要集镇杭埠改称杭埠河。古籍旧志均称源出岳西县井园(孤井园)，实则源出岳西县同安寨西侧石关的猫耳尖。东北流经主簿源西合龙井河水，又北流至姚西，纳西河水，向北入舒城县查湾与源出岳西县境枫香坳的查水河汇合，东流至晓天镇，有双河自南向北流入，折北有石皂、救母河从西汇入，折东经小河口、右汇山七里河，曲折流向东北，于碎石滩进入龙河口水库，此段习惯称晓天河。库区内汇滑水河、河棚河(乌沙河)。出水库东北流经九井寺由九井河入，折东龙潭河在右岸入，左岸始有堤防，过七门堰，条经新街、干汊河，再东北流过马家河口至白马凼，右岸南港河入，左岸在合兴凼有朱槽沟与丰乐河贯通，东行经周公渡有清水河从南汇入，过将军凼后折北，经钱大山，折东经杭埠后，进入庐江县的广寒、王氏六渡，折北至合肥市三河镇与丰乐河汇合，向东流经大潭湾、北闸，注入巢湖。全长为 145 千米，流域面积约 3064 平方千米。

二、水库(水利风景区)

大别山区是水源水库涵养区，境内水库水域总面积达 19.6 万公顷，大型水库有位于安徽省境内的佛子岭水库、磨子潭水库、梅山水库、响洪甸水库、龙河口水库、花凉亭水库，位于河南省境内的南湾水库、鲇鱼山水库，位于湖北省境内的白莲河水库。这些水库也形成了美丽的水利风景区。还有一大批中小型水库，也蕴藏着丰富优质的水资源。以大中水库为中心，构建大别山区水源涵养保护区，形成林水生态综合效应，为长江中下游地区和黄淮地区的经济社会发展贡献生态环境承载量。

(一)佛子岭水库

解放初期淮河是一条有名的害河。1951 年 5 月 15 日，毛泽东主席发出“一定要把淮河修好”的伟大号召，紧接着就由周恩来总理亲自主持召开治淮会议，指示水利部门在淮河的源头建造新中国第一座大型水库，经过多方勘探、讨论，选中了佛子岭。佛子岭大坝于 1952 年 1 月动工，1954 年 10 月竣工，历时两年零十个月。佛子岭水库位于淮河支流淠河东源上游，霍山县城西南 17 千米处，漫水河、黄尾河径流入库。佛子岭水库是建国初期中国自行设计具有当时国际先进水平的大型连拱坝水库，以防洪为主，结合灌溉、发电、航运，其水电站是淮河流域第一座水电站。水库的枢纽工程包括大坝、输水管、溢洪道和发电厂四个部分。钢筋混凝土的连拱坝由 20 个垛、21 个拱和两端接岸动力大坝组成，大坝全长 510 米，坝顶海拔高度为 129.96 米，现坝高为 77.3 米，如图 3－1 所示。水库实际控制面积为 1270 平方千米，总库容约为 4.96 亿立方米，相应洪水位约为 130 米，汛期兴利库容为 1.2 亿立方米，死库容为 1.25 亿立方米，防洪标准为千年一遇。佛子岭水库作为淮河治理工程的重要组成部分，拦蓄了淠河大量的洪水，不仅大大提高了淠河中下游的防洪标准，而且还起到了辅助淮河干流蓄洪的作用。随着淠河上游大中型水库工程的建成，淠河流域的灌溉事业也得到迅速发展，建成了小淠河灌区、淠河灌区、淠源渠灌区等一批灌溉工程。

图 3－1　佛子岭水库(钢筋混凝土连拱坝)

(二)磨子潭水库

磨子潭水库位于安徽省霍山县大别山腹地，在佛子岭水库坝址上游 25 千米处，于1958年6月大坝混凝土全部浇筑完成。磨子潭水库是为提高佛子岭水库防洪标准和充分开发水利资源而兴建的水库枢纽工程，控制流域面积为570平方千米，总库容为3.47亿立方米，最大坝高82米，电站装机16兆瓦。磨子潭水库与佛子岭、响洪甸水库联合运用承担淠河灌区660万亩农田灌溉用水以及六安、合肥两市工业、生活的补充供水任务。上游东西两河之间有一座崔嵬嵯峨、高耸云际的山峰仙女台，山顶山岩峥嵘，怪石嶙峋，奇特多姿；下映磨子潭深渊，翠影含黛，风景旖旎，如图3-2所示。大别山主峰景区——别山湖游船项目建立于此地，这里地处大别山腹地，群山绵亘，奇峰迭出，峰峦俊秀，林木葱茏，茶园成片，翠竹连绵，洞天福地，山水迷人，景点遍布，风景如画，是集观光、休闲、度假、避暑、探险等功能于一体的湖泊、山岳综合型风景区。

图3-2 磨子潭水库

(三)白莲崖水库

白莲崖水库位于安徽省霍山县境内东淠河佛子岭水库上游西支漫水河上，距下游佛子岭水库约26千米，距霍山县城约30千米。2005年12月23日成功截流，2009年1月大坝碾压砼全部浇筑完成，流域面积为745平方千米。白莲崖水库是一座以防洪为主，兼顾灌溉、供水和发电等综合利用的大Ⅱ型工程(如图3-3所示)，水库总库容4.60亿立方米，电站总装机容量2×25兆瓦。白莲崖水库的主要防洪任务是提高下游佛子岭水库的防洪标准，使佛子岭水库的校核洪水标准达到5000年一遇，从根本上解决佛子岭水库防洪标准不足的问题；水库年有效供水量为2.7亿立方米。

(四)梅山水库

梅山水库位于大别山腹地的史河上游，坐落于有“红军故乡、将军摇篮”之誉的安徽省金寨县，是一座以防洪、灌溉为主，兼有发电等综合效益的大型水利水电工程。其1954年3月动工，1956年1月连拱坝主体工程基本竣工，1958年水库开始

图 3-3　白莲崖水库

蓄水。梅山水库是淮河流域重点工程，是由我国自行设计自行施工的当时世界上最高的连拱坝，坝高为 88.24 米，全长为 443.5 米，如图 3-4 所示。水库为多年调节，防洪库容约 10.65 亿立方米，设计灌溉面积为 25.53 万公顷，装机容量 4×10 兆瓦。水库上游主要支流有竹根河、白沙河、麻河、白水河等 11 条山溪河流。库区流域面积为 1970 平方千米，占史河全流域面积为 6880 平方千米的 28.6%，总库容约 23.37 亿立方米，相应洪水位 140.77 米，防洪库容约 11.39 亿立方米，兴利库容约 7.96 亿立方米，死库容约 4.02 亿立方米，汛期限制水位为 125.27 米，防洪标准万年一遇。由梅山水库兴建而形成的人工湖，湖水碧透，微波荡漾，库区沿岸风景秀丽，名胜众多，天鹅岛、九王寨、青蛙石、水上兵马俑、梳妆台等景点，形象各异，栩栩如生，让游人流连忘返，叹为观止。梅山水库建成 50 多年来，充分发挥了巨大的综合功能，成绩斐然。各种效益特别是防洪、灌溉和发电三大效益的正常发挥，对皖西乃至安徽省的经济发展和社会稳定起到十分重要的作用。

图 3-4　梅山水库(连拱坝)

(五)响洪甸水库

响洪甸水库是淮河支流西淠河上游的一座大型水库,位于安徽省金寨县境内,1956年4月开工建设,1958年7月竣工,是20世纪50年代新中国治理淮河水患的枢纽工程之一。水库大坝是我国自行设计和施工的第一座等半径同圆心混凝土重力拱坝,如图3-5所示。水库大坝以上控制流域面积为1431平方千米,占西淠河流域面积的21.36%。水库流域地处江淮分水岭,地势南高北低,平均海拔为500米,植被率90%,森林覆盖率64%。响洪甸水库是多年调节水库,总库容为26.32亿立方米,水库五百年设计洪水位为141.30米,五千年校核洪水位为143.37米;防洪高水位为132.60米时,对应蓄水为17.25亿立方米;死水位为100.00米,对应蓄水为2.34亿立方米;水库正常蓄水位为128.00米,蓄水为14.13亿立方米。水质优良,为Ⅱ类水质,来水靠降雨补给。为提高响洪甸水库综合发电和防洪抗旱能力,充分开发利用水资源,1994年12月开工建设安徽省第一座抽水蓄能电站——响洪甸混合式抽水蓄能电站,安装两台4万千瓦的抽水蓄能机组。响洪甸水库一湖碧水,绿得透底,群山叠翠,倒映水中,随着水面的涟漪颤颤悠悠,袅袅依依,山水交融,美丽极了。荡舟湖上,齐云山上的茶园飘来阵阵茶香。驾舟转过一座山麓,驶进一湾湖岔,千亩竹海掀起层层绿色波浪。水库大坝所在地响洪甸镇盛产茶叶、板栗、毛竹、水产、矿产等,农特产品丰富,野生动植物繁多。响洪甸镇具有悠久的茶叶发展史,是中国十大名茶"六安瓜片"和名优茶"齐山云雾"、"齐山翠眉"的正宗产地。

图3-5 响洪甸水库

(六)龙河口水库

龙河口水库是巢湖水系支流杭埠河上游的一座大型水库,建于安徽省舒城县龙河口。库区流域面积为1111平方千米,占杭埠河流域大潭湾以上总面积1970

平方千米的56.4%。总库容为8.2亿立方米，底库容为0.53亿立方米。水库大坝被称为世界第一人工土石大坝（如图3-6所示），被联合国大坝委员会原主席兰希先生赞为“非常了不起的工程”。龙河口水库是杭埠河灌区的水源工程，也是渠首工程，防洪保护面积53万亩，建库后大大减轻杭埠河的洪水负担，灌溉舒城、庐江、六安三县农田155万亩。21世纪初，水库所在地舒城县万佛湖镇开始利用库区自然资源开发旅游项目，并命名为“万佛湖”，入选国家AAAAA级旅游风景区。

图3-6　龙河口水库

（七）花凉亭水库

花凉亭水库位于安徽省太湖县境内长江流域皖河支流长河上游，是一座以防洪、灌溉为主，结合发电、供水、养殖、航运、旅游等综合利用的大Ⅰ型水利枢纽工程，如图3-7所示。花凉亭水库以千年洪水位设计，设计洪水位为95.85米，以万年洪水位校核，校核洪水位为97.61米，相应总库容为23.98亿立方米，死库容为6.55亿立方米，正常水位为88米，有效库容为17.43亿立方米，其中防洪库容为8.68亿立方米，兴利库容为8.75亿立方米。花凉亭水库集水面积为1880平方千米；装机容量为4×1万千瓦，年发电量为10150万度；四台机组的发电现已并入华东电网；设计灌溉其下游的太湖、宿松、望江、怀宁四县105万亩田地；可养殖水面9.54万亩。建成的“花亭湖风景区”，已经成为国家级AAAA风景名胜旅游区。

（八）南湾水库

南湾水库位于河南省信阳市淮河支流浉河上，是新中国成立后首批兴建的大

图 3-7　花凉亭水库

型治淮骨干工程，开工于1952年，建成于1955年11月。南湾水库主坝长816米、坝顶高程114.1米、最大坝高38.3米，总库容为16.3亿立方米。浉河全长141.5千米，流域面积为2070平方千米，南湾水库控制了76.5千米，占54%，控制流域面积为1100平方千米，占53%。南湾水库功能第一考虑的是防洪，其次是灌溉，然后是发电和水产养殖等。随着社会经济的不断发展，目前水库已在原有功能的基础上发展成为集城市工业与生活供水、水利旅游等综合利用的大型水利工程（如图3-8所示）。南湾湖附近属北亚热带向暖温带过渡气候区，具有过渡气候特点。水库上承浉河（发源地鸡公山、四望山）、五道河（发源地豫鄂两省交界处）、董家河（发源地：天云寨东麓）、小泗河（发源地：天云寨北部）。

图 3-8　南湾水库

(九)鲇鱼山水库

鲇鱼山水库建在淮河支流史灌河西支流灌河上游的一座大Ⅱ型水库,位于河南省信阳市商城县城西南 5 千米处,主坝长 1475.6 米,最大坝高 38.5 米,水库坝址水库库区长 38 千米,控制流域面积为 924 平方千米,总库容为 9.16 亿立方米。鲇鱼山水库于 1970 年 3 月动工,1973 年竣工,功能以防洪、灌溉为主,兼及发电、航运、养殖、旅游等功能,如图 3-9 所示。水库电站装机 12100 千瓦,灌区设计灌溉面积 143 万亩。湖中动植物资源丰富,还有净梵寺、温泉书院等人文遗址,库区两岸山峦重叠,湖谷开阔,树林郁郁葱葱,库区内有大小岛屿千余座,素有"中原千岛湖"的美称。库区多年平均降雨量为 1250 毫米,多年平均径流量 5.94 亿立方米,控制流域面积 924 平方千米。

图 3-9 鲇鱼山水库

(十)白莲河水库

白莲河水库是鄂东第一人工水库,是浠水流域的骨干水利工程。1958 年秋动工兴建,1960 年 10 月主坝拦洪蓄水。水库控制流域面积为 1800 平方千米,占流域总蓄水量的 82.6%,总库容为 12.5 亿立方米,正常蓄水位为 104 米,相应库容为 8 亿立方米,是一座以灌溉、发电为主,兼顾防洪、养鱼、航运的综合利用水库。白莲河水库水面大,溶氧充足,天然饵料丰富,年均产鲜鱼约 101.1 万公斤,近年亩产超过 25 公斤。白莲河水库有着独特的自然风光,这里群山连绵,树繁竹茂,如图 3-10 所示;沿河两岸,峭壁挺拔,怪石林立,文物众多,有鄂东佛教名山斗方山、中唐修建的大王庙,及在悬崖石壁上修建的石庙等。

图 3-10 白莲河水库

第二节　自然保护区

自然保护区是指对有代表性的自然生态系统、珍稀濒危野生动植物物种的天然集中分布、有特殊意义的自然遗迹等保护对象所在的陆地、陆地水域或海域，依法划出一定面积予以特殊保护和管理的区域。自然保护区分为国家级自然保护区和地方各级自然保护区。自然保护区在《中华人民共和国自然保护区条例》当中被确定为禁止开发区域，是禁止进行工业化、城镇化开发的区域，是重要的生态功能保护区。

目前，大别山区有 6 个国家自然保护区和 11 个省级自然保护区，其分布如图 3－11 所示。

(1)国家级自然保护区分别是：安徽鹞落坪（山地森林生态系统）保护区、安徽

图 3－11　大别山区自然保护区分布图

天马（北亚热带常绿落叶阔叶林及珍稀动植物）保护区、安徽岳西县枯井园森林生

态保护区、河南鸡公山（亚热带森林植被过渡类型及珍稀野生动植物）保护区、湖北龙感湖（北亚热带森林生态系统及珍稀野生动植物）保护区和湖北大别山国家级自然保护区。

（2）省级自然保护区分别是：安庆沿江湿地、潜山县板仓森林生态保护区、霍邱县东西湖野生动物保护区、舒城万佛山森林生态保护区、霍山佛子岭森林生态保护区、信阳四望山森林生态保护区、信阳天目山森林生态保护区、新县黄缘闭壳龟野生动物保护区、商城县金刚台森林生态保护区、商城县鲇鱼山内陆湿地、固始县淮河湿地。

大别山区这些自然保护区是代表性的自然生态系统、珍稀濒危野生动植物物种的天然富集分布区，具有把科学研究、教育、生产和旅游等活动有机地结合起来，综合发挥生态、经济、社会效益的功能。

一、国家级自然保护区

（一）安徽鹞落坪国家级自然保护区

安徽鹞落坪国家级自然保护区位于安徽省岳西县，总面积为123平方千米，其中核心区为21.2平方千米，缓冲区为28.4平方千米，实验区面积为73.4平方千米。鹞落坪保护区主要保护对象为大别山区具有典型代表性的森林生态系统和国家珍稀濒危野生动植物，并作为淮河流域磨子潭和佛子岭水库的重要水源涵养林保护区。鹞落坪保护区生态良好，森林植被属于北亚热带落叶——常绿阔叶混交林带的组成部分，植被覆盖率高，物种丰富，且具有自然生态系统代表性（如图3-12所示）。

图3-12　鹞落坪国家级自然保护区

1. 植物资源

鹞落坪保护区森林植被属于北亚热带落叶——常绿阔叶混交林带的组成部分。保护区的植物区系属于泛北极植物区、中国—日本森林植物亚区的华东区，是华中、西南、华北、东北及华南植物与华东植物区系的渗透、过渡和交汇地带，植物区系复杂，植物种类繁多。森林植被类型可粗略分成常绿阔叶林、落叶——常绿阔叶混交林、落叶阔叶林、针叶林、竹林、灌丛、草丛、人工植被等8个植被类型(亚型)和35个群系组。据初步调查，这里有高等维管束植物2000余种，有野生种子植物134科，590属，1428种。安徽省高等维管束植物种类的三分之二都可以在这里找到，可谓是大别山区一个宝贵的植物物种基因库。保护区有国家首批公布重点保护的珍稀濒危野生植物23种，如大别山五针松、金钱松、香果树、领春木、天女花、银杏、厚朴、凹叶厚朴、连香树、杜仲等。保护区内还有国内少见、大面积集中分布的小叶黄杨林、多枝杜鹃林，还有呈块分布的香果树、领春木群落(如图3-13所示)。此外这里还分布有安徽特有植物和中国特有植物14属，如安徽槭、安徽碎米、安徽贝母、金钱松属、杜仲属、青檀属、独花兰等。因此鹞落坪保护区被专家一致誉为是中国不可多得的植物物种宝库。

图3-13　鹞落坪保护区森林植被

2. 动物资源

鹞落坪自然保护区动物区系具有南北过渡的特点，在动物地理区划上属于东洋界，既是一些古北界种类分布的南限，同时又是不少东洋界种类分布的北限，野生动物多样性相当丰富。初步查明区内有两栖动物2目8科16种；有爬行动物3目7科24种；有鸟类11目30科108种；有兽类7目18科43种。其中细痣疣螈、秦岭雨蛙、黑点树蛙为安徽省两栖类动物新纪录。属于国家重点保护的野生动物有18种，即细痣疣螈、大鲵、鸢、赤腹鹰、雀鹰、红隼、勺鸡、白冠长尾雉、领角鸮、红角鸮、斑头鸺鹠、草鸮、蓝翅八色鸫、金钱豹、豺、小灵猫、水獭、原麝等；还有32种动物为安徽省地方重点保护野生动物；在108种鸟类中有83种属于农林益鸟。此外，保护区内昆虫资源也很丰富，仅蝶类就有上百种，其中不少为珍贵种类。保护区的标本室，已采撷制作了一批很有价值的动植物标本，供科研人员研究和游客观赏。

3. 药材资源

鹞落坪保护区内约有植物类药材224科1200余种，常见药用植物200多种，是中国天然中药材重要产地之一，其中不少为贵重稀有药材，如杜仲、厚朴、麝香等，有30种属国家重点保护野生药材资源植物，如短萼黄连、杜仲、厚朴、黄檗、天门冬、猪苓、远志、华中五味子、细辛、石斛等名贵药材品质优良，储量丰富。还有丰富的虫生真菌资源，在已发现的4目15属虫生真菌中，以拟青霉菌属和虫草属为其优势种。调查中发现一种新纪录：三角孢虫疫霉和一个新种大别山虫壳及一个新变种——珊瑚虫草长孢变种。此外观赏植物、食用植物、工业原料、饲料植物等种类繁多。

4. 气候条件

鹞落坪自然保护区属北亚热带季风区，受江淮气旋及梅雨控制以及副热带高压进退的影响，空气湿润，气温较低，雨雪充沛，气候宜人。基带（山麓平原地带）气候状况及水平气候差异对该区的气候有着深刻的影响，又因该保护对象区面积较大，地势高峻，故小气候极为复杂。

5. 生态环境

鹞落坪保护区环境质量优良。根据安徽省环境监测中心站2016年对保护区内的生态环境质量和生物多样性现状进行了科学评估结果，鹞落坪的生物丰度指数为121.38，比安徽省的平均数高73.27；植被覆盖指数为108.98，比安徽省的平均数高52.43；森林覆盖率高达95.08%，比全省的平均数高69%。这些指数均为安徽省最高。根据安徽省疾病预防控制中心监测，空气中空气负离子总平均浓度为4012个/立方厘米，评价指数达到A级以上，为最清洁空气。

6. 旅游资源

鹞落坪保护区茂林修竹、溪谷萦回、流泉飞瀑、碧潭清影、云雾缭绕，是大别山少有自然风景区，其景致可概括为“山、谷、林、岩、水、潭”六个字，是“一块尚未雕琢的翡翠”。保护区文物古迹甚多，有“崇山峻岭，孕育毓秀，极磅礴之大观”的锁口山甘露寺；有“虎踞龙盘、览北境无非仙界，山清水秀登斯处即是名区”的石佛寺；有“青山半落云天外，白水平分岳霍边”的火烧岭观音寺。鹞落坪曾是鄂豫皖三年游击战争时期的红军大本营，红28军和皖西特委机关驻地，是大别山著名革命根据地，被誉为“红色鹞落坪”。根据鹞落坪自然保护区旅游规划，在保护区实验区设立四个风景区，即鹞落坪景区、十里画廊景区、寸密河景区和石佛寺景区。

(1)鹞落坪景区:主要景点有多枝尖、红枫谷、七色山、金钱松林、大别山五针松模式标本、小溪岭楚长城、宣教馆、科技馆、红 28 军旧址、高敬亭故居、皖西特委驻地等自然和人文景观,素以“天然空调、天然氧吧、天然食品”而著称。

(2)十里画廊景区:主要景点有十里画廊、三潭印月、罗汉献肚、洒水岩瀑布、农茶大峡谷、包家田园风光等景观。

(3)寸密河景区:与白马尖风景区相连,紧靠 S209 省道,主要景点是寸密河大峡谷,一弯一貌、一岩一奇、一树一景、一潭一画。

(4)石佛寺景区:主要景点有锁口山、甘露庵、石佛寺、石佛茶园等景观。

这些景点是开展生态观光、休闲娱乐、传统教育、避暑疗养、户外运动、佛教文化等旅游项目的优良场所。

(二)安徽天马国家级自然保护区

安徽天马国家级自然保护区位于安徽省金寨县境内,总面积 28913.7 公顷,其中核心区面积 5745.3 公顷,缓冲区面积 8118.6 公顷,实验区面积 15049.8 公顷,保护对象为北亚热带常绿落叶阔叶林及珍稀动植物。保护区由安徽省政府 1982 年批建的马宗岭保护区和 1990 年批建的天堂寨保护区合并而成,主要保护对象为北亚热带常绿、落叶阔叶混交林及其山地垂直带谱和珍稀野生动植物,其类型为森林生态系统类型自然保护区。天马保护区是以保护森林生态系统为主,兼具科研试验、多种经营和生态旅游等多重功能的国家级自然保护区。天马保护区是淮河支流史河、淠河的发源地和下游梅山、响洪甸两大水库的水源涵养地,又是长江和淮河的分水岭,为我国南北生物物种的交汇地,地理位置优越,生态区位重要,区系成分复杂,生物资源丰富,是大别山区规模最大、保存天然阔叶林最为完整的国家级自然保护区(如图 3-14 所示)。

图 3-14　天马国家级自然保护区

1. 植物资源

天马自然保护区植被类型属暖温带落叶阔叶林向亚热带常绿阔叶林过渡型，植被垂直分布带谱明显，野生植物资源丰富，区系成分复杂，特有种多。植物区系呈现如下主要特点。

(1)丰富性：保护区有维管束植物 178 科 753 属 1881 种，分别占全省的 79.1%、63.4%、51.6%。其中，蕨类植物 29 科 59 属 105 种，裸子植物 6 科 14 属 26 种，被子植物 143 科 680 属 1750 种。此外发现植物新种和新变种 7 种。

(2)珍稀性：马宗岭、天堂寨等地完好地保存着大面积天然林和生物群落，其东亚孑遗树种领春木群落，几个世纪以来一直保持天然原生状态，成为中国绝无仅有的第三纪特有古老森林群落。成片的天然野生山核桃林，为中国东部仅有残存的特有群落；其外还有国家级保护植物 15 种，其中，国家一级保护 1 种，即银缕梅，国家二级保护 14 种。

(3)古老性：由于地质历史悠久，自然环境复杂多样，三叠纪以来基本保持温暖湿润的气候条件，第四纪冰川影响也不大，使本区保持了大量古老植物种类，如第三纪以前孑遗裸子植物杉木、三尖杉、银杏等，古老孑遗种被子植物香果树、青钱柳、旌节花、蕺菜等；还有不少中生代白垩纪以前的古老孑遗蕨类植物，如石松、紫萁等。

(4)过渡性：天马保护区地处亚热带向暖温带过渡区，既适宜某些北方成分的生长，又适宜某些南方成分的繁衍，植被类型处于亚热带常绿阔叶林向暖温带落叶阔叶林过渡地带。许多南方植物或亚热带植被类型以本区为分布北界，许多北方成分在本区出现，但大多以此为分布南界。

(5)特有性：保护区不仅植物种类丰富，而且地理分布具有一定的特有性，除本区及邻近地区发现的植物新种外，大别山特有种有大别山五针松、小叶蜡瓣花、长梗胡颓子等；华东特有种约 60 种，如安徽槭、安徽小檗等。

(6)垂直分布性：天马保护区地势陡峻，群峰林立，植被垂直分布规律明显。海拔 400～900 米为落叶、常绿阔叶林带；海拔 900～1300 米为落叶阔叶林带；海拔为 950～1250 米沟谷的领春木种群集中和广泛分布，在中国极为罕见；海拔为 1300 米以上，多为山地矮林、山地灌丛及黄山松林(如图 3-15 所示)。

2. 动物资源

天马自然保护区有陆栖脊椎动物 22 目 61 科 185 种，其中国家一级保护 2 种，即金钱豹、原麝；国家二级保护 16 种，即大鲵、鸢、赤腹鹰、雀鹰、红隼、勺鸡、白冠长尾雉、领角、红角、斑头鸺鹠、蓝翅八色鸫、小灵猫、豺、虎纹蛙、水獭和穿山甲；有陆栖脊椎动物 22 目 61 科 185 种，分别占安徽省的 68.18%、62.16%、36.15%。其中，两栖类 2 目 8 科 17 种，爬行类 2 目 7 科 24 种，鸟类 11 目 29 科 108 种，兽类 7

图 3-15　天马自然保护区植物植被图

目 17 科 36 种。此外还有安徽省级重点保护野生动物 34 种。

3. 气候条件

根据气候区划分，天马保护区属于中国北亚热带长江中下游区、湿润季风气候类型，特点是：四季分明，气候温和，雨水充沛，日照较充足，无霜期较长。保护区范围内由于地形复杂，山势险峻，相对海拔高差最大达 1200 米，平均海拔高度在 800 米左右，属于南暖温带向北亚热带的过渡地带。由于山体屏障作用，季风环流是支配保护区气候的主要因素。

4. 生态价值

天马保护区是中国东部亚热带北缘向暖温带过渡地区，为中国南北和东西生物物种交集荟萃，生物资源丰富，区系成分复杂，森林生态系统具有较强的典型性、代表性、稀有性和自然原始性，为宝贵的生物基因库。其在华东地区乃至国内均属罕见，是科学研究、教学实习的重要基地。

5. 旅游资源

天马保护区旅游资源密集，主要旅游景点如下。

(1)白马峰：白马峰位于金寨县天堂寨风景区，海拔为 1480 米，由马鞍、马背和马尾构成，绵延数十里。山峰西侧是千米绝壁、万丈深渊；山脊上岩石裸露，雄奇险峻。每当大雨过后，流水顺石壁而下，形成大大小小飞瀑流泉(如图 3-16 所示)。

(2)马鬃岭：马鬃岭景区南邻天堂寨国家级森林公园，北靠千年佛教圣地响山寺，东接素有“金鸡朝凤凰、金狮拜玉象”之称的“小黄山”，西连闻名遐迩的西庄温泉，是天马国家级自然保护区生态旅游的重点旅游景区之一。

(3)康王寨：康王寨位于大别山腹地，与河南商城、安徽金寨、湖北麻城的三河口镇接壤，是湖北、河南、安徽的三省交界处，是淮河、长江两大流域的分水岭，康王寨主峰海拔为 1337.1 米，为麻城境内的第一高峰。

(三)河南鸡公山国家级自然保护区

河南鸡公山国家级自然保护区位于河南省信阳市境内的豫鄂两省交界处，桐柏山以东，大别山最西端，是中国四大避暑胜地之一，也是新中国第一批对外开放的全国八大景区之一。保护区面积为3000公顷，属森林和野生动物类型自然保护区，保护对象为北亚热带向暖温带过渡地带森林生态系统及珍稀野生动植物。保护区于1988年经国务院批准为国家级自然保护区，1997年加入中国人与生物圈保护区网络。

图3-16　天马保护区飞瀑流泉

1. 植物植被资源

鸡公山地处亚热带向南温带的过渡地段，植被属于亚热带常绿阔叶林区域的桐柏山、大别山山地和丘陵松栎林植被，属于泛北极植物区、中国—日本森林植物亚区的华中植物区系范围，以亚热带植物成分为主，兼有暖温带的成分；植被地带性表现出典型的由北亚热带常绿阔叶林与落叶阔叶林地带向暖温带落叶阔叶林地带过渡的特征，是多种区系成分的交汇带；森林植被明显呈乔、灌、草三层结构。乔木层通常可分为两个亚层，建群种和共建种为栓皮栎、麻栎、马尾松、化香、枫香、黄檀、五角枫等。鸡公山保护区天然植被占面积的60%，植被可明显划分为常绿针叶林、落叶针叶林、针阔叶混交林、常绿阔叶林、常绿落叶阔叶混交林、竹林、常绿灌丛等十一种主要类型。林下灌木层优势树种有山胡椒、盐肤木、白鹃梅、映山红、胡枝子、黄荆等。草本层优势种有求米草、大金鸡菊、羊胡子草、野苎麻、显子草等。保护区内有高等植物259科728属2061种及变种，占河南植物总科数的89%，总属数的61%，总种数的41%。高等植物中有国家一级保护植物7种，国家二级保护植物17种，国家三级保护植物16种。

2. 动物资源

据调查统计，保护区内共有陆生脊椎动物343种，其中鸟类17目44科259种，兽类6目15科35种，两栖动物2目5科15种，爬行动物3目7科34种。其中属国家重点保护的野生动物有53种，如白鹳、白冠长尾雉、班羚、大鲵、小灵猫、黑鹳等。

3. 气候条件

鸡公山保护区地处北亚热带的边缘，淮南大别山西端的浅山区。受东亚季风气候的影响，具有北亚热带向暖温带过渡的季风气候和山地气候的特征，四季分明，光、热、水同期。年平均太阳辐射为4928.70兆焦耳/平方厘米，日照总时数为2063.3小时；年平均气温为15.2℃，年平均降水量为1118.7毫米。雨量充沛、泉源众多、水源丰富，主体山系是长江与淮河两大流域的分水岭。

4. 旅游资源

鸡公山是大别山的支脉，层峦叠嶂，沟壑纵横，山间夏季清畅凉爽。鸡公山主峰鸡公头又名报晓峰，像一只引颈高啼的雄鸡，因名之鸡公山（如图3-17所示）。鸡公山就是因为这座山峰而得名，报晓峰就是鸡公山的象征。鸡公山有"青分豫楚、襟扼三江"之美誉，"佛光、云海、雾凇、雨凇、霞光、异国花草、奇峰怪石、瀑布流泉"被称为八大自然景观（如图3-18所示），鸡公山与庐山、莫干山、北戴河并称为我国四大避暑胜地而闻名。山上有清末民初不同国别和风格的建筑群，有"万国建筑博物馆"之美称，是中国历史上第一个公共租界。从1990年代初，鸡公山自然保护区结合自身资源和区位优势，加大旅游开发力度，现已拥有大深沟、登山古栈道、灵化仙境、自然博物馆、珍稀动物观赏园、东沟瀑布群、波尔登亭等十多个景区（点），可开展度假疗养、观光游览、科考和科学教育等多种旅游活动。

图3-17　鸡公山报晓峰

图 3-18　鸡公山云海雾淞

(四)湖北龙感湖国家级自然保护区

湖北龙感湖国家级自然保护区位于湖北黄梅县境内。2009 年 9 月,经国务院批准建立国家级自然保护区,总面积为 223.22 平方千米,其中:核心区为 82.15 平方千米,缓冲区为 72.99 平方千米,实验区为 68.08 平方千米。保护区由湖泊、滩涂、草甸等组成的湿地类型自然保护区,是我国众多淡水湖泊中保持最为完好的重要湖泊湿地之一。龙感湖保护区主要保护对象:①国家重点保护鸟类,5 种国家一级保护鸟类,27 种国家二级保护动物;②国家二级保护植物香樟、莲、野菱、粗梗水蕨和秤锤树等 5 种;③典型的长江中下游淡水湿地生态系统;④人工湿地万牟湖、张湖和白头鹤等鸟类的觅食地稻田湿地;⑤国际协定保护鸟类白鹭、白琵鹭、花脸鸭、游隼等 28 种;⑥湿地景观资源。

1. 植物资源

龙感湖保护区湿地植被属于华北平原、长江中下游平原草丛沼泽和浅水植物湿地区长江中下游平原浅水植物湿地亚区,现有维管束植物 183 种,隶属 3 门、63 科、131 属,其中,蕨类植物 6 种,裸子植物 6 种,被子植物 171 种。保护区植物可划分为两大群落。

(1)水生植物群落。根据《中国植被》的分类系统划分方法和《中国湿地植被》的区划,龙感湖保护区水生植被型划分为沉水、浮叶、挺水、湿生 4 个植被亚型 13 个群落,共有水生维管束植物 118 种,其中,湿生和挺水植物 86 种,占 72.88%;沉水植物 19 种,占 16.10%;浮叶植物 5 种,占 4.23%;漂浮植物 8 种,占 6.77%;重点保护植物保护区内有粗梗水蕨、莲、野菱、秤锤树、樟 5 种国家Ⅱ级保护植物(如图 3-19 所示)。

(2)陆生植物群落。保护区陆生植物群落主要分布在保护区东北部部分低山丘陵地区,主要群落类型有针叶沼泽林类型、针阔混交林类型和落叶阔叶林类型。

2. 动物资源

龙感湖保护区内有各种野生动物 484 种,其中国家一级保护动物黑鹳、白鹤、大鸨、东方白鹳、白头鹤 5 种，国家二级保护动物小天鹅、黄嘴白鹭、白琵鹭等 32 种。列入《濒危野生动物国际贸易公约》附录的有白眉鸭、东方白鹳等 28 种，列入《中日候鸟及其栖息地保护协定》的有金腰燕、灰鹤、白头鹞等 73 种，列入《中澳候鸟及其栖息地保护协定》的有白眉鸭、水雉等 22 种。

图 3-19　龙感湖保护区水生植物群落

3. 气候条件

龙感湖自然保护区属于亚热带湿润季风气候区，冬冷夏热，四季分明，光照充足，气候温湿，雨量充沛，无霜期长。区内年平均气温约 16.7℃，年平均降雨量为 1240 毫米，是湖北省多雨区之一，年平均降水日数为 138.2 天，暴雨日数为 6.5 天，无霜期为 267 天。

4. 生态价值

龙感湖自然保护区是一个结构合理、功能齐全的优良淡水湖泊生态系统。保护区及周边生态环境保持着自然或半自然状态，为水生动植物提供了极佳的栖育场所。龙感湖保护区是全球性白头鹤、黑鹳等多种濒危水禽保护的关键性越冬地带，是世界自然基金会确定的全球最重要的 238 个生态区之一的长江中游河流湖泊的典型代表，也是亚太地区东亚—澳大利西亚水鸟越冬地或中继站。由于保护区地处偏远，人烟稀少，人为活动干扰程度极弱，水质优良，水草茂盛，生境多样，与同类型自然保护区相比，其自然性和典型性十分突出，具有极高的保护价值和科研价值。一望无际的野菱、荷花、各种野生水草以及飞腾戏水的各种水鸟一起构成了一幅非常完美的生态系统图景（如图 3-20所示）。

图 3-20　龙感湖保护区生态系统

5. 旅游资源

有龙感湖湿地观光采摘一日游，附近有佛教圣地五祖寺、四祖寺等。

(五)安徽枯井园国家级自然保护区

安徽枯井园国家级自然保护区位于安徽岳西县东端，于 2016 年 5 月被国务院列为国家级自然保护区，是以保护北亚热带常绿落叶阔叶混交林、落叶阔叶林、珍稀濒危野生动植物为主要保护对象的野生动植物类型的自然保护区。保护区面积7904.3公顷，有万亩连片的原始次森林和大面积的香果树林、红椿林。涵盖了当地大部分具有保护价值的植物原生地和野生动物栖息地，已形成一个相对独立的、典型的自然生态系统综合体(如图3-21所示)。

图3-21　岳西枯井园自然保护区

1. 植物资源

枯井园保护区奇峰耸立、涧谷幽深、生态环境优良，物种资源丰富。保护区内维管束植物有180科757属1978种(含种下等级)，其中国家一级保护植物有银缕梅1种(如图3-22所示)，国家二级保护植物有大别山五针松、金钱松、香榧等13种。保护区有兰科植物22属37种，占中国亚热带兰科植物属数的24%，种数的12.7%；占安徽省兰科植物属数的92%，种数的92.5%，涵盖了大别山绝大多数兰科植物，还是濒危植物——霍山石斛的原生地之一，堪称华东地区兰科植物基因库。天麻、麝香、苦丁茶、薇菜、猕猴桃誉为保护区“五宝”；厚朴、三七、灵芝、五味子等名贵药材储量丰富；郎菜、香菇、金针、木耳遍布林间。

图3-22　岳西枯井园国家一级保护植物银缕梅

2. 动物资源

枯井园保护区内有动物兽类7目17科36属47种，鸟类

15 目 35 科 76 属 106 种,爬行类 3 目 8 科 22 属 30 种,两栖类 2 目 7 科 9 属 19 种,鱼类 4 目 12 科 32 属 42 种。其中,国家一级保护的野生动物有金钱豹、安徽麝两种,国家二级保护的野生动物有穿山甲、豺、水獭、细痣疣螈等 19 种,列入濒危野生动植物种国际贸易公约(CITES)附录的野生动物有 17 种,列入世界自然保护联盟(IUCN)濒危物种红色名录的动物有 106 种。

3. 气候条件

枯井园自然保护区地处北亚热带湿润季风气候区,山地垂直自然带分布明显,四季分明,光照充足,雨量充沛,年平均气温为 14.2℃,无霜期为 210 天,年平均降水量为 1600 毫米,年相对湿度为 82%。

4. 生态价值

保护区属“野生生物类”的“野生植物类型”的自然保护区,其生物资源多样性为森林旅游开发和生物资源利用提供了物质基础,具有物种珍稀濒危性、兰科植物多样性、物种多样性等多重保护价值。枯井园保护区在保护生物多样性、维护生态平衡、稳妥开发利用、致富社区和群众等方面发挥了重要作用。

5. 旅游资源

枯井园自然保护区具有丰富的山地、水域和生物景观资源,现已开发景点 60 多处,自开展生态旅游以来,保护区积极筹措资金加强基础接待设施建设,初步具备了行、住、吃、购一条龙服务的旅游接待条件。这里环境清新,民风淳朴,景观优美,旅游开发前景广阔,潜力巨大,也是山区人民脱贫致富的希望所在。

(六)湖北大别山国家级自然保护区

湖北大别山国家级自然保护区位于湖北省黄冈市罗田、英山两县北部,东接安徽鹞落坪国家级自然保护区,北与安徽天马国家级自然保护区相连,保护区总面积 32462 公顷,其中:核心区为 11014.7 公顷,缓冲区为 4052.5 公顷,实验区为 17394.8 公顷。保护区属森林生态系统类型自然保护区,主要保护对象为森林生态系统、珍稀濒危野生动植物及其栖息地。

1. 生态价值

湖北大别山自然保护区位于大别山东段与西段的结合部,使大别山地国家级自然保护区群从西到东连成一体,从北坡到南坡全面保护,完善整个山地自然生态系统的保护区网络体系,有效地保护了华中植物区系向华东、华北植物区系过渡的代表性植物类群和重要的珍稀动植物物种及基因资源。保护区属长江中下游北亚热带湿润季风气候,气候温湿,雨量充沛,四季分明。复杂的地形和独特的气候特征,使保护区蕴藏着丰富的生物资源(如图 3-23 所示)。同时,丰富的动植物资源和独特的生态系统结构,充分说明了该保护区在生物多样性保护中的重要地位,是华中地区的物种资源库,并被《中国生物多样性保护行动规划》列入“中国优先保护的生态系统名录”,具有十分重要的科研和保护价值。

图 3-23 湖北大别山国家级自然保护区

2. 植物植被资源

湖北大别山国家级自然保护区属北亚热带落叶阔叶、常绿阔叶混交林地带,是湖北唯一保存较完整的华东植物区系的代表地。保护区内自然植被保存完好,森林覆盖率达 90%,以壳斗科的落叶栎类分布最为广泛,区内局部地方基本保存着原始次生林特征。至 2016 年底,湖北大别山自然保护区有高等维管束植物 195 科、763 属、1465 种。其中,蕨类植物有 27 科、49 属、82 种,种子植物有 168 科、714 属、1383 种。在种子植物中,裸子植物 8 科、16 属、22 种;被子植物 160 科、598 属、1361 种。区内分布有珍稀濒危保护植物达 35 种之多,在这些稀有而珍贵的植物中,受国家重点保护野生植物 19 种,一级 2 种:银杏、南方红豆杉;二级 17 种:金毛狗、大别山五针松、金钱松、巴山榧树、厚朴、榉树、香果树、楠木、野大豆、秤锤树等;国家珍稀濒危保护植物 27 种,其中,二级 11 种,三级保护 16 种;大别山特有濒危物种有大别山五针松、天女花、光柱铁线莲、安徽小檗、大别山鼠尾草。其中大别山五针松区内仅保存 2 株大树,天女花区内仅有 2 小片 16 株,面临绝迹的危险。此外,区内还栽培有国家重点保护植物红豆杉、水杉、珙桐等。

3. 动物资源

截至 2016 年,湖北大别山自然保护区内分布有陆生脊椎动物 208 种,隶属 26 目,65 科。其中,兽类 41 种,鸟类 122 种,爬行类 32 种,两栖类动物 13 种。在这些种类中处于极度濒危和长时间不断减少的动物高达140种，列入国家一级、二级保护的有26种。国家一级保护的有原麝、豹、金雕、白鹳、大鸨、白肩雕、白尾海雕等，穿山甲、白冠长尾雉、豺、小灵猫、白额雁、鸢、赤腹鹰、秃鹫、细痣棘螈、水獭、虎纹蛙等国家二级保护动物在大别山自然保护区也有广泛分布（如图3－24所示）。此外，据记载，该地区还曾是华南虎的重要栖息地。昆虫资源基本上涵盖了湖北大部分昆虫种类，同时，有国家重点保护的拉步甲、中华虎凤蝶等。

图3－24　湖北大别山自然保护区动物群落

4. 旅游景点

湖北大别山自然保护区处于中亚热带向北亚热带过渡区域，自然环境独特，地质构造古老复杂，山势雄伟，峭壁千仞，沟壑深邃，峡谷悠长，旅游景点众多。境内有（湖北）天堂寨、牛背脊骨、独尊山、薄刀峰等著名山峰和旅游景点。

二、省级自然保护区

（一）安庆沿江湿地省级自然保护区

安庆沿江湿地自然保护区位于皖西南，长江中下游北岸，南临长江，北倚大别山，由泊湖、武昌湖、菜子湖、破罡湖、白荡湖、枫沙湖和陈瑶湖7个湖泊组成，总面积为50332公顷。保护区是安徽省人民政府于1995年12月批准建立，2013年12月调整并更名，主要保护对象是渔业生产、防洪灌溉、水禽鸟类。

（1）植物资源。安庆沿江湿地自然保护区湿地维管束植物共有97科、299属、459种，其中蕨类植物9科、9属、9种，裸子植物3科、6属、8种，被子植物85科、284属、442种。其中，国家一级保护植物1种，二级保护植物7种。

（2）动物资源。有底栖动物86种（其中软体动物44种、环节动物11种、节肢动物31种）、鱼类91种、鸟类166种（其中属国家一级保护物种3种，国家二级保护物种17种）、两栖类12种、爬行类20种、兽类26种（其中属国家Ⅱ级保护野生动物4种）、浮游动物已知有119种。

（3）水文气候。安庆沿江湿地保护区处在北亚热带湿润气候区，气候特点是四季分明，光照充足，气候温和，雨量适中，无霜期长，严寒期短。不同季节，差异明显。年均气温 16.5℃～16.6℃。保护区内年均降雨量 1291.3～1322.4 毫米。总体说来，气候条件较为优越，气候资源丰富，有利于多种野生动植物的栖息繁衍。

（二）潜山县板仓森林生态保护区

安徽潜山板仓省级自然保护区位于潜山县北陲，1995 年成立，总面积为 1523.2 公顷，是以北亚热带常绿阔叶林及珍稀动植物为保护对象的森林生态型自然保护区。

（1）保护价值。板仓自然保护区保护的主要保护对象是大面积典型而原始的天然次生林、大型哺乳动物栖息地、野生兰科植物资源与生境、中亚热带常绿阔叶林森林生态系统、国家重点保护的珍稀动植物物种，其中国家重点保护的有银杏、香果树等 20 余种珍稀植物，国家重点保护的有豹、白颈长尾雉、大鲵等 20 多种野生珍稀动物。另外，保护区是长江支流大沙河的源头之一。

（2）植物植被资源。板仓保护区典型地带性植被类型为中亚热带常绿阔叶林带，但有向北亚热带过渡的显著特点，植物区系成分复杂，南北植物成分在此互相渗透、互相交汇，是研究引种驯化试验的理想场所。境内主要种子植物有 56 科 140 余种，其中珍稀濒危植物 20 余种，列入国家级保护植物名录的有 6 种，一级有香果树、银杏；二级有刺楸、大别山五针松；三级有天目木姜子、天目紫茎。省级保护的植物有 10 种。境内森林面积为 1350 公顷，森林覆盖率为 89％。

（3）动物资源。自然保护区内有野生动物 70 余种，其中国家和省级重点保护的野生动物就有 25 种。国家一级保护的有豹；国家二级保护的有白冠长尾雉、红隼、小鸦鹃、豺、大鲵；省一级保护的有红翅凤头鹃、大杜鹃等 9 种。

（三）霍邱县东西湖野生动物保护区

安徽霍邱县东西湖湿地位于淮河干流中游南岸，东湖位于县城东部，正阳关至临淮岗之间，是淮河水系大型淡水湖泊之一；西湖位于霍邱县城西部，北接沿淮平原洼地区，湖区与人工河流沿岗河以围堤相连，是淮河水系中面积仅次于洪泽湖的一座大型天然淡水湖泊。东西湖不仅是霍邱城区人民唯一的生活用水来源，也是淮河中游重要的国家级行蓄洪区。东西湖湿地生态区位重要，自然条件和自然资源丰富，是众多珍稀野生动物尤其鸟类必经的栖息地、越冬地和停歇地。2001 年被批准为省级自然保护区。

（1）主要保护对象。保护和恢复东西湖湿地生态系统、生物多样性，特别是国家重点保护的水禽：国家一级保护鸟类有白鹤、大鸨、白头鹤、白鹳 4 种，国家二级保护动物有小天鹅、白枕鹤、鸳鸯等 13 种以及省级保护的各种野生动植物。

（2）东西湖湿地处于北亚热带向暖温带过渡地带，气候温和，雨热同期，四季分明，年平均气温 15.4℃。东西湖湿地为天然淡水湖泊，水源补给类型为降水，年均水温 19.9℃，水体 pH 值 7.48，水质Ⅲ类。优越的气候条件，为野生动植物的生长、发育、繁衍提供了充足的光、温、水等必要的自然因子和良好的生存环境。

(3)野生动物资源湖区。野生动物有两栖类 1 目 4 科 7 种，爬行类 2 目 4 科 6 种，鸟类 14 目 36 科 110 种，兽类 4 目 6 科 13 种。其中，国家一级保护鸟类有白鹤、大鸨、白头鹤、白鹳 4 种，国家二级保护动物有白琵鹭、灰鹤、小天鹅、白枕鹤、鸳鸯等 13 种；省级保护的有灰雁、鸿雁、绿翅鸭、赤颈鸭、花脸鸭、四声杜鹃等 28 种。据调查，每年春秋两季必经的越冬、停歇鸟类数量在 5 万只以上，是我国候鸟迁徙的必经路线之一。

(4)水生植物资源。东西湖湿地有低等植物 25 目 111 属 234 种，高等植物 50 科 134 属 193 种，湿地植被优势种为荻、芡实、野菱、菰、喜旱莲字草、香蒲等。其中，西湖狭叶香蒲、莲藕主要分布在西部、南部边缘浅水区和滩地；浮叶植物如芡实、菱角分布在深浅交界水域；沉水植物如聚草、轮叶黑藻等分布在深水湖区。东湖主要有轮叶黑藻、苦草，少量挺水植物。

(四)舒城万佛山森林生态保护区

万佛山位于大别山东麓，安徽舒城西南，离合肥 142 千米，面积为 50 平方千米。因主峰老佛顶(海拔为 1539 米)似弥勒大佛面南盘坐，气势宏伟，俊秀的群峰拱卫其四周，形成褚佛拜祖之景观；老佛顶上有诸佛寺，有石匾曰"万佛名山"，因而得万佛山名；还有因万佛山中，悬崖绝壁之上拥有天然"万佛山"三字奇观而得山名之说。

(1)万佛韵味。万佛山的历史文化蕴含厚重，相传汉武帝天柱封禅，北望老佛顶，为其动容，欲亲自驾凌，后来终因道路险阻，而望峰兴叹！同时此地也是兵家相争的战略要地，三国时陆逊与曹休就曾大战于此；新罗国王子金乔觉去九华山之前，曾在此修炼过，后因山势过于险峻，才改去九华山，现仍留有"乔觉洞"；被誉为北宋第一大画家的李公麟晚年曾在此写生作画，山上还留有公麟亭等遗迹和美丽传说。

(2)动植物资源。优良的生态环境孕育了丰富的动植物资源，保护区内有 147 科 658 属 1368 种维管束植物，其中分布着香果树、银缕梅等 25 种国家保护植物，栖息着香獐、金钱豹、娃娃鱼等十余种国家保护动物。

(3)旅游资源。万佛山幽、险、奇、秀，境内俊峰玉立，雾潮云海；奇送多姿，怪石嶙峋；飞瀑流泉，秀水碧潭；四时锦绣，林海苍茫；天然石刻，鬼斧神工。生态系统功能完整原始。生态环境优良宜人，自然景观奇特优美。保护区内自然景观 30 多处，主要自然景观有老佛顶、天门峰、双剑峰、神驼峰、美女峰、丹顶峰、四方尖、三天门等大小三十六座山峰，以及神驼石、虎豹石、鹦鹉石、狮子石、刀背石、猪头石等众多奇石，造型各异，神形兼备，惟妙惟肖，栩栩如生。另外，万佛山森林覆盖率为

95%，负氧离子含量高，还是避暑疗养胜地。

（五）信阳四望山省级自然保护区

四望山位于河南省南部，信阳市浉河区西南，是大别山最西端的一个著名的主峰。站在四望山最高峰云头的顶上，四面环望，皆山也，因而得名。四望山自然保护区于2004年2月经河南省人民政府批准建立，属于森林生态系统类型的自然保护区，总面积为1.4万公顷。

（1）生态价值。四望山保护区位于淮河上游，浉河的源头，是豫南明珠——南湾水库的汇水区域，地处大别山与桐柏山两大山系的交接处，生态环境独特，生态位置重要。这里有众多的珍稀野生动植物资源，丰富的自然人文景观和革命历史遗迹，山清水秀气爽，潭深瀑溅云绕，景色秀丽，气候宜人。

（2）植物植被资源。保护区属于森林生态系统类型的自然保护区，地处北亚热带向暖温带的过渡地带，具有四季分明、气候温和、雨量充沛、雨热同季的季风型气候特征。这种典型的气候类型造就了典型的亚热带植物区系向暖温带植物区系过渡的植被类型，兼容南北植物物种，又有自己独特的乡土物种，动物种类也非常丰富，生物群落复杂多样。主要植被类型有常绿针叶林、针阔混交林、落叶常绿阔叶混交林、落叶阔叶林、落叶灌丛、灌草丛等。据调查，共有植物185科，1800余种，以华东、华中植物区系物种为主，既有很多我国稀有植物，又有大量当地特有的植物。

（3）动物资源。保护区内野生动物种类繁多，有陆生脊椎动物260多种，昆虫2000多种。哺乳动物有豺、狼、狐狸、青羊、黄羊、豹猫、羚羊、水獭等。鸟类有白冠长尾雉、发冠卷尾等。两栖、爬行类的动物有虎纹蛙、大鲵、断板龟等。其中国家重点保护动物40余种，省重点保护野生动物25种。

（六）信阳天目山森林生态保护区

信阳天目山省级自然保护区位于河南省信阳市平桥区西北部、桐柏山东麓，2001年由原有的国有天目山林场改建为天目山省级自然保护区，属森林生态类型自然保护区，主要保护对象为森林生态及野生动植物等，保护区总面积6750公顷。

（1）生态价值。天目山保护区动物区划是中国古北界与东洋界的分界线，动物物种具有南北过渡带特征，区内南北动物相互渗透，具有很高的研究价值。植物区系以温带成分为主，华中成分、华东成分、华北成分各占三分之一，还兼有一定的西南成分。保护区是天然马尾松林自然地理分布的最北缘，分布有南界边缘面积较大的油松人工林，是单轴型竹业带的分界线，独特的地理位置、过渡带的气候特征，使保护区具有重要的生态区位保护价值，生态功能巨大。

（2）植物植被资源。保护区地处北亚热带向暖温带过渡区，植被类型为典型的北亚热带常绿针叶阔叶与落叶阔叶林向暖温带落叶阔叶林过渡类型，它保留了大别山和桐柏山结合处完整的天然次生林。保护区有维管植物有149科557属1108种，其中有很多珍稀植物，如香果树、野大豆等被列为国家级保护植物。

(3)动物资源。保护区内有野生动物有2300余种，其中鸟类有约200种，兽类有猎豹、花面狸、穿山甲、小麋等约30种，两栖爬行类有断板龟、大鲵、蟾树蛙、蟾蜍等40种，昆虫约2000余种。其中国家重点保护动物有大鲵、金雕、白冠长尾雉、水獭等15种，河南省重点保护动物有27种。

(七)新县黄缘闭壳龟野生动物保护区

信阳黄缘闭壳龟省级自然保护区位于河南省信阳市南部山区，属桐柏山和大别山系。保护区总面积109930公顷，核心区面积37400公顷，缓冲区面积37335公顷，试验区面积为35195公顷。

(1)生态价值。信阳黄缘闭壳龟省级自然保护区四季分明，光、热、水同期，非常适宜黄缘闭壳龟的栖息与繁育。动植物资源丰富，森林覆盖率达35%，保护区的建立，对保护利用黄缘闭壳龟这一珍稀濒危资源，维护其生态平衡和生物多样性具有重要的意义。

(2)植物资源。保护区内共有植物259科728属2061种及变种，其中大型真菌有42科103属278种；苔藓与蕨类植物有56科109属180种；裸子植物有9科28属87种；被子植物有152科663属，其中双子叶植物有128科518属1202种，单子时植物有24科145属314种，列为国家重点保护的野生植物有35种，省重点保护植物有32种。

(3)动物资源。保护区内有陆生脊椎动物有258种，其中鸟类有17目39科170种；兽类有6目18科45种；两栖类有2目6科7属15种；爬行动物有3目7科17属28种；水生动物有鱼类7目11科50种，具有经济价值的甲壳类有1目3科5种，软体动物有6个属种。列为国家重点保护的野生动物有白鹳、黑鹳、白头鹤、朱鹮、大鸨、金雕、大鲵、大灵猫、小灵猫等74种，省重点保护动物有28种。其中，特殊物种——黄缘闭壳龟，是恐龙同时代的古老动物，素有“活化石”之美称。

(八)商城县金刚台省级自然保护区

商城金刚台省级自然保护区位于河南省信阳市商城县东南20千米，地处豫皖两省交界处。1989年被批准为省级自然保护区，保护对象主要为过渡森林系统及珍稀动植物，保护区总面积为2972公顷，其中核心区为1666公顷，试验区为1302公顷。

(1)生态价值。保护区内独特的气候条件，加之山多林密，夏季空气湿度大、温度低，是不可多得的消夏避暑、猎奇探险的胜地，同时保护区对濒危动植物的保护起着重要的作用。

(2)植物资源。保护区有植物约2500种，其中被列为国家和省重点保护的珍稀濒危植物 50 余种，有大别山五针松、香果树、秤锤树、楠木、野大豆、天麻、青檀等，其中属河南特有种类有河南鼠尾草、河南柳、大别山柳等。

(3)动物资源。保护区内动物区系成分以东洋界区系成分为主，南北动物相互渗透，内有陆栖脊椎动物 250 余种，其中兽类有 40 种，爬行类有 30 种，两栖类有 20 余种，鸟类有 160 余种。国家重点保护动物有金钱豹、水獭、大灵猫、小灵猫、大鲵、白冠长尾雉、金雕、虎纹蛙等 30 余种，其中新属新种商城肥鲵及石花鱼为该区所特有。

(九)商城县鲇鱼山省级自然保护区

商城鲇鱼山省级自然保护区位于河南省信阳市商城县西南部，于 2001 年 12 月由河南省人民政府批准建立。商城鲇鱼山省级自然保护区主要保护对象为亚热带森林生态及湿地生态系统，总面积为 5805 公顷，主要包括鲇鱼山水库和库区周围山地，其中核心区为 969 公顷，缓冲区面积为 1148 公顷，实验区面积为 3688 公顷。

(1)生态价值。鲇鱼山保护区地处北亚热带向南暖湿带过渡地带，区内高、中、低山错落有致，溪流众多，形成了独特的森林生态、山区生态、湿地生态和农业生态并存的复杂生态系统，汇聚了南北特有的生物物种，孕育了极为丰富的生物多样性，是中国南北过渡地带生物多样性最丰富的地区之一，而且是众多候鸟迁徙中转站。

(2)植物资源。保护区内森林类型主要为落叶类栎属和常绿的松类树种，林中含有少量枫香林和亚热带的青冈栎、冬青、海桐、枸骨等树种；针叶树主要为马尾松林，其次是杉木；阔叶林主要是栎类和灌丛。保护区内共有高等植物 140 多科，1800 余种，其中木本植物 600 多种；被列为国家和河南省重点保护的珍稀濒危植物有 10 余种：大别山五针松、金钱松、香果树、银杏、鹅掌楸、水青树、杜仲、天竺桂、黄檗、紫茎、楠木、青檀、金钱槭、厚朴等。

(3)动物资源。保护区有各类脊椎动物 250 余种，其中国家级保护动物有金钱豹、白冠长尾雉、蓝翅八色鸫、黄嘴白鹭、大灵猫、小灵猫、虎纹蛙、大鲵等 40 余种，河南省级保护动物有 20 余种。鸟类中被列为中澳两国政府候鸟保护协定中保护的候鸟有 24 余种，被列为中日两国政府候鸟保护协定中保护的候鸟近 114 种。新发现 7 只濒危珍禽中华秋沙鸭。

(十)固始淮河湿地省级自然保护区

固始淮河湿地自然保护区地处淮河上游，位于河南省信阳市固始县东北部，建于 2007 年。保护区总面积 4387.78 公顷，其中核心区 1493 公顷，缓冲区面积 504 公顷，实验区面积为 2390.78 公顷。主要保护对象为湿地生态系统和珍稀动植物资源。

(1)生态价值。保护区地处中国地势第二阶梯向第三阶梯过渡地带的淮河中上游，气候属于北亚热带向暖温带过渡地区，动植物具有典型的南北过渡性特点，建立和保护好该自然保护区，对探索过渡带湿地生态系统的演变规律，有效保护湿地生物资源和湿地生态系统。

(2)植物资源。保护区植物由南温带落叶阔叶林向北亚热带常绿阔叶林过渡，有维管束植物 71 科 219 属 425 种，其中蕨类植物 9 科 10 属 12 种；被子植物 62 科 209 属 413 种。

(3)动物资源。保护区动物具有南方动物物种和北方动物物种相互渗透的特征，区内共有陆生野生脊椎动物 237 种，其中鸟类有 200 种，兽类有 12 种，两栖类有 11 种，爬行类有 14 种，属国家一级保护的动物有 3 种；二级保护动物有 25 种，其中鸟类有 23 类，兽类有 1 种(水獭)和两栖类有 1 种(虎纹蛙)。国家重点保护鸟类有白鹳、金雕、大天鹅、小天鹅、鸳鸯以及鹰类等 30 余种。

第三节　国家地质公园

一、国家地质公园基本情况介绍

(一)什么叫地质遗迹和地质公园

地质遗迹是指在地球演化的漫长地质历史时期，由于内、外动力地质作用，形成发展并遗留下来的不可再生的地质自然遗产。地质遗迹是人类认识地质现象、推测地质环境和演变条件的重要依据，是人们恢复地质历史的主要参数。重要的地质遗迹是国有的宝贵财富，是生态环境的重要组成部分。

地质公园是以具有特殊的科学意义、稀有的自然属性、优雅的美学观赏价值，并具有一定规模和分布范围的地质遗迹景观为主体，融合其他自然景观与人文景观而构成的一种独特的自然区域，它以地质遗迹保护，普及地学知识，支持当地经济、文化和环境的可持续发展为宗旨；为人们提供具有较高科学品位的观光游览、度假休闲、保健疗养、科学教育、文化娱乐的场所。

(二)建立国家地质公园的意义

国家地质公园的建立是以保护地质遗迹资源，支持当地社会经济和环境的可持续发展为宗旨，遵循“在保护中开发，在开发中保护”的原则而建立的。地质公园的建立，大大促进当地社会经济的发展和区域自然生态、人文环境的保护，将获得良好的社会、环境和经济效益。

(1)建立国家地质公园是保护地质遗迹的需要。建立国家地质公园有双重目的:一是要保护环境;二是要加强区域经济社会的发展。国家地质公园的建立,弥补了大自然保护方面的不足,要通过提高广大公众对地球价值的认知程度,加深对地壳的了解,提高我们认识自然、改造自然的能力,努力在人类与地球之间取得平衡。

(2)是适应国家主体功能区规划的需要。2011 年 6 月,《全国主体功能区规划》正式发布。全国主体功能区规划,就是要根据不同区域的资源环境承载能力、现有开发密度和发展潜力,统筹谋划未来人口分布、经济布局、国土利用和城镇化格局,将国土空间划分为优化开发、重点开发、限制开发和禁止开发四类,确定主体功能定位,明确开发方向,控制开发强度,规范开发秩序,完善开发政策,逐步形成人口、经济、资源环境相协调的空间开发格局。建立国家地质公园是适应国家主体功能区规划的需要。

(3)由地质遗迹资源而形成的产业是资源节约型和可持续发展型产业。与传统基础产业相比,地质遗迹资源产业不需要专门的原料消耗,无须投入物质财富;在提供产品的过程中无须多环节、远距离的运输;该产业的"即时买卖"性特点突出,资金周转快,利润丰厚,资源消耗少,可持续利用;具有较好的创汇能力,不受贸易壁垒的干扰和出口配额的限制。因此,地质遗迹资源的开发利用成为第三产业的新动力。

(4)地质公园的建立能够带动贫困地区脱贫致富。地质遗迹资源多远离城市,地处偏远山区、丘陵等地,是交通不便、开发不够、产业基础薄弱、经济发展相对落后的地区,这些既是造成贫穷的原因,但同时也使得这些地区得以保存比较原始的地形地貌、人文景观和特色明显的风土人情。地质公园的建立为发展地质旅游业与扶贫脱贫之间架起一座无形的桥梁。

(5)地质公园的建立有利于促进文化的交流与发展。人类的知识来源不可能仅从书本上获得,更多的来源于实践活动。地质旅游不仅可以陶冶人的情操,而且可以学到很多关于地理、地质等方面的知识,了解风俗民情。发展地质旅游业不仅可以扶贫脱贫,而且将使游人通过参观、游览,进一步加深对历史、文化建设成就的了解,体验祖国的博大和美丽,促进文化的交流与发展。

(三)我国国家地质公园建设情况

我国早在 1985 年就提出建立国家地质公园的设想。1998 年中国国土资源部组建后,当年讨论了"全国地质遗迹保护规划",在规划中重新提出了建立国家地质公园的设想。2000 年 8 月,印发了国土资厅发[2000]77 号文《关于申报国家地质公园的通知》,在地方反响很大。截止至 2016 年底,国土资源部一共公布七批共 240 家国家地质公园,其中有世界地质公园 31 处。

二、大别山区国家地质公园

在广阔无垠的中华大地上，大别山像一条巨龙，自西北向东南蜿蜒曲折，绵延数百公里，分隔了长江和黄淮流域，成为中国南北地质—地理—环境的分界线之一。大别山距今已有二十几亿年的漫长地质演化历史，频繁的岩浆活动，多样的地质变迁，使之成为地球科学极为难得的教学研究基地。在巍峨大别山中，重要地质遗迹的分布十分广泛，出露了古老的造山带根带物质，发育了与板块俯冲—碰撞有关的典型超高压变质岩，保留有完美的构造活动形迹，展现出强烈岩浆活动的产物。在漫长的地质演化历史的长河中，大别山地壳沿断裂做差异性升降运动，造成地堑谷、断块山和断陷盆地并存的地貌特点，形成了独特的花岗岩地质地貌景观。大别山以其地质遗迹的典型性、稀有性、系统性和完整性而成为地球早期演化的天然博物馆和研究造山带地质学的天然实验室。大别山国家地质公园定位为以大陆造山带地质地貌景观和亚热带森林生态景观为主体，集旅游观光、休闲度假、猎奇探险和环境保护为一体的大型科学公园，不仅有保护地质遗迹作用和地质科考价值，还成为地方经济发展新的增长点。大别山区共有国家地质公园 5 个，分别是位于安徽境内的大别山（六安）国家地质公园、安徽天柱山国家地质公园、安徽浮山国家地质公园，位于湖北境内的有大别山（黄冈）国家地质公园，位于河南境内的有信阳金刚台国家地质公园。每个地质公园又有多处园区和景点，且各有地质特色（见表 3 - 1 所列），广泛分布于大别山区，其分布如图 3 - 25 所示。

表 3 - 1　大别山区国家地质公园地质特色及景点

名　称	包括的景点	面　积	地质特色及意义
大别山（六安）国家地质公园	天堂寨、燕子河大峡谷、铜锣寨、白马尖、佛子岭、万佛湖、万佛山、红石谷、东石笋、嵩寮岩、皖西大裂谷	450 平方千米	集花岗岩地貌、变质岩地貌、丹霞地貌、构造地貌、火山岩地貌和于一身，反映造山带形成演化历史
安徽浮山国家地质公园	张公岩天池、会圣仙桥景区、金谷妙高景区、木余山、浮东水上休闲度假娱乐区、北后山生态森林花果景观区	18 平方千米	“浮山旋回”火山岩典型代表
安徽天柱山国家地质公园	天柱峰、飞来石、千丈崖、神秘谷	135.12 平方千米	记录了扬子板块、华北板块两大板块俯冲、碰撞的演化过程，是世界暴露最深的超高压变质带

（续表）

名　称	包括的景点	面　积	地质特色及意义
大别山（黄冈）国家地质公园	天堂寨景区、薄刀峰、天堂湖景区、青苔关、吴家山、天台山、龟峰山、九龙山景区、桃花溪景区、三里畈温泉度假区	207.33 平方千米	存在复杂的地层序列、岩石组合和构造变形记录，反映了华北地块与扬子地块的裂解、聚合的复杂过程
信阳金刚台国家地质公园	金刚台景区和汤泉池景区	138 平方千米	是扬子板块与华北板块的拼合部位，代表火山活动的流动构造、奇特怪异的冲刷地貌、形态各异的奇石秀峰

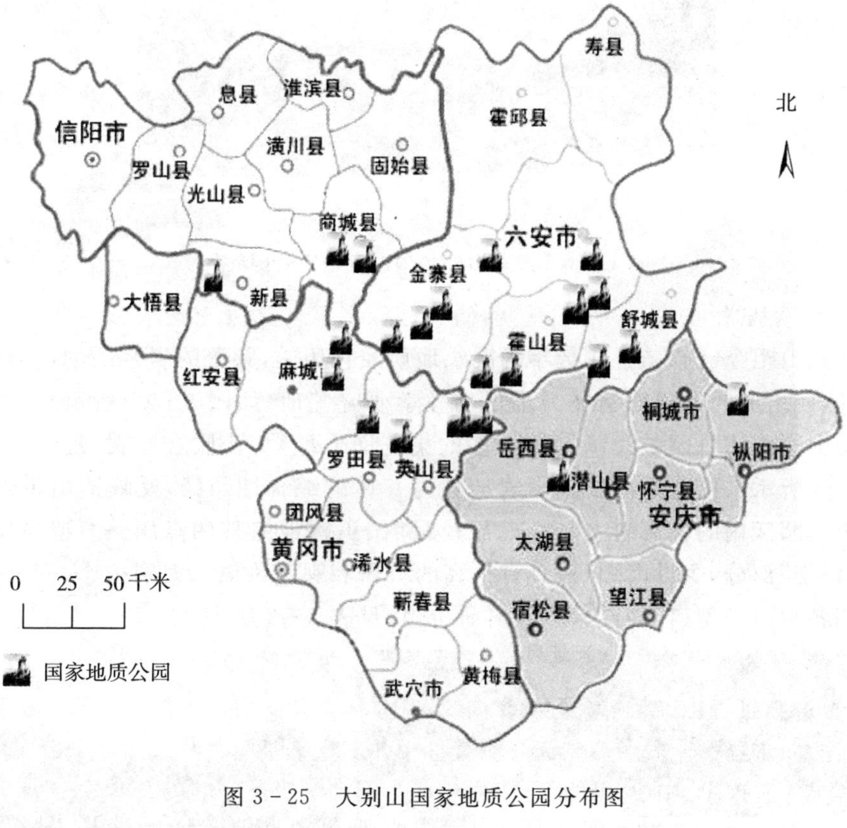

图 3-25　大别山国家地质公园分布图

（一）安徽大别山（六安）国家地质公园

安徽大别山（六安）国家地质公园横亘在中国东部地区，位于鄂、豫、皖三省交界处的大别山脉，东西绵延约 380 千米，南北宽约 175 千米，作为一道天然屏障，成为长江和淮河两大水系的分水岭。大别山(六安)国家地质公园于2005年9月经中国国土资源部批准建立(如图3-26所示),公园范围较大,园区较多,按各公园的分布状况和地质特征将其划分为西部园区和东部园区。西部园区包括天堂寨园区、铜锣寨园区、红石谷园区、燕子河大峡谷园区和白马尖园区,东部园区包括佛子岭园区、东石笋园区、万佛湖园区、万佛山园区、皖西大裂谷园区和嵩寮岩园区,公园范围共计有大小11个园区(景区),总面积为450平方千米。位于白马尖园区内的白马尖(海拔为1777米)是大别山第一主峰,多云尖(海拔为1763米)是大别山第二主峰。

图3-26　大别山(六安)国家地质公园界碑

1. 地质概况

大别山距今已有二十几亿年的漫长地质演化历史,频繁的岩浆活动,多样的地质变迁,使之成为地球科学极为难得的教学研究基地(如图3-27所示)。大别山(六安)国家地质公园是我国为数不多的集花岗岩地貌、变质岩地貌、丹霞地貌(如图3-28所示)、构造地貌及火山岩地貌为一体的综合性园区,反映造山带形成演化历史。园区内的榴辉岩带是全球规模最大、出露最完整的高压——超高压变质带的"根带"部分,令世人瞩目,具有很高的科研和观赏价值。大别山(六安)国家地质公园各地质类型、代表性景点及科研价值,见表3-2所列。

图3-27　白马尖园区和大别山石窟园区

表 3-2　大别山(六安)国家地质公园各地质类型、代表性景点及价值

类　型		代表性景点	价　值
构造地貌遗迹	华北与扬子板块缝合带	磨子潭—晓天断裂	科研
	高压　超高压变质带	黄栗园、马家店、黄尾、燕子河、饶钹寨、洪庙	
	流水淘蚀洞穴与新构造运动遗迹	龙眼、红军洞	科研、观赏
花岗岩峰丛		白马峰、龙剑峰、跑马峰、天堂寨、白马尖、情侣峰、万佛山、多云尖、	科研、观赏
变质岩地区地质遗迹	麻粒岩和岩石	燕子河、浸水河、黄栗园	科研
	佛子岭君及大别杂岩小构造	佛子岭、燕子河	科研、观赏
火山岩区地质遗迹	火山口	灵台山、大观山	科研、观赏
	火山锥	阙店	
	火山蛋	万佛湖	
丹霞地貌		嵩寮岩、大别山石窟	科研、观赏
水文地质遗迹	溪流	浸水河、马槽河、里南河、龙井河	观赏
	瀑布	泻玉瀑布、银弓瀑布彩虹瀑布、飞龙瀑布	观赏
	温泉	陡沙河温泉、西汤地温泉	科研、观赏

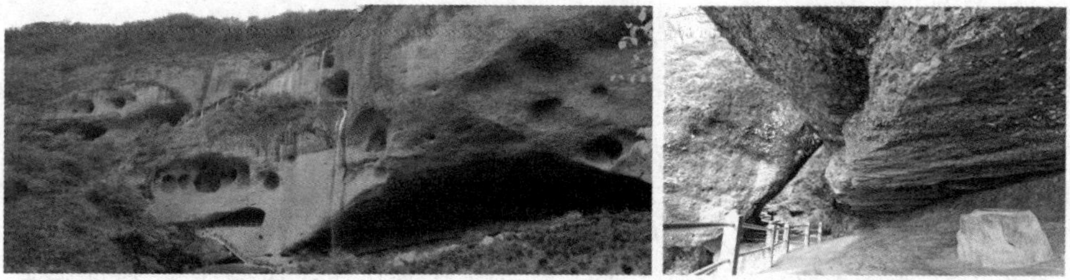

图 3-28　大别山(六安)国家地质公园丹霞地貌

2. *旅游资源及特产*

大别山(六安)国家地质公园地质遗迹鬼斧神工，地质景观多彩多姿。徜徉其间，层峦绵延、叠嶂峥嵘、怪石嶙峋、秀谷深幽、移步换景；飞瀑流泉、红岩赤壁、湖光山色，珍稀生物叹为观止。因此，地质公园内旅游资源丰富，景点众多，每个园区都是一处优美的景区。大别山（六安）国家地质公园还是名茶之乡、药材之乡、蚕桑之乡、板栗之乡、油茶之乡等。有中药材 1460 多种，药园面积有 5 万余亩，是全国中药材主产地之一。其中，素有“软黄金”之称的人间仙草霍山石斛、断血流、天麻、茯苓、杜仲等名贵中药材享誉海内外。另外，园区内人文资源也极为丰富：皋陶文化在这里发源，楚文化在这里成熟；这里遍布历史遗存，古迹文韵；它是红军的故乡、将军的摇篮。青山、碧水、红土地的交汇，古韵新风生态园的融合，更使大别山（六安）国家地质公园展现出迷人的风采和魅力。

（二）安徽天柱山国家地质公园

天柱山地质公园位于安徽省潜山县境内，大别山东段，面积为 135.12 平方千米，于 2005 年被评为国家地质公园，于 2011 年被评为世界地质公园。天柱山因其主峰天柱峰“一柱擎天”而得名。主峰天柱峰，海拔为 1488.4 米，突兀群峰之上，高耸云表、嶙峋峭绝、瑰玮秀丽、卓尔不凡（如图 3－29 所示）。

图 3－29　天柱山主峰天柱峰

1. 地质遗迹概况

天柱山国家地质公园位于中国中央造山系大别造山带东段，是古生代华北板块与扬子板块汇聚、俯冲、拼接，中生代陆陆碰撞造山的关键部位及其与郯庐断裂带复合部位。地质遗迹保存较为系统完整，主要有：全球规模最大、剥露最深、出露最好、超高压矿物和岩石组合最为丰富的大别山超高压变质带的经典地段而享誉世界，雄奇壮观的花岗岩峰林峰丛地貌（如图 3－30 所示），亚洲珍稀的古新世哺乳类动物化石，丰富多彩的水文地质遗迹，大别造山带构造遗迹，郯庐断裂带构造遗迹等，至少记录见证了 20 亿年来天柱山地区地质演化历史，被称为“大陆动力学的天然实验室”，“郯庐断裂带上最美的花岗岩地貌”，“亚洲哺乳动物发源地之一”，“古脊动物化石宝库”。

图 3-30　花岗岩峰林峰丛地质地貌

2. 地形地貌

天柱山属于大别山的余脉，地形自主峰的高山区逐渐向东北、西南方向的丘陵过渡，随海拔高度渐次下降，依次分布中山、低山、丘陵、盆地、溪涧等地貌。主峰腹地属于中山地貌，有海拔千米以上的山峰 47 座，多峡谷分割，形成峰林峰丛景观。主峰的外围属于低山地貌，海拔为 500～1000 米，多瀑布、井潭分布；主峰之下有多级山间盆地，规模较小，海拔在 1000 米以下；天柱山边缘地带为丘陵地貌，海拔小于 500 米，二长片麻岩、黑云母斜长片麻岩、斜长角闪岩、榴辉岩、大理岩等遍布(如图 3-31 所示)。这种地貌组合构成了公园极具特色的地质地貌景观。

3. 主要景点

天柱山国家地质公园是国家 AAAAA 级旅游景区、国家重点风景名胜区、全国文明森林公园和中国自然与文化遗产地。其主要景点景观有风动石、双乳石、通天谷、总关寨、天柱峰、蓬莱峰、莲花峰、迎真峰、神秘谷、石瀑、天池峰等。

图 3-31　天柱山岩石地质地貌景观

(三)安徽浮山国家地质公园

1. 地质遗迹概况

安徽浮山地质公园位于安徽省安庆市枞阳县(现划归铜陵市)境内，是国家地质公园、国家森林公园，总面积为76.69平方千米。浮山是一座沉睡亿年之久的古火山，为白垩纪(距今1.35亿至6500万年)火山喷发形成的破火山，现在的形态是其原始火山锥解体塌陷的结果。火山岩的特征及其韵律层序反映了浮山期火山活动的特征和火山机构的形成过程。浮山火山岩韵律层序完整，地质现象典型，是国内中生代粗面质火山岩区最具代表性的岩田，在国外已知中生代火山岩地区亦不多见。其地质构造是国内中生代粗面质火山岩中最具代表性的地区之一，堪称是一座“天然火山地质公园”。浮山火山岩已被中国地层典确定为“浮山旋回”火山岩的典型代表(如图3－32所示)，在地质学中具有立典的意义，具有相当高的研究价值。

图3－32　“浮山旋回”火山岩

2. 地形地貌

浮山地貌单元属沿江平原区江北丘陵带。环浮山、纱帽山、土地山、茶花山构成一开阔盆地。浮山最高海拔为165米，大部分山峰海拔在100米左右，属火山岩低丘。山体大致沿南北向展布，东侧略高，由最高峰妙高峰向南北依次下降。浮山山顶平坦，但多悬崖峭壁，沟谷纵横，均为沿环形和放射状断裂形成的断层崖和断层谷所致。尤以东西两侧陡壁，峥嵘突兀，险要壮观。后期形成的火山锥较小，多围绕戗山火山口呈半环状分布。天池、莲花峰、烂柯石等处，均可见后生的火山口。浮山西之戗山，为一罕见的火山钟，岩壁可见垂直柱状节理。两侧低丘构成火山环。丰富多彩的火山地貌形成后，在元古的古湖泊的冲击溶蚀作用下，又形成了浮山36岩、72洞的火山岩洞穴(如图3－33所示)，镶嵌在浮山之腰。

3. 景区景观

浮山风景名胜区丰富多彩的火山地貌形成了浮山独特的火山奇观——三十六岩、七十二洞，龟裂纹、垂直柱状节理、碎屑流、气孔、火山钟、火山碴等典型火山遗迹，为世界罕见，亚洲唯一。它经亿万年的大自然雕琢，而最终形成了奇峰、怪石；

图 3-33 浮山地质公园火山岩洞穴

叠嶂、峭壁；岩廊、异洞；天桥、幽谷等自然美景。浮山三面环水的地理特点，构造了山浮水面水浮山的独特奇观，风景优美。浮山南临白荡湖，西邻菜子湖，北靠长江，山水浑然一体，犹如一叶轻舟漂于水面，有海上蓬莱之美誉。浮山山色苍秀，岩嶂壁立，关口险隘，河湖环绕，景色绝佳；浮山洞壑藏幽，峭壁凌空，奇峰怪石，各具风姿；浮山碧水迂回，沟谷纵横，美景天成，令人叹为观止。

（四）湖北黄冈大别山国家地质公园

湖北黄冈大别山国家地质公园位于湖北省东北部、大别山南麓、长江中游北岸，规划面积为 409.22 平方千米，2009 年 8 月被国土资源部批准为国家地质公园。该公园自西向东分为天台山园区、龟峰山园区、大别山主峰园区（如图 3-34 示）三个园区，包括天台山景区、对天河景区、龟峰山景区、九龙山景区、天堂寨景区、薄刀锋景区、青苔关景区、天堂湖景区、吴家山景区九个景区。

图 3-34 湖北大别山国家地质公园大别山主峰园区

1. 地质遗迹概况

湖北黄冈大别山地质公园在大地构造上处于华北板块和扬子板块的结合带，华北和扬子两大板块挤压碰撞引发的造山运动和花岗岩地貌是湖北黄冈地质公园的两大特色。由于燕山期造山运动，扬子板块和华北板块的碰撞，致使本区强烈隆升，后经构造、风化和地表水的侵蚀等多种作用的叠加，最终形成了园区内群峰巍峨险峻的地貌景观（如图 3－35）。湖北黄冈大别山地质公园地质遗迹十分丰富。在黄土岭发现最古老的大于 28 亿年的木子店组麻粒岩相紫苏黑云石榴片麻岩，是大别山地区最早古陆核的残留物，它是一把揭开地球早期演化史的钥匙；主峰园区内外还分布着新太古代深成花岗侵入岩——古老的“TTG”岩系，它们与木子店组共同组成了大别山的根带物质，堪称“大别山之根”，使其成为国内外地学研究的热点；同时还出露了高压、超高压等多种岩性的变质岩，并保留着完美的构造活动行迹，其典型性、稀有性、系统性和完整性在全国较为罕见。园区及周边地区现有 3 处世界级、12 处国家级地质遗迹景观，具有十分重要的地学科研价值和观赏价值，被誉为“造山运动博物馆”。

图 3－35　湖北黄冈大别山地质公园地貌景观

2. 植物动物资源

湖北黄冈大别山国家地质公园蕴藏着极为丰富的森林景观资源，公园内有森林公园 4 家，其中有国家森林公园 3 家，即大别山国家森林公园、天台山国家森林公园和吴家山国家森林公园；省级森林公园有 1 家，即龟峰山森林公园。多数森林公园的森林覆盖率接近或达到 90%，成为湖北省人与自然和谐相处的绿色基因库。目前，公园内有高等维管束植物 1465 种，有珍稀植物 40 余种，有国家重点保护野生植物 19 种，其中一级 2 种，二级 17 种。龟峰山园区内生长着世界上种群面积最大、树龄最古老的原生态古杜鹃植物群落，生长周期长达百万年以上，现存树龄均在百年以上，总面积达 10 万多亩。野生动物资源也十分丰富，园区内有陆生脊椎动物 208 种，隶属 26 目 65 科，其中有兽类 41 种，鸟类有 122 种，爬行动物有 32 种，两栖动物有 13 种。

3. 景区景观

湖北黄冈大别山国家地质公园包括天台山园区、龟峰山园区、大别山主峰园区三个园区以及外围景点。

(1)天台山园区分为天台山景区、对天河景区。其中，天台山景区内有广泛发育的中元古代西张店基性火山岩组、武当群等典型的地质遗迹景观，其主要景点有文脉、告天炉、卧龙洞、坐忘台、作霖池、天台寺等；对天河景区由对天河峡谷及峡谷两侧的背景山崖地貌构成。

(2)龟峰山园区分为龟峰山景区和九龙山景区。其中，龟峰山景区由龟头、龟腰、龟尾等九座山峰组成，形如昂首翘尾的巨龟，有龟峰旭日、冲担石、险八脚、观音崖、合掌石、喷雪崖等景点；九龙山景区系九条由白垩系紫红色沙砾岩组成的红色山冈组成，九条山冈由中心向四周弯曲蜿蜒，好似九条巨龙盘旋环绕，民间俗称“九龙缠顶”。

(3)大别山主峰园区划分为天堂寨景区、薄刀峰景区、天堂湖景区、青苔关景区和吴家山景区。其中，天堂寨景区主要景点有忠义垸、石燕岩、小华山、九道箍、弥勒显圣、群仙聚会、哲人峰、天堂积雪、多云樵唱等；薄刀峰景区景点有金蝉戏凤、雄鹰觅食、卧龙岗、天子弯腰等；天堂湖景区风光秀丽，水产丰美，是休闲度假的天堂；吴家山景区包含大别山主峰南武当景群和龙潭河景群。

(4)园区外围设置了三里畈温泉度假区和桃花冲景区两处景点。

(五)河南信阳金刚台国家地质公园

金刚台国家地质公园位于河南省信阳市商城县，地处豫皖两省交界，总面积为 138 平方千米，主要地址遗迹面积为 72 平方千米，主要由金刚台西河景区、金刚台猫儿峰、里罗城、东河四部分组成。主峰金刚台海拔为 1584 米，因奇石纵横、形似金刚而得名，为大别山豫内最高峰。金刚台地质公园是国家级地质公园、国家 AAAA 级旅游景区、国家级自然保护区(如图 3－36 所示)。

1. 地质地貌特征

金刚台地质公园是扬子板块与华北板块的拼合部位，又是秦岭—大别造山带的东段，赋存着丰富、系统、完整的大陆动力学研究系统，是研究秦岭—大别山造山带拼合、增生、喷发、侵入等演化过程的理想场所。距今 25 亿年前，这里是浩渺无垠的海洋，海底火山喷发沉积形成了大别古陆核；4.3 亿年前，华北、扬子两大板块发生拼贴，大别山隆起；侏罗纪晚期，随着太平洋板块向中国东部大陆的俯冲，造成了本区强烈的火山喷发，堆起雄伟高峻的座座山峰，构成独特的火山地貌景观；距今 0.65 亿年的喜马拉雅运动，大别山迅速抬升，并处于强烈的剥蚀阶段，受物理风

图 3-36　金刚台国家地质公园

化、洪水冲击、河流侵蚀与重力崩塌等共同作用，最终形成了今天独特的金刚台地貌。在漫长的地质历史演化过程中，金刚台地区留下了丰富的地质遗迹——悬崖峭壁，"仰视为峰、俯视为岭、平视为墙"的峰墙地貌，冲谷地貌与低山丘陵区，以花岗岩为基底的山前冲刷地貌，以及姿态万千的象形奇石。科学家从中揭开了一个个地质之谜——亿万年前的火山活动和岩浆侵入的场景，地球的演化过程和崇山峻岭的形成过程，都在这里得以真实而生动地诠释。

2. 主要景点及物产

金刚台地质公园景区由金刚台景区和汤泉池景区组成，景区纵横约 470 平方千米，园区内地质遗迹、名胜古迹、红色遗址、生物资源和人文遗产等集典型性、稀有性、观赏性、科研价值、健身疗养等于一身，尤其是奇特的火山地貌、典型的同源岩浆演化、大别山五针松、商城肥鲵等均为国内罕见，具有极高的观赏和保护价值。金刚台西河景区是一座集地质地貌、亚热带风光、生物宝库、红色文化为一体的综合型地质公园。园区内仅千米以上的山峰就有十余座，主峰金刚台海拔为 1584 米，为大别山豫内最高峰，有着"光州第一峰"的美誉。月亮口、猫耳石（如图 3-37 所示）、擎天石柱、朝阳洞、响龙潭、小黄山、碧莲峰、金刚古寨等。其主要植物有千头柏、龙须柳、植香、大别山五针松等，茶叶、桔梗、天麻、茯苓、生漆、板栗、木耳、猕猴桃、桐油、乌柏更是这里的十大名产。其主要动物有肥鲵、娃娃鱼、石化鱼、隆肛蛙、金钱豹、艾豹、择子、野羊、白冠长尾堆、猫头鹰、恨虎鹰等。

图 3-37 信阳金刚台地质公园猫耳石

第四节 国家森林公园

一、大别山区国家森林公园数量、颁布

国家森林公园是指森林景观特别优美，人文景物比较集中，观赏、科学、文化价值高，地理位置特殊，具有一定的区域代表性，旅游服务设施齐全，有较高的知名度，可供人们游览、休息或进行科学、文化、教育活动的场所。森林公园是以大面积人工林或天然林为主体而建设的公园，具有一定规模和质量的森林风景资源与环境条件。国家森林公园是重要的生态功能保护区，是由国家林业局做出准予设立的行政许可决定。森林公园内的森林不得进行主伐，但可以进行卫生抚育采伐，以提高其观赏价值。截至 2016 年底，全国共建立国家级森林公园 826 处。

目前，大别山区共有国家森林公园 16 处。其中，安徽省境内有天柱山国家森林公园、大龙山国家森林公园、天堂寨国家森林公园、妙道山国家森林公园、浮山国家森林公园、石莲洞国家森林公园、万佛山国家森林公园；河南省境内有信阳南湾国家森林公园、金兰山国家森林公园、黄柏山国家森林公园、天目山国家森林公园、大苏山国家森林公园；湖北省境内有黄冈大别山国家森林公园、三角山国家森林公园、红安天台山国家森林公园、吴家山国家森林公园。具体分布如图 3-38 所示。

图 3－38　大别山区国家森林公园分布图

二、大别山国家森林公园简介

(一)安徽天柱山国家森林公园

天柱山国家森林公园位于安徽省潜山县境内,总面积为 304.02 平方千米,其中主景区面积为 102.72 平方千米。天柱山地处北纬 30°,是典型的北亚热带湿润季风气候区过渡地带,四季分明、气候温和、光照充足、雨水丰沛、无霜期长,适宜于多种植物的生长,森林资源具有多样性、过渡性、交融性的特点,森林覆盖率达 97%以上,景区生态环境优良,负氧离子丰富,被誉为绿色自然博物馆、天然大氧吧(如图 3－39 所示)。天柱山植被以中亚热带常绿阔叶林为主,区内植物 119 科,1650 多种,其中珍稀树种 17 种,占国家保护植物的 85%,有一级稀有植物的水杉、二级珍稀保护植物银杏、香果树、鹅掌楸等,二级重点保护植物有大别山五针松、连香树,二级濒危植物天女花、天麻等。后山景区有 3 万亩竹海,铜锣尖万亩杉树林,南关寨大片苍松,把景区装点得青翠欲滴、郁郁葱葱。全山有古树名木近 400 株,名贵的树木有银杏、香果树、三尖杉、珍珠黄杨等 20 余种。天柱山有观赏价值的花卉 700 多种。春有杜鹃,漫山遍野、竞相盛开;夏有天女花,红萼白冠、娇羞无比;秋有槭木、亚枫,叶红如丹;冬有野蜡梅、野山茶,凌寒傲放。天柱山野生动物种类众多，以东洋界为主，兼有古北界类、哺乳类共6目14科40余种，鸟类有12目26科87种，有豹子、果子狸、娃娃鱼等国家级保护动物11种。鱼鳞木、天女花和娃娃鱼被人们称为“天柱山三宝”。

图3-39 天柱山国家森林公园

天柱山在春秋时，为皖国封地，山名皖山，水名皖水，安徽省简称“皖”即源于此，因此天柱山又名皖山，是安徽的源头山。天柱山属皖河、潜水两域内水系，山上溪涧分别汇入潜水、皖水。潜水为皖河支流，发源于岳西县的公界岭，流经天柱山西南部。上有来榜、西歧、林家等二级支流，流经五河、岩洞、溪沸、水吼、野寨、梅城，至官坝头与长河汇合，在天柱山范围长24.7千米。野人寨以上为山区性河流，河宽为120～250米，野人寨以下河宽为300～550米，坡降变缓。潜水及其支流均具山溪性河流特征，呈现陡涨陡落的情势。在天柱山地区汇入潜水的支流有林家河、九井河、黑虎河、程家冲河、牛马河等。天柱山国家森林公园以自然景观和文化资源著称，有花岗岩美景(如图3-40所示)，也有世界级地质遗迹，与新石器晚期文化遗址、禅宗文化、道教文化、戏曲文化等人文景观融合辉映。

图3-40 天柱山自然景观

(二)安徽大龙山国家森林公园

大龙山国家森林公园位于安徽省安庆市北郊，是一个以森林、山岳、奇峰、异石等自然景观为主，人文景观为辅，融游、娱、食、住于一体的郊野型国家森林公园，总面积为40.18平方千米，分为灵山石树、日照峰、龙山第一刹、石塘湖、鲍冲湖、洪桂山、龙湫池七个景点。大龙山国家森林公园地处北亚热带湿润季风气候区，四季分明，雨量充沛，光照充足。公园地处沿江湖泊丘陵区，具有典型的球状花岗岩地貌兼湖泊景观特色，境内有山峰84座，其中600米以上山峰有23座，最高海拔为693.4米。

丰富秀丽的森林景观是大龙山森林公园特色之一(如图3-41所示)。公园内林木茂密，物种繁多，植物资源丰富，境内植物有120科、800多种，松、柏、枫、檫、竹是主要树种，天然的乔、灌、草、爬山虎、野秋菊混种分布，红橘、水杉、喜树、金钱松、罗汉松、杜鹃、紫藤、蔷薇、胡枝子、白鹃梅、淡竹等散布其间，十里杏、银杏、桃、梨、柑橘、枣树等混为一体，层叠交织，一处处苍松翠柏，山花烂漫，红黄白紫交错，黛绿相映。大龙山森林公园境内有野生动物30余种，主要有乌梢蛇、凤蝶、红蜻蜓、金头闭壳龟、虎纹蛙、穿山甲、东方白鹳、黑鹳、白鹤、猫头鹰、白颈长尾雉等。

随着春、夏、秋、冬寒暑季节的交替演变，大龙山成为许多绚丽多彩的画卷。阳春三月、万木吐翠，繁花似锦，桃花、杏花似片片丹露，李花、梨花洁白如雪；到了初夏，枝叶繁茂，凉爽宜人；每逢金秋，山上层林尽染，满山红叶如火，山下，硕果累累，香气袭人；隆冬时节，雪掩林海，满山银装素裹，玉树银花，一年四季，气象万千。引人入胜的人文景观，为大龙山森林公园起到了点题的作用。大龙山曾是佛道教融于一山的胜地，古时的亭、台、庙、塔、榭众多，著名的有龙王亭、雨花亭、清溪亭、浮泽亭，道观寺庙庵72座，建有教楼古塔，最有名的是无量塔、园觉塔，园照庵规模最大，距今千余年，对安庆的佛教研究有一定的价值，还有摩崖石刻20多处，如龙山第一刹，为自然景观增添意境美的特色。

图3-41　大龙山国家森林公园

(三)安徽天堂寨国家森林公园

天堂寨国家森林公园位于安徽省金寨县西南角，森林生态系统保存完好，是华东最后一片原始森林，森林覆盖率高达96.5%，位居我国所有风景名胜区的第一位。主峰天堂寨海拔为1729.13米，系大别山高峰之一。天堂寨森林公园为水源涵养林，独特的气候条件，形成了这里山有多高，水也有多高。海拔1729米的天堂顶有一口天塘，塘水不溢不涸，俗称“瑶池”。天堂寨森林公园的水景主要表现在瀑布与溪水潭池上，区内瀑布成串，溪水潺潺，潭池水溪清澈，山清水秀，生态幽雅，均属优良水景景观，计数百处，知名有五，其中尤以一号瀑布、三号瀑布、龙井河溪为最。

天堂寨国家森林公园地处华东、华中、华北三大植物区系的交汇点，自然地理条件复杂多样，是我国第三纪植物的天然避难所，这里既是许多南方植物分布的北界，又是一些北方植物分布的南界。复杂的地形地貌和特定的土壤类型，为天堂寨植被的生长、发育、繁衍和保存提供了良好的生态环境，森林生态系统完整(如图3-42所示)。在20500亩山场中，天然原始森林古木参天，隐天蔽日，分布其间的植物属非常丰富，起源古老而且成分复杂，境内有高等植物约1881种，其中有兰果树、香果树、领春木、天目木姜子、鹅掌楸等国家级保护植物十余种，省级保护植物二十余种，园区特有的白马鼠尾草、白马苔草被录入世界珍稀物种。园区内植物垂直地带性分布明显，400～900米为落叶—常绿阔叶林带，900～1300米为绿叶阔叶林带，1300米以上多为山地矮林、灌木丛及黄山松林，1400米以上为山地草甸。

图3-42　安徽天堂寨国家森林公园

天堂寨森林公园山高林密、人迹罕至，为野生动物繁衍生息提供了良好的栖息环境。这里野生动物资源丰富，享有“动物王国”之称，是中国七大基因库之一。公园内有野生动物634种，其中水陆栖野生脊椎动物有200余种。珍稀动物种类相当丰富，国家级及省级保护动物有50种，如金钱豹、大鲵鸢、赤腹鹰、雀鹰、红隼、勺鸡、白冠长尾雉、领角鸮、红角鸮、斑头鸺鹠、蓝翅八色鸫、水獭、小灵猫、原麝、虎纹蛙、穿山甲、凤头鹃、花面狸等。

天堂寨国家森林公园属北亚热带湿润季风气候区，其特点是四季分明，气候温和，雨量充沛，光、热、水资源丰富，无霜期为215天。“烟气空蒙晴亦雨，泉声犹咽暑犹寒”，是园区气候特征的最好写照。这里云山高耸、森林广阔、气候湿润、泉眼密布，空气湿度达80.7%。天堂寨园区远离城镇，原始森林保存良好，这里大气、水体、土壤三维空间基本未受污染，水土流失轻微，空气清新，大气环境质量优于一级标准，是天然大氧吧。高植被和原始森林涵养了丰富的水源（如图3-43所示），遍布园区的地表水体清澈碧透，达一类饮用水卫生标准。

图3-43　天堂寨丰富的森林涵养水源

(四)安徽妙道山国家森林公园

妙道山国家森林公园位于安徽省安庆市岳西县西南部，地处大别山腹地，因妙道山是佛教禅宗临济祖师的寓修地，时人称为“妙光善道”而得名，1992年经原国家林业部批准建立国家森林公园（如图3-44所示）。妙道山森林公园分为聚云峰、祖师峰、金壁寺、紫柳园、南溪源、妙道大峡谷、龙门大峡谷等七大景区和蕨基坪、西庵坪两个休闲度假区，总面积达3000公顷。

妙道山国家森林公园森林覆盖率高达98%，公园内分布有2万亩天然次生林，

图 3-44　岳西妙道山国家森林公园

大面积天然次生林保存完好，动植物资源十分丰富，有野生动植物 2000 余种。珍稀植物有鹅掌楸、香果树、蓝果树、银杏、大别山五针松等 60 余种，珍稀动物有娃娃鱼、金钱豹、香獐、白冠长尾雉、小灵猫等 20 多种，其被称为"大别山天然物种基因库"。

妙道山国家森林公园属典型的中山地貌，山势呈双狮环抱之形。妙道山自然景观集雄、险、奇、秀于一体，汇林、瀑、峡、洞为一起。神奇的大自然鬼斧神工地造化出石狮啸月、石破天惊、天生石镜、仙憩遗踪、妙笔生花、祖师古洞等奇特景观，令人称奇叫绝；秀出山林的雨后晶帘、九曲飞翠、泻银瀑、龙门大瀑布、玉杯潭、乌龙潭等碧潭飞瀑，蔚为壮观。主峰聚云峰，海拔为 1465 米，森林茂密蓊郁，风起松涛吼，搅海翻江，山摇地动；风和日丽时，瀑泉淙淙，鸟音悠悠；林海、云海相互交融，气象万千，令人心旷神怡。主峰东有一块巨大的奇石，如巨狮卧于山峦，昂首向天咆哮，故名"石狮哮月"（如图 3-45 所示）。妙道山属北亚热带湿润性季风气候区，四季分明，气候温凉湿润，年均温约 14.2℃，植被茂密，空气负氧离子含量高，是休闲疗养、观光度假的理想天堂。

（五）安徽浮山国家森林公园

浮山国家森林公园位于安徽省铜陵市枞阳县北部，1992 年经原国家林业部批准建立国家森林公园，森林公园规划面积为 200 平方千米，主景区为 15 平方千米。浮山濒临白荡湖畔，三面环水，形成了"山浮水面水浮山"的奇观（如图 3-46 所示），因而得名。浮山集省级风景名胜区、国家森林公园、国家地质公园于一身。

浮山国家森林公园内有林地 2400 亩左右，森林覆盖率为 58%。浮山处于气候、植被、土壤南北过渡地带，分布有常绿针叶林和针阔混交林等植被类型。常绿

图 3-45　岳西妙道山“石狮哮月”

针叶林以马尾松、杉木、火炬松三种类型为主，为人工栽植。由于原生植被遭受破坏，以人工营造的马尾松、杉木、黑松等为主的针叶林占优势。其次还分布有以栎类为主、混生少量常绿阔叶树种的天然次生落叶阔叶和针、阔混交林。常绿针叶树有圆柏、侧柏、湿地松等，针阔混交林有马尾松、枫香、栓皮栎混交林和马尾松、麻栎、短柄枹混交林。硬阔以栓皮栎、麻栎、短柄枹等落叶栎类为主，软阔以枫香、毛白杨等为主，混生栓皮栎、山合欢、黄连木、麻栎、短柄枹、冬青等。据《浮山志》记载，浮山主景区森林蓄积为 3775 立方米，有林地平均每亩蓄积 1.58 立方米，林业用地平均每亩蓄积 1.08 立方米。浮山森林公园有维管束植物 586 种；灌丛以落叶栎类为主，主要有茅栗、短柄枹、白栎、映山红、栓皮栎、槲栎、杜鹃、扁担杆、羊踯躅、中华白檀、白檀等 20 多种；草丛类型有黄背草、结缕草等；草本植物有 50 多种。

图 3-46　浮山“山浮水面水浮山”

浮山国家森林公园属北亚热带向中亚热带过渡的季风湿润气候区，四季分明，气候温和，光照充足，无霜期长，雨量充沛，季风气候明显，致使山上“无岩不树、无径不竹、无涧不花、无石不苔”。

浮山还是一座宗教名山，远在晋梁时代（266 至 557 年），智顗大师创建浮山寺，时为浮山寺；后在陈隋年间，浮山即成为佛教天台宗智顗大量的道场；宁天禧年间，郑州名僧远禄来此住持，是为浮山第一代开山禅师，宋仁宗赐号园鉴大师，又赐寺名大华严寺，明神宗颁圣旨、赐藏经，至此浮山进入佛教鼎盛时期。中国佛教协会原会长赵朴初为浮山寺庙题字："金谷禅寺"、"会圣古刹"（如图 3-47 所示）、"圣旨碑"、"浮山胜境"，足以见证浮山佛教文化的久远流长和繁荣昌盛。道教名观张公岩是北宋进士张同之的修道福地，岩内的"浮山夕照"景观，为古"桐城八景"之一。浮山既是千年佛教圣地，又是我国道教的三十六洞天之一。浮山拥有极其丰富的人文景观。历朝历代无数名流雅士、文人墨客均来此游览，留下近 500 块极其珍贵的摩崖石刻。浮山有"中国第一文山"的美誉。浮山孕育了明清时期以著名的思想家、科学家方以智为代表的中国最大的家族学派"方氏学派"；孕育了清代独领风骚的文学流派桐城派；孕育了现代美学大师朱光潜；孕育了革命家、军事家、外交家黄镇等一批历史文化名人。另外，浮山的人文景观丰富多彩，留下了许多珍贵的文化遗迹。

图 3-47　浮山会圣古刹

(六)安徽石莲洞国家森林公园

石莲洞国家森林公园地处皖、鄂、赣三省结合部的宿松县城西南部，总面积 2.2 万亩，1992 年被原国家林业部批准为国家森林公园。石莲洞国家森林公园是以森林景观为主，自然景观为依托，建设了休闲、度假等旅游设施，是兼有城市娱乐区功能的多功能综合型的森林公园（如图 3-48 所示）。

森林是石莲洞公园的主体，公园内森林覆盖率达 97.4%，风景林及用材林面积占林地的 95.6%。这里动植物资源丰富，地带性植被属北亚热带常绿阔叶混交林，植物有 67 科 500 余种，既有遮云蔽日的百年古树，也有观赏价值和保护价值较

图 3－48　石莲洞国家森林公园

高的珍贵树种及特种经济林木，以人工栽植的杉木、马尾松为主，少量分布着如三尖杉、银杏、青钱柳、红椿、罗汉松、鹅掌楸、黄杨等，还有枫香、乌桕、三角枫、元宝枫等色叶树种以及落羽杉、枫杨、合欢、化香、朴树、杨树及栎类等落叶树种。天然的灌木如映山红、胡枝子、山胡椒、柃木、山苍子等混生其间。良好的森林生态环境为野生动物提供了栖息场所，园内野生动物达 80 多种，有小灵猫、穿山甲、环颈长尾雉、尖吻蝮蛇、黄麂等，鸟类有杜鹃、灰喜鹊、红嘴兰鹊、相思鸟、伯劳等，其中不少属国家一级、二级保护的珍贵物种。

石莲洞国家森林公园地处大别山余脉，地貌以低山为主，公园有河西山、孚玉山、仰角尖、罗汉尖四大景区，自然景观与人文景观各具特色，共有自然景观 100 多处，人文景观 50 余处。境内山峰林立，苍松滴翠，秀竹婷婷，云雾缭绕，霞光熠熠，更有冰晶清碧的泉水，形态乖巧的石林，繁花簇拥的曲径，婉转清亮的鸟鸣，各种景物交相辉映。景点主要有文化长廊、石莲洞（如图 3－49 所示）、五祖禅院、观音岛、九曲莲池、荷衣古池、龙啸石、对酌亭、蘑菇亭、四顾亭、望江亭、分经台、一线天、佛坐石、仙居谷、石上朴等。石莲洞国家森林公园属北亚热带湿润气候。气候特点为四季分明、日照充足、雨量充沛、无霜期长，空气新鲜，负离子充足，是天然的大氧吧。

（七）安徽万佛山国家森林公园

万佛山国家森林公园位于安徽省舒城县西南，总面积为 50 平方千米，2002 年被批准建立国家森林公园，是国家 AAAA 级旅游区、省级自然保护区和省级风景名胜区。万佛山景区内森林覆盖率达到 95％以上，这里的空气负氧离子含量是普

图 3-49　石莲洞

通城市的 300 倍。整个万佛山方圆几百公里范围内，不仅郁郁森森，丛林掩映，更没有一座现代工厂，从而使得这片土地保持了最原始的纯净（如图 3-50 所示）。

深秋将至，"山里红"万佛山红枫林也将展开她艳丽烂漫的怀抱，欢迎所有抵达这里观光、休闲的游客。休闲养生，行者天堂，是万佛山面向世界的名片，也是对这座大山完美的诠释。森林茂密，松树奇特，植被繁多是万佛山的另一特色，因其处于北亚热带，优良的生态环境孕育了丰富的动植物资源。万佛山有 147 科 658 属 1368 种维管束植物，其中分布着国家保护植物 25 种，著名的有领春木、兰果树、香果树、天目木姜子、银鹊树，以及被称为活化石的银缕梅；另外山里物种繁多，栖息着国家保护动物十余种，著名的像穿山甲、金钱豹、香獐、娃娃鱼等，构成了一个天然的动植物园。

图 3-50　万佛山国家森林公园

(八)河南信阳南湾国家森林公园

南湾国家森林公园位于大别山北麓的河南省信阳市南湾湖风景区,包括南湾水库大坝两侧山地、库区沿岸和库中各个岛屿,范围涉及南湾林场水上林区全部和贤山林区一部分,面积为2810公顷,森林覆盖率为75.2%,1996年批准为国家森林公园。

南湾库区周边共有林地面积为1.1公顷,库中岛屿和湖岸四周林木郁郁葱葱,植物种类繁多,仅种子植物有116科525种,其中属亚热带的代表树种主要有马尾松、杉木、柳杉、乌桕、枫香、化香等,属暖温带的树种有榆树、泡桐、臭椿等。此外,南湾实验林场还成功地引种栽培了檫木、鹅掌楸、喜树、火炬松、湿地松、马褂木、美国黑莓、杏李等,林下常见灌木有胡枝子、野山楂、白鹃梅、黄栌、连翘、杜鹃等,主要草本植物有羊胡子草、黄背草、白茅等。森林植被根系发达,枝叶繁茂,可以有效地防止水库风浪冲击陆地,对保持水土,减少地表径流和水库淤积,延长水库使用寿命有着十分重要的作用。库区的森林植被在库区的生态系统中起着极为重要的作用,库区周围丰富的森林植被,为水库水产业的发展提供了大量的有机物食料。南湾库区动物种类达1000余种,其中脊椎动物200余种,属国家级保护动物有猕猴、扬子鳄、大鲵、小灵猫、白冠长尾雉等;园内豢养鸟类达100多种,3000余只。其中国家一级、二级保护鸟类有非洲鸵鸟、红腹锦鸡、白冠长尾雉等。库中有栖息着10余万只的鹭科鸟类——鸟岛。

南湾森林公园的近百座岛屿已形成了类型多样、地域特色突出、功能完整、质量优异的森林植被,构成了典型的库区森林生态系统(如图3-51所示)。有山皆青,湖水皆碧,翠山绿水,浑然一体;碧波万顷,青山、绿水、晚霞、明月、构成了“水墨南湾”;幽、翠、形、色、声、香、古、奇,异彩纷呈,构成了七彩南湾的美妙画卷。

图3-51 信阳南湾国家森林公园

南湾森林公园的气候属北亚热带季风类型,地处北亚热带和暖温带的南北过渡区,气候特点是雨热同季、气候温和、四季分明、夏长冬短、雨量充沛,森林景观优美，具有“幽、野、静、奇、秀”的自然景观特色。整个公园山水相映，风景如画，素有“豫南明珠”之称，实为中原大地不可多得的天然水上森林公园。境内的最高峰四望山，海拔为906.2米，为淮河支流泗河的发源地。公园周边的车云山、集云山、云雾山、连云山、天云山等“五云”茶山和黑龙潭、白龙潭等为信阳毛尖的主产地。

(九)河南金兰山国家森林公园

金兰山国家森林公园地处河南省信阳市新县境内大别山南麓，是以森林生态及人文景观为主的自然风景区，1996年批准成为国家森林公园，总面积为33.4平方千米，由金兰山及连康山、西大山、九龙潭四大景区构成，森林覆盖率达98.1%，原始生态保存完好。

金兰山森林公园自然资源十分丰富，区内物种繁多，属典型亚热带向暖温带过渡地带，是中国华东与华中、华北三大植物区系交汇处及我国动植物南迁北移的缓冲带，具有丰富生物多样性特点，有野生动植物基因库之称。公园内植物有235科954属2435种，其中有国家重点保护植物原生银杏和红豆杉等19种，其珍稀植物群落及北亚热带森林生态系统比较显著。公园内有野生动物248种，其中鸟类有173种，兽类有37种，两栖爬行动物有38种，国家重点保护动物有金钱豹和白鹳、白冠长尾雉等34种。

金兰山山陡崖峭，三峰刺天，集雄和奇、幽、秀、灵于一体，兼峰、石、潭、瀑、林于一身，主要景观100余处。主峰金兰山有768米高，与湖北木兰山并称姊妹山，是淮南鄂北著名的道教圣地之一。金兰山道观始建于宋，影响深远，观中太清宫、真武宫、灵官殿、财神殿、娘娘殿、玉皇阁、文昌洞分布罗列，朝拜者络绎不绝。更为奇绝的还是山上与道教故事相关的奇石，自然天成，形象逼真，栩栩如生，惟妙惟肖，充满了神秘感。所以，公园既是科学考察和野营探险、教学实习重要场所，又是旅游休闲和健身娱乐、避暑度假的理想胜地(如图3－52所示)。

图3－52　信阳金兰山国家森林公园

(十)河南黄柏山国家森林公园

黄柏山国家森林公园位于河南省商城县南部,大别山腹地,豫、鄂、皖三省交界处,素有“鸡鸣闻三省”之称,总面积 4010.6 公顷,共分为九潭谷山水观光区、九峰尖登山探险区、大牛山森林沐浴区、界巴冲生态游览区、黄柏山佛教文化区 5 个景区(如图 3-53 所示)。

图 3-53 黄柏山将军石崖杜鹃红

黄柏山国家森林公园植物资源丰富,有 100 多种树木,且多为材质优良、价值较高的用材树种,素有“松杉林海”之称,又有“天然药库”之誉。这里森林景观独特,森林覆盖率高达 97%。小林海有 20 余公顷林龄近 200 年且平均树高 22 米以上的原始森林;九峰尖景区龙门口有面积达 600 余亩黄山松和栎类,林龄达 230 年,株数每公顷 360 株,平均树高 20 米;以黄柏山和大牛山景区为主分布区的 1500 亩毛竹林;有 3326 公顷人工林;大牛山万顷松涛;界巴冲映山红;前河红叶林;王后冲紫荆园等森林景观遍布山间。拥有河南省面积最大(3326 公顷)、林象最好的黄山松人工林基地和全国自然分部最北限、面积最大、长势最好的天然楠竹林基地;法眼寺门前两株千年古银杏更是华夏所罕见。这里物产资源丰富,有黄柏山九峰云尖茶、珍珠菜、苦菜、竹笋、香菇、蕨菜、贯众、黄柏山甜柿等土特产品,有天麻、黄檗、茯苓、灵芝、桔梗等全国知名名贵中药材。黄柏山森林公园境内动物资源丰富,有娃娃鱼、金钱豹、穿山甲等珍稀动物 370 多种,国家保护动物白冠长尾雉、商城肥鲵为景区所独有。

黄柏山森林公园自然景观奇特,鬼斧神工的九峰尖、将军石、吠犬石、报晓峰、蜡烛山、磨盘脑、棋盘石、酒坛子等奇峰异石星罗棋布,古树名木各领风骚。景区春日百花竞绽,夏时树高荫浓,秋天层林尽染,冬季松竹傲雪。黄柏山不仅有优美的自然景观,而且有丰富的人文景观。三山夜月、九峰比肩,古庙遗风、风岭清岚、息影怀古、将军观山等景观,在展现优美自然风景的同时,让人惊叹此地厚重的历史文化沉淀。闻名三省,始建于明代的“楚豫禅宗”法眼寺(如图 3-54 所示),六祖慧能弟子无念禅师的墓塔息影塔,明代大思想家、文学家李贽讲学的花潭书院、历史传说的黄花天子庙、胜卦尖、跑马场、百战坪、擂脚河、姑嫂潭等众多人文景观，孕育了底蕴深厚的历史文化。

黄柏山森林公园地势由南向北倾斜，逐级降低，形成中低山、低山丘陵、丘陵垄岗三大自然区，是江淮水系的分水岭。这里属北亚热带向南暖温带过渡地带，四季分明、雨量充沛、气候宜人、冬暖夏凉，是消闲避暑的理想去处。

图 3-54　黄柏山法眼寺

(十一)河南天目山国家森林公园

河南天目山国家森林公园位于河南省信阳市平桥区西北部，地处大别山山系的西部开端，逶迤自秦岭山系的东部末端、桐柏山余脉，淮河的源头，总面积为4858.9 公顷，由天目山与大寨山、柳河与明河、尖山水库与天目湖的“两山两河两湖”组成，桐柏山东麓，其前身是创建于 1958 年的国有天目山林场，2015 年被批准设立天目山国家森林公园(如图 3-55 所示)。

图 3-55　河南天目山国家森林公园

天目山植物区系起源古老，具有由华北植物区系向华中、华东植物区系过渡的特点，是华东、华中、华北三方植物区系的交汇处，还兼有一定的西南成分，保存了许多古老的第三纪植物，植物区系复杂多样，以温带分布为主，热带成分较为丰富，南北过渡特征明显；在属的层次上，与各大陆的温带、热带保持着较为广泛的联系；在种的水平上，天目山通过华东与东亚植物区系联系密切，森林资源极其丰富。有维管植物149科557属1108种，有麻栎、黄连木、枫杨、茅栗古树群62株。公园是天然马尾松林自然地理分布的最北缘，分布有南界边缘面积较大的油松人工林，是单轴型竹亚带的分界线，独特的地理位置、过渡带的气候特征，使公园具有重要的生态区位保护价值。公园内野生动物有2300余种，其中鸟类有金雕、苍鹰、白鹳、黑鹳、白冠长尾雉、环颈雉、百灵、大山雀等约200种，兽类有猎豹、野猪、花面狸、穿山甲、小麂等约30种，两栖爬行类有断板龟、大鲵、蟾树蛙、蟾蜍等40种，昆虫约2000余种。其中国家重点保护动物有大鲵、金雕、白冠长尾雉、水獭等15种，河南省重点保护动物有苍鹭、画眉、姬啄木鸟、豹猫等27种。

森林公园地质地貌特点独特，是综合性的山川地貌，分布有典型花岗岩地貌小金顶，有风臼地质资源景观——天目，有花岗岩裂隙水汇集池——天池和天井，有广泛分布在岩壁的远古遗存——天目山树枝石，有矗立山水林中的象形兽石。公园内群山叠翠，峰峦高耸，奇石林立，形状各异。

天目山属于桐柏山——大别山系，承桐柏山余脉，启大别山，为春秋战国时期的中原与楚国的交界线，有着豫风楚韵的历史文化沉淀，山之北为中原，山之南为楚国；地处“中国亚热带和暖温带的南北地理分界线(秦岭－淮河)”上，属于亚热带季风型大陆气候，气候温暖湿润、四季分明、冬天严寒、夏天酷暑、雨热同季，降雨光照充足。由于受区域位置、地形、气候、土壤等自然条件的综合影响，天目山植物资源丰富，森林类型、植物区系的组成都具有典型的过渡带特征。主要景点有天目山小金顶、白练沟瀑布、天目湖、鬼斧神工的奇石等自然景观和周朝古寨、金顶古寺、黑龙潭、白龙潭、铃铛沟、滴水岩等人文景观。

(十二)河南大苏山国家森林公园

大苏山国家森林公园位于河南省光山县境内，2015年被批准为国家森林公园，规划总面积为2788.53公顷，共分为三大片区，即大苏山片区、龙首山片区和王母观片区。大苏山森林公园是以光山净居寺名胜管理区为核心，分为1轴4区5带40景，以“文化为魂、正本清源”为指导思想，以“森林氧吧、天台祖庭、民俗风情、休疗养生”为目标，建成“山中有林、林中有景、景中有魂”的国家级森林公园(如图3-56所示)。公园森林面积2573.81公顷，森林覆盖率为92.3%，主要景点包括王母观风景区、净居寺寺庙、蓝天生态茶叶公司和蓝天度假村等。

大苏山兼大别山之雄峻，淮水之清纯，极具清灵之气。森林公园的松、枫、杉、栎、檀、檫、茶、油茶、核桃、板栗、银杏等连片成林，蔽天盖日，构成奇特之生态景观，最著名者当为王母观枫树林，经河南省林业厅鉴定确认为河南省最大的天然枫树林；天然毛竹林、枫香林独具特色、自成一体；深山藏古寺，千年古刹净居寺的佛教文化底蕴、茶博馆演绎的地域文化元素再现了大苏山“山、水、佛、茶”独特的景观融合。大苏山野生动物繁多，野山羊、两头蛇、穿山甲、娃娃鱼、野猪、狐狸、豺狼、锦鸡、黄莺、山鹰常活跃于林中。这里气候温和、四季分明、雨量充沛。

图 3－56　大苏山国家森林公园

（十三）湖北省黄冈大别山国家森林公园

黄冈大别山国家森林公园位于鄂、豫、皖三省交界处的湖北省罗田县北部。公园总面积为 300 平方千米，下辖天堂寨、九资河、天堂湖、青苔关、薄刀峰五个风景区。1996 年 10 月被中国林业部正式批准为国家森林公园，是一个以自然山岳水域、原始森林景观为特征，融民俗风情、农艺田园、历史文化于一体的避暑休闲、旅游观光、科研会务、健身娱乐等综合型国家级森林公园（如图 3－57 所示）。

黄冈大别山国家森林公园旅游资源丰富多样，集山地景观、水文景观、动植物资源于一体，兼有森林生态旅游和水域生态旅游的双重优势。1996 年，经国家风景资源评价委员会评审，综合定性评定为胜景，与庐山、峨眉山同级，堪称世界级风景。公园生物资源丰富，从植物资源来看，森林覆盖率达 89％，生长着 1487 种植物，有多种国家珍贵的保护植物，如银杏、青钱柳、香果树、现桐等，还有享誉国内外的经济作物、绿色食品和名贵中药材。园内野生动物资源也极为丰富，有国家和省级重点保护动物 90 多种，如国家级重点保护动物金钱豹、穿山甲、水獭、小灵猫、香樟、娃娃鱼等。从水域生态景观来看，公园内有多处壮观的瀑布、深潭，如天堂寨景区的云台瀑布、百丈崖瀑布、神仙谷的双龙潭、三道瀑等；景区中心地带的天堂湖水面积为 8100 亩，水面宽阔，水质纯净，青山环伺，波光瀚激；与此同时，还有嫖娥峡、月亮岛、骆驼泻宝等景点及诸多美丽动人的传说与山水相映成趣，使天堂湖更添神韵。

丰富的人文景观也为大别山国家森林公园注入了新的内涵。较有名气的有：鸠鹚之役，李成之乱，陆逊追曹，“天完皇帝”徐寿辉揭竿起义称帝，南宋傅高立寨抗元，明末兵部尚书王火鼎率蕲黄四十八寨抗清，马朝柱天堂聚义，太平军浴血奋战松子关等。大别山是中国革命的圣地，有着丰富的历史文化背景。由于大别山国家森林公园所处的特殊地理位置（三县交界以及安徽通向湖北东部的要道）和特殊地形（中山地带），自古就是农民运动活跃的地方。近代更是“反围剿战争”和“解放战争”的一个重要战场。刘邓大军“千里跃进大别山”是妇孺皆知、名扬天下的重要事件。

大别山国家森林公园属北亚热带温暖湿润季风气候区，具有典型的山地气候特征，气候温和、雨量充沛。温光同季、雨热同季，具有优越的山地气候和森林小气候特征，具备发展森林旅游的气候优势。

图 3－57　黄冈大别山国家森林公园

(十四)湖北三角山国家森林公园

三角山国家森林公园位于鄂东大别山南麓湖北省浠水县的东部，2002 年被批准为国家森林公园，是国家 AAAA 级旅游区，湖北省级旅游度假区。三角山森林公园素有黄州府“笔架山”之称，以雄、奇、幽、秀而闻名遐迩，因其三柱奇峰，状如兽角，突兀苍穹而得名（如图 3－58 所示）。公园建成了紫云禅寺、耕园、翠园、灵秀山家园、三峰尖五个景区，方圆有 64 平方千米。

三角山国家森林公园森林景观独特，生物资源丰富，森林茂密，森林覆盖率高达 81.6%，森林立木蓄积量为 15 万立方米。公园植物分布多达 138 科 1100 多种，有鄂东杉王“拨火棍”，有生长千年的迎客松、云杉、红茶花树、梭椤树、阴阳柏、古栎树、斗笠树等古树名木，古树名木众多，是天然博物馆、绿色基因库、动植物栖息繁衍的“理想王国”，科研欣赏价值高。这里还盛产名贵中药材，“云雾菇、罗汉菜、海螺菜”被称“笔架三宝”。这里有国家和省级重点保护野生动物 60 多种，如金钱豹、穿山甲、水獭、小灵猫、香獐、猫头鹰、果子狸、断板龟、麂、环颈雉等，是动物栖息繁衍的“理想王国”。

图 3－58　湖北三角山国家森林公园

(十五)湖北天台山国家森林公园

红安天台山国家森林公园位于鄂豫之交的“中国第一将军县”——湖北省红安县境内，面积为 120 平方千米，2003 年被批准为国家森林公园，是国家 AAAA 级旅游景区。

天台山森林公园生态保护完好，绿色资源得天独厚。它连绵数十里，群峰起伏，怪石嶙峋，雄奇挺秀，花木繁茂，云飞雾走，风景旖旎。这里湖泊缠绕、河溪纵横、峰峦叠嶂、古木参天，天台山峰峦叠嶂，境内绿化率达 95%，森林覆盖率达 80%。景区平均海拔为 680 米，主峰海拔为 817 米，拔地而起，直插苍穹。风景区香山湖水域面积为 19 平方千米，储水量为 3 亿立方米，有天然湖泊之称。这里自然物种丰富，有植物种类 750 余种，被称为大别山绿色生态植物园，其中国家一级保护类植物有 8 种。这里有动物 340 余种。天台山天高云淡、空气清新，这里有生态之美、原始之美，素有“天然氧吧”的美誉。夏季平均气温在 22℃左右，是休闲度假的好去处，以及理想的避暑胜地(如图 3－59 所示)。

(十六)湖北吴家山国家森林公园

吴家山国家森林公园位于湖北鄂东北英山县境内北部，大别山南麓，总面积为 30.2 平方千米，2004 年被批准为国家森林公园，是国家 AAAA 级旅游景区，湖北(黄冈)大别山国家地质公园英山园区所在地。吴家山森林公园以山岳地貌、原始

图 3-59　湖北天台山国家森林公园

森林、河谷景观为主要特征，风景区由华中第一谷——龙潭河谷景区、中原第一山——湖北大别山主峰天堂景区、南武当武圣宫景区和中心综合服务区等四大特色景区构成(如图 3-60 所示)。

图 3-60　湖北吴家山国家森林公园

吴家山森林公园是大别山区保存完好的一块绿地，由于其地处亚热带向暖温带过渡地带的北部，植被组成明显地反映了过渡地带的特征，境内拥有大面积原始次生林，森林覆盖率达 96%，森林生态系统保存完整，成为华北、华中、华东三大植物区系统交汇中心。这里是古老珍稀动物、植物种群的天然避难所和衍生地，有野生植物 149 科 526 属 1105 种，珍稀孑遗、国家保护树种香果树、连香树、三尖杉、鹅掌楸等四十余种；现有野生动物 344 种，其中属国家保护动物如金钱豹、香樟、小灵猫、长尾雉、娃娃鱼等有 18 种，是全国七大生物基因库之一。

第四章 风景旅游名胜区

第一节 大别山区 4A 级以上风景旅游名胜区分布概况

大别山横卧中原,跨越鄂豫皖三省,逶迤绵亘几百公里,素以山雄、峰险、壑幽、水秀的独特魅力闻名于世,境内峰峦叠嶂、怪石嶙峋、峡谷迭生、瀑布凌山、奇松怪石险峰,景色十分秀美。大别山区有多处国家自然保护区、国家地质公园、国家森林公园和国家水利风景区。其也是一座红色的名山,是革命遗迹较多的地区,拥有 13 处全国 100 个"红色旅游经典景区"。大别山区的地质地貌、文化底蕴以及作为革命老区的背景,造就了区域内风景名胜众多,旅游资源十分丰富。据国家风景资源评价委员会评审,大别山风景综合定性评定为胜景,与庐山、峨眉山同级,堪称世界级风景,开展绿色生态旅游条件极好。

大别山区三省四市均有众多的风景旅游名胜区。其中,安徽六安市境内的 AAAA 级以上风景旅游名胜区有金寨天堂寨风景区、舒城万佛湖风景区、霍山大别山主峰(白马尖)景区、霍山佛子岭风景区、金寨革命烈士陵园、裕安区独山革命旧址群、霍邱县临淮岗风景区、金安区东石笋风景区、六安皖西大裂谷、大别山风情谷、大别山石窟风景区、金寨燕子河大峡谷、九公寨旅游区、裕安区龙井沟风景区、霍山铜锣寨风景区、舒城万佛山旅游风景区、横排头风景区、南岳山风景区、梅山水库旅游景区、八公山风景区、悠然南山度假区共二十一处;安徽安庆市境内 AAAA 级以上风景名胜区有潜山天柱山风景区、花亭湖风景区、安庆巨石山生态文化旅游区、安庆市孔雀东南飞景区、岳西明堂山风景区、安庆天峡风景区、石莲洞风景区、安庆浮山风景区、安庆独秀园、太湖五千年文博园、安庆菱湖风景区、安庆桐城市嬉子湖景区、桐城活海欢乐水世界、岳西大别山彩虹瀑布风景区、岳西妙道山风景区、潜山白马潭风景区、黄梅酒业文博园、潜山山谷流泉文化园等十八处;河南信阳市境内的 AAAA 级以上风景旅游名胜区有信阳南湖湾风景旅游区、信阳鸡公山风景区、信阳灵山寺景区、信阳西九华山旅游风景区、鄂豫皖苏区首府革命博物馆五个;

湖北黄冈境内的AAAA级以上风景旅游名胜区有罗田天堂寨风景区、红安黄麻起义和鄂豫皖苏区革命烈士陵园、李先念故居纪念园、麻城烈士纪念园、黄冈浠水三角山风景区、红安天台山风景区、黄冈麻城龟峰山风景区、黄冈英山县吴家山风景区、黄冈英山县桃花冲风景区、遗爱湖公园、薄刀峰风景区、四祖寺等十二处。这些风景旅游名胜区是重要的生态功能保护区，是大别山区禁止（限制）开发的核心生态区，是进行爱国主义教育、科学研究以及发展绿色生态旅游业的重要资源。这些风景旅游名胜区在大别山区的分布如图4－1所示。

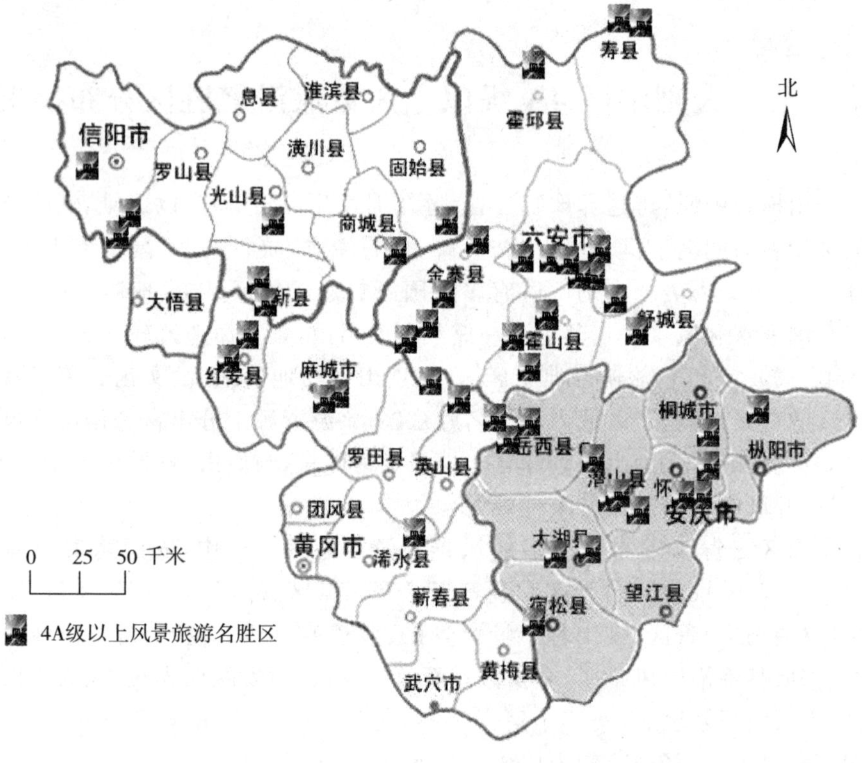

图4－1 大别山区4A级以上风景旅游名胜区分布图

第二节 大别山区4A级以上风景旅游名胜区

一、安徽金寨天堂寨风景区

大别山天堂寨位于大别山主峰湖北与安徽交界的地区，地处大别山腹地，皖鄂分界地，南麓为湖北罗田天堂寨风景区，北麓为安徽金寨天堂寨风景区，景区总面积为 120 平方千米，境内千米以上的高峰有 25 座，主峰天堂寨（位于金寨县内）海拔为 1729.13 米，为大别山主峰之一，系江淮分水岭。天堂寨雄关漫道、崇山峻岭、茂林修竹、龙潭飞瀑、奇松怪石颇多，古称“吴楚东南第一关”，可见其气势雄伟壮观。在天堂寨峰顶北可望中原，南可眺荆楚，巍巍群山尽收眼底。

（一）景区概况

安徽金寨天堂寨风景区位于金寨县的西南部，集国家森林公园、国家地质公园、国家级自然保护区和国家 AAAAA 级风景旅游名胜区于一体。“极目山河纵大观，吴楚东南第一关”，气势浑厚的金寨天堂寨有“植物的王国、天然的氧吧、动物的乐园、云雾的海洋、圣水的世界、杜鹃花的领地、娃娃鱼的故乡”之美誉。特殊的地理位置和独特的小气候环境，孕育了这块“华东最后一片原始森林”，有梦幻天堂之美誉（如图 4－2 所示）。

图 4－2　安徽金寨天堂寨风景区

天堂寨风景区特点可概括为森林物种珍稀、瀑布景观独特、山石景观奇妙，空气清新宜人。丰富的森林植被是天堂寨的中心景观。天堂寨地处南暖温带向北亚热带的过渡地带，是我国第四纪冰川孑遗植物的避难所，系华北、华中、华东三大植物区系的交汇中心，森林覆盖率达 97.5％，居全国森林公园、风景名胜区之首。景区内共有植物 1881 种，脊椎动物 185 种，属国家保护的动植物分别有 38 种和 18 种。

众多的瀑布龙潭是天堂寨的特色景观，“踏遍黄峨岱与庐，唯有天堂水最佳”。大面积的森林植被涵养着丰富的水源，形成了接力式瀑布群，常年不涸的瀑布就有

18条，季节性瀑布100余处。天堂寨景区内龙潭星罗棋布，或阔或窄，或深或浅，或明或暗，或动或静，其中九个最大，古称风龙九井，杜牧、刘禹锡、张耒、王安石等曾留下过赞美的诗篇。

大量的奇山异石是天堂寨的主体景观。天堂寨山石景观形态各异、巧夺天工。白马峰气势磅礴；龙剑峰形如恐龙；圣卦峰神秘莫测；屈原问天，苍凉悲壮；情侣峰，温情脉脉。可谓“千岩万壑生紫烟，山在虚无缥缈间；银浪滚滚群峰隐，扮得天堂境如仙”。

良好的生态环境是天堂寨的主要景观。天堂寨远离都市，无污染，这里的一切均以纯天然形式存在，水质为地表一级卫生饮用水，而且因瀑布湍流和高位差产生的负氧离子，以及森林中芳香类植物释放的杀菌困子，形成负氧离子含量极高的新鲜空气，天堂寨真正是一个巨大的天然氧吧。

天堂寨属亚热带季风气候，具有典型的山地气候特征，气候温和、雨量充沛、温光同季，雨热同季，常年降雨量为1350毫米，平均气温为16.4℃。天堂寨，四季皆景，景景醉人。天堂寨之春，百花齐放，姹紫嫣红，百鸟齐鸣，春的气息鲜明浓烈；天堂寨之夏，清凉浸肤，通体舒畅，夏的燥热荡然无存；天堂寨之秋，天高气爽，绚丽多姿，层林尽染，秋的色彩五彩斑斓；天堂寨之冬，飞瀑凝冰，雪映山色，银装素裹，冬天的韵味分外妖娆。

金寨天堂寨风景区不仅自然景观秀美，人文景观也十分丰富。天堂寨有着多处农民起义的人文景观遗址。其主峰，地势险要，横亘鄂皖，为兵家必争之地。南宋末，程伦为抗元在多云山（天堂寨峰）初建天堂寨。后元末僧人彭莹和布贩徐寿辉聚众反元重建天堂寨。历代民众，为反抗压迫，聚集天堂寨，留下了多处历史遗址。古朴陈旧的古遗址，融入天堂寨的自然山林中，给人以历史析沧桑感。1947年刘邓大军南下，在天堂寨一线跃进大别山，西逼武汉、东指南京，为全中国的解放建立了不朽的功勋。至今这里还有清代咸丰年间的关卡、义军用的石臼、古炮台、议事厅等历史遗址。另外，坐落在安徽大别山国家地质公园主园区有大别山地质博物馆，占地面积为6667平方米；还有安徽古民居：古街、古井、古码头、古建筑、古民居、古集市，加上古风淳朴的民情风俗，构成典型的皖西风格。

天堂寨已成为人们返璞归真、亲近自然的好地方，是人们休闲度假、观光游览之胜地，更是爱国主义教育、科普教育的大课堂。

（二）主要景点景观

金寨天堂寨风景区主要自然景观有：

（1）水景。天堂寨水景主要表现在瀑布与溪水潭池上，其中尤以一号瀑布、三号瀑布、龙井河溪为最。一号瀑布（九影瀑布）落差71米，水帘幅宽8米，瀑布下有深潭（如图4-3所示），潭面有30平方米。三号瀑布（泻玉瀑布）垂直高度为62米，水帘宽为11～13米，瀑岩呈淡紫色，略倾斜且岩面凸凹参差不齐。

图 4-3　天堂寨风景区瀑布

(2)奇峰怪石。大自然巧夺天工，将天堂寨的山峰、岩石雕凿成奇形怪状、造型各异的盆景园。天堂寨独特的花岗石及花岗片麻岩，使其风化成群山环抱，山峰林立的地貌特征，从而形成了天堂寨森林公园特有的山岳风景。其中最具有吸引力的有白马峰、哲人峰、天堂寨、小华山、五龙朝天堂。①白马峰。海拔为 1480 米的白马峰主体由马鞍、马背和马尾构成，四面是千米绝壁，梁上有著名景点“马尾晴雪”“马鞍夕照”，是天堂寨风景区的主要胜景。②哲人峰，亦称“天问”峰，是一座完全由岩石组成的山体，靠东北端一巨岩峭壁高约 100 米，酷似一颗硕大的头颅。③天堂寨主峰，海拔为 1729.13 米，是大别山主峰之一，为皖鄂两省的边界，又是长江、淮河的分水岭，气势雄伟、险奇幽深，山上植被葱茏，黄山松、黄山栎等植被地带性分布明显。④小华山海拔为 1102 米，只有一条宽仅尺余的小道可上，两侧都是陡峭悬岩，峰脊之上。⑤龙剑峰。龙脊绵延，脊上异石奇松，造型各异，著名景点有“雷劈石”、“龟松同寿”等多处。⑥五龙朝天堂。⑦石燕岩是一座完全由岩体组成的石山，又似一只巨大的燕窝凌空倒扣，远远看去，一群飞燕停落在巨大的石壁之上，正衔泥筑巢，其雄伟之态，自不可言。⑧剑峰景区，位于泻玉瀑之上，整座山峰以石为骨体，因酷似一柄巨剑而得名。⑨金刚台，又名石额山，地处豫皖两省交界处，山势险陡，双峰高峙，它像一扇巨大的金刚石门，耸立在豫皖分界线上，独当一面，坚不可摧。

(3)神仙谷。从罗田天堂寨风景区管理处向南沿河步行 200 米即可到达。神仙谷全长约 2500 米，该谷由龙井河、萧家河两条溪流汇集而成，河谷宽 30～40 米。

(4)马鬃岭自然保护区。原马鬃岭林场，1958 年建立，1998 年成立安徽天马国家级自然保护区。林地面积为 4584.7 平方千米，天然林面积为 2170.7 平方千米，森林蓄积量为43万立方米，森林覆盖率达95.9%。境内最高峰为1671米，有高等植物1576种、动物185种，珍稀动植物42种遍布全区，自然条件得天独厚。

(5)造钱坳景区。森林景观是造钱坳景区的主体和特色，面积为4.4平方千米。景区内森林资源丰富，山清水秀、绿树成荫、遮天蔽日，为进行森区野趣、疗养、避暑、林浴提供了幽雅舒适的自然环境。其主要景点有：凤龙井瀑布、鹅公包、鸡心峰、钟馗仗剑、高山草甸、龙女梳妆及古造钱遗址等。金寨天堂寨风景区全景图分布如图4-4所示。

图4-4　金寨天堂寨全景图

二、舒城万佛湖风景区

万佛湖风景区是以万佛湖为中心的湖泊型观光风景区，位于安徽省舒城县境内，景区面积为 299 平方千米，湖面为 50 平方千米。万佛湖即龙河口水库，是举世闻名的淠史杭灌区的重要组成部分，安徽十大水库之一。万佛湖风景区于 2016 被评为国家 AAAAA 级旅游区，也是国家级水利风景区、国家地质公园、省级风景名胜区、省级旅游度假区，被誉为“安徽的北戴河、合肥的后花园”（如图 4－5 所示）。

万佛湖是大型人工湖，1958 年动工兴建，历时十一个春秋，中国农民以手挖肩挑方式筑成千米大坝，堪称世界之“最”。原联合国大坝委员会主席兰希先生称赞龙河口水库大坝是一项“非常了不起的工程”。梅岭电站、落矶山溢洪道、牛角冲进水闸等巨型设施，树起了新中国水利建设史的丰碑；瓦砾山、文家墩和龙王树等古文化遗址，提供先祖生息劳作的历史实证；龙河口、梅福洞、钓鱼台和周瑜祖坟等古迹，向人们讲述着优美动人的美好传说；梅山晓烟、万佛石林、金牛卧坡、白鹭陆洲、北风吹海螺、五老观太极、万佛湖温泉和双龙岛、钓鱼岛、寻梦岛、风情岛、凤凰岛、燕子岛、藏仙岛等景观，使人心醉神迷、流连忘返。

图 4－5　万佛湖（龙河口水库）湖光山色

万佛湖是一个美丽的湖。相传湖畔石壁之上有一奇石神似观音临湖，湖中漂动的众多小岛栩栩如佛子，宛若“诸佛拜观音”，万佛湖由此得名。湖中 60 多个大小不一的岛屿，如鲸似龟、情态各异，令人遐想万千。湖面呈枫叶状，周边长 250 千米，可容水 8.2 亿立方米。环湖皆山，碧波万顷（如图 4－6 所示），绿岛浮动，波光粼粼，鸥鸟翔集，舟楫点点。周围群山环抱，波光潋滟，水面开阔，一碧万顷。自然景观有万佛石林、环柏山道、左慈钓鱼台和观音洞、人头马、翠竹岭、白鹭洲以及雄伟壮观的水利工程设施等几十处景点。万佛湖风景区集山、水、岛、石崖、壁滩、池、洞、林、花、文化遗址及森林探险于一体，形成了妖娆多姿、绚丽迷人的山湖景色，可谓"湖光山色、百里画廊;山水醉地、休闲天堂",是旅游观光、休闲度假、运动娱乐、会议商务以及科普考察的理想胜地。

图 4-6　万佛湖碧波万顷

三、大别山主峰(白马尖)景区

(一)景区概况

大别山主峰景区位于安徽省六安市霍山县,是以大别山主峰白马尖为核心景点,是国家 AAAA 级旅游景区、大别山国家地质公园白马尖园区。整个景区涵盖五大景点:白马尖、龙井峡、四望堡、别山湖以及大别山庄度假村,面积达 340 平方千米(如图 4-7 所示)。大别山主峰白马尖与周围地区的猪头尖、道士尖、四望山、天鹅尖等海拔 1500 米以上诸峰,组成长江淮河分水岭。

大别山主峰为什么叫白马尖呢?相传东汉永平十一年(68 年),汉明帝刘庄为铭记天竺(古印度)高僧迦什摩腾、竺法兰用白马驮载佛经佛像到中国传播佛教,在黄河流域的洛阳兴建了白马寺。为了在长江淮河流域也弘扬佛法,又命名长江淮河分岭的大别山主峰为白马尖,此后就有了"北有白马寺,南有白马尖"一说。

大别山属北亚热带温暖湿润季风气候区,具有典型的山地气候特征,雨水丰富、日照充足、温光同季、雨热同季,具有优越的山地气候和森林小气候特征。这样的气候为动植物的生长创造了良好的条件。这里的森林植被资源丰富,植物种类属北亚热带典型的常绿、落叶混交林体系,仅国家二级保护树种就有连香树、银鹊树、香果树、鹅掌楸、大别山五针松、小勾儿茶等十几种之多。大别山主峰白马尖上生长着大片的原始森林，这也是长江淮河流域海拔位置最高的原始森林，形态各异的大别山五针松在白马尖上酷似一幅万马狂欢图。由于大别山主峰区植物茂盛且种类繁多，所以这里也就成了利于动物繁殖生长的天然动物园。大山里活跃着草鹿、豪猪、野猪、斑豹、灵猫、狐狸、松鼠等动物，珍稀动物有娃娃鱼、甲板龟、穿山甲、鹿獐等，鸟类有长尾锦鸡、画眉、鹞鹰、鹗、百灵、山和尚、八哥、黄莺、白头翁等。

(二)主要景点景观

大别山主峰(白马尖)景区的景点类型多样，目前的主要景点有：高山—白马尖(大别山主峰)、峡谷—龙井峡(大别山区规模最大的瀑布群)、湖泊—别山湖、遗址—四望寨(古城堡)，景区景点分布图如图 4-7 所示。

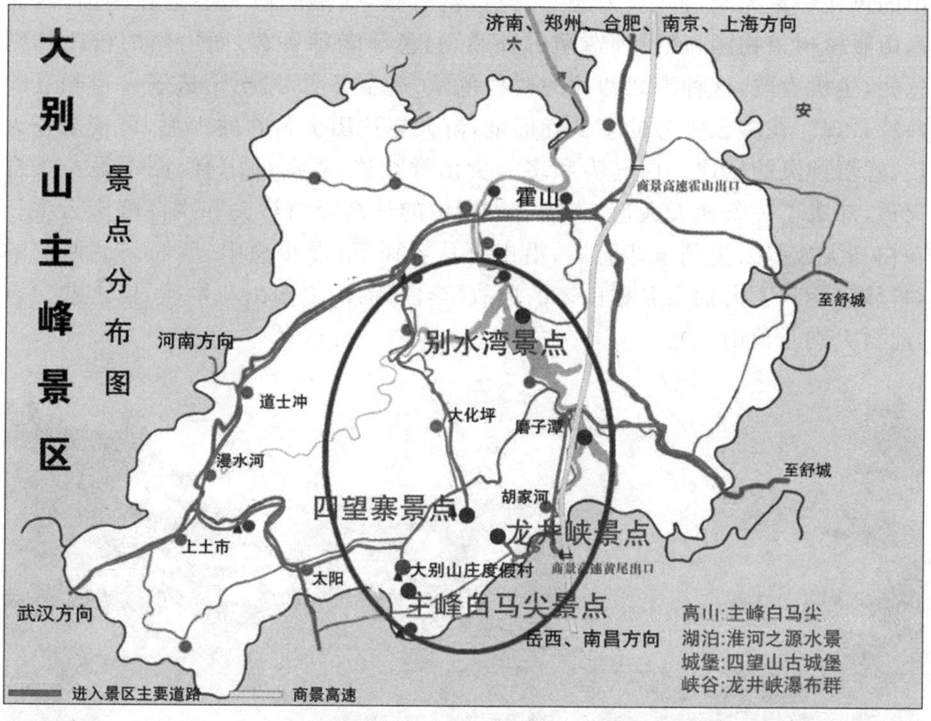

图 4-7 大别山主峰景区景点分布图

1. 白马尖

大别山区排名最高的三大高峰均在此处，三峰呈坐北朝南的三角品字形排列，主峰白马尖(海拔为 1777 米)和次主峰多云尖(海拔为 1763 米)紧紧相依，与正南面的第三高峰天河尖(海拔为 1755 米)遥相呼应。不仅如此，大别山主峰区域内的主要山峰的名字也很有特点，只要是列入前十位的所有高峰，古人均以“尖”命名，以表示还有增高的长势。白马尖是大别山主峰景区的核心景点，集高、雄、峻为一体，山上怪石林立，惟妙惟肖。常年云雾翻飞缥缈，波澜起伏，浩瀚似海。山势险峻、陡崖，幽谷遍布，清溪激湍，交响成韵。有诗曰："绝顶登临势入天，人间仙境览无边。山连吴楚千重浪，水接江涯九曲川。缭绕云烟迷古寨，葱茏林海锁雄关。崖前飞瀑银花溅，遍地杜鹃似火燃"。白马尖的山顶布满了奇松怪石，东北坡的千年都枝杜鹃园，生长着上千棵姿态各异的都枝杜鹃，春暖花开，漫山遍野洋溢着华贵之气，其赏心悦目程度，举世罕见。在大别山主峰白马尖这个制高点上，以这个高度的数字作内容和造型，以主峰顶上的原始石片作为建设用材，以简约主义的设计为手法，建成了大别山主峰景区独具个性的景区标志物。此标志碑可谓我国乃至世界数码时代数字艺术的杰作(如图 4-8 所示)。站在大别山的次主峰多云尖，大别山的风光一览无余，群山、云海、天空错落有致，西侧的白马尖近在眼前，西北坡是高山矮栎树植物园，该树种造型古朴苍劲，色泽老辣昏黄，而山南的松树林则郁绿葱茏，生机盎然，这种南北两侧的树种色泽、造型显明对比，形成了一道相互映衬的独特景观。在多云尖旁的多云寺旧址，游人在这历史名胜的山巅，可祈求苍天的护佑，感悟神灵的启迪。白马尖和多云尖山脊相连，裸露的山脊，原本是一条森林防火道，却成了一条通天大道，连接着大别山的最高峰白马尖和次高峰多云尖。游人在白马尖或多云尖稍事休息后，沿山脊从容而下，漫步途中，顾盼南北两侧的景色，自然体会到了大别山名称由来的典故(李白诗：山之南山花烂漫，山之北白雪皑皑，此山大别于他山也)。

图 4-8　大别山主峰白马尖——主峰标志碑

2. 龙井峡

原名龙井河，后改为龙井峡，峡谷中的所有名称均与龙相关，故以龙为主题命名了峡谷中的四个瀑布，分别是龙门跳(70 米)、龙井潭(50 米)(如图 4-9 所示)、龙王樽(40 米)和神龙手(30 米)。林荫山道中有一水景叫湘妃池。湘妃池看似水势丰满,隐而不发,内里激情有加,汹涌澎湃,旁边有一忠厚的金龟,忠实地守护着她,人们戏称金龟守浴。还有形似各种动物的石头,分布在五百米的峡谷底地段。沿谷底上行,游客就来到了龙井河下游的第一个瀑布龙井瀑,人尚未走近,奔腾的水雾扑面而来,约五十米高如柱的水流从天而降,直泄瀑底的龙井潭。

3. 别山湖

别山湖是大别山最高峰白马尖脚下最大的湖泊,也是大别山区海拔最高的水上旅游观光区。湖面长 30 千米,平均宽度为 2 千米,上游东西两河之间有一座崔嵬嵯峨、高耸入云的山峰——霸王寨,寨顶山岩峥嵘、怪石嶙峋、奇特多姿、下映湖面、翠影含黛。景点有梳妆台、霸王寨、黄金岩、仙女洞、莲花洞等神奇洞穴等,与宽窄不一的湖泊组合成诗画般的山水画卷(如图 4-9 所示)。

图 4-9　白马尖龙井潭和别山湖

4. 四望堡

四望堡位于冒顶山顶端,海拔 1396 米,为大别山高峰之一。嵌砌在南门山墙上的《霍山县正堂张瑜夯修堡事》和《四望堡各户目》两碑文中记载,清咸丰十一年(1861 年)奉知县修筑此寨。寨墙是用石块垒砌而成,已有部分坍塌。城墙在山脊上,相对高度约 6 米,宽为 1.5 米,围总长约 2000 米,山脊南北走向,墙外侧险陡,寨内稍平。寨墙每隔一段,筑有小石室,类碉堡。四望寨于 1999 年,被列为安徽省级重点文物保护单位。

5. 大别山庄度假村

大别山庄度假村建在大别山主峰白马尖的半山腰,位于海拔 950 米的地方,三面环山，坐东朝西，沐浴在晚霞中。大别山庄的建筑和环境就其与自然的融合、优美、个性和现代化四者结合而言，它遵循了“保护前提下的开发”的原则，即“景观保护、环境保护、文化保护”。整个建筑群依势借景造景，石、木、路、楼、廊与青山绿水交相融合，错落有致，虚实相间，藏露结合；实现了山、石、木、竹、水、玻璃和钢铁的完美结合，将我国的山地建筑推到了一个全新的高度。度假村的负氧离子含量极高，达每立方厘米两万多，相当于北京的二百倍，无任何污染，喝的是山泉，吃的是山珍野味，是绝佳的养生去处。

四、霍山佛子岭风景区

(一)景区概况

佛子岭风景区位于安徽省霍山县，是国家 AAAA 级旅游景区、国家水利风景名胜区、大别山(六安)国家地质公园分园区、安徽省首批风景名胜区、安徽省爱国主义教育基地、是安徽省最早的外事参观点。佛子岭风景区拥有新中国第一坝——佛子岭水库(如图 4－10 所示)，还有国家级工业旅游示范点迎驾工业园、全国环境优美乡村佛子岭镇、古战场六万寨、“中华一绝”睡美人、大林万亩竹海以及汉武帝敕封小南岳、卧大佛、度假村、跑马场、东淠河漂流等景点，总面积达 170 平方千米。景区内山清水秀、生态原始、人文荟萃、风光秀丽，兼有丰富的山水和人文旅游资源特色。

图 4－10　佛子岭风景区

“醉美佛子岭迎驾天下客”是佛子岭风景区的形象定位。

(1)醉美——“醉山、醉水、醉人”是对佛子岭美丽风景的概括与表达，而“醉美”则是对“三醉”更进一步的提炼。醉美代表的是一种意境，是对佛子岭如诗如画般山水的描绘，是对酒香扑鼻的一种诠释，也是对“中华一绝——睡美人山”的一种情感表达。游人到此可远离尘世的喧嚣，在世外桃源般清净的山水环境中感受这个时代已经消失的，只有在梦里才能看到的自然山水和人文景观，陶醉其中，乐而忘忧。

(2)迎驾——代表了景区的历史文化脉络。迎驾二字语意双关，既指佛子岭作为当年迎接汉武帝圣驾之地，拥有的皇家尊贵气质，也代表了以迎驾酒为重要载体的酒文化。

(3)天下客——古代的佛子岭是迎接帝王圣驾之地，现代的佛子岭是迎接各地游客之地。“天下客”彰显了佛子岭景区拥有着海纳百川的胸怀和气势，欢迎天下所有游客的到来。

(二)主要景点景观

1. 佛子岭水库

佛子岭水库大坝气势宏伟，名震遐迩，位于淮河支流东淠河上游，竣工于1954年9月，是我国第一座钢筋混凝土连拱坝水库。水库控制流域面积为1840平方千米，设计洪水位为129.44米。佛子岭人工湖碧波荡漾，风光秀丽，湖两岸绿树成荫，数十里绵延不绝，湖光山色，交相辉映(如图4-10所示)。其水库以大别山山水风光和自然生态为背景，以历史文化为底蕴，以集观光游览、休闲度假、体验旅游一体为特色，成为大别山旅游区的门户、皖西旅游的中心、长三角旅游的后花园。

2. 安徽迎驾工业园

安徽迎驾集团位于霍山县佛子岭风景区，是安徽省大型企业集团。集团核心企业安徽迎驾贡酒有限公司是全国白酒行业重点企业，迎驾贡酒是国家地理标志保护产品。迎驾集团的迎驾贡酒、野岭饮料和剐水在酿酒过程中所用的水源，全部是来自于大别山白马尖的天然生态剐水。近年来，集团坚持“以酒为主、多元并进”的发展思路，依托白酒主业发展相关配套产业和其他产业，目前产业涉及饮料、彩印、五金制品、塑料制品、玻璃、陶瓷、旅游、商贸、动物药业、文化传媒等领域。迎驾集团工业旅游景区由迎驾酒道馆、酒文化博物馆、迎驾酒洞藏基地、迎驾酒传统酿造展示厅等9个景点组合而成(如图4-11所示)。景区于2002年开始建设，近年来依托“全国工业旅游示范点”的带动作用，以迎驾酒文化为核心，依托当地独具特色的自然景观和历史文化景观为线索，向游客展示现代工业与传统酿造技艺的完美融合，先后被评为“中国生态环境最美酒厂”“中国最美酒乡”。

3. 大林万亩竹海

在佛子岭风景区佛子岭镇，有一片未被开发的处女之地，名叫大林，那里有成千

图 4-11　安徽迎驾集团工业旅游景区

万亩的竹海。霍山是江北毛竹第一县，中国竹子之乡，毛竹资源丰富。大林是霍山最大的毛竹生产基地之一，1955 年 9 月，毛主席为“大社的优越性”一文作按语“安徽佛子岭水库所在的一个乡，全是山地，就办成了一个大规模的农林牧综合经营的合作社”，大林由此闻名全国。大林竹海总面积为 9850 亩（如图 4-12 所示）。大林竹海不仅为大林人创造了物质财富，更为生态环境、水土保持、文明建设、风景旅游做出了巨大贡献。这万亩竹林可不仅仅是一处壮丽景观，还是水的天然过滤器。剐水就来自于这份大自然的神奇。源于白马尖的山涧泉水飞流直下，流经大别山 50 余万亩生态竹海，水体经竹根和花岗岩石的层层过滤，使其水体饱满、纯净、水质清澈、清冽甘甜。而迎驾贡酒在酿酒过程中所用的水源，全部是来自于这大别山白马尖的天然生态剐水。坐落于万亩竹林的迎驾酒厂得天独厚，运用自然给予的恩赐，采用来自于大别山主峰白马尖的天然生态剐水酿制，为美酒的制作打下了基石。靠山吃山，靠水吃水，丰富的毛竹资源也成就了霍山的毛竹产业，规模较大的竹加工龙头企业有龙华集团、保得利竹业、丰田竹业、盛隆竹业、富邦竹业等。

图 4-12　佛子岭大林万亩竹海

4.“中华一绝”睡美人

位于霍山县城西 10 千米处，由淠河北岸狮子山等九座山峰自然形成。迎日落余晖，凝眸西眺，美人头枕西南山，脚抵东北脉，轻裹大地雾霭和衣酣睡，形象逼真，出神入化。仰天长卧，似甜睡、似沉思，飘洒的秀发，大大的眼睛，长长的脖颈，曲线凸起的乳峰和细细的腰肢，给游人以无限遐想和神往(如图 4 - 13 所示)。

睡美人的芳容，历久弥艳；睡美人的故事，更让人心生怜爱。相传公元前 122 年，汉武帝南巡霍山，就是她接驾献酒，汉武帝驾回，迎驾贡酒因此垂名天下，而这位绝色美女，却因龙颜一顾起相思，日夜相思不见君，愁思绵延，身化山脉。从此憩卧于淠河之畔，流芳千古，真是青山有幸化美女，武帝无意造绝景。

图 4 - 13　霍山“中华一绝”睡美人

另外，佛子岭风景区内还有霍山黄芽茶、霍山石斛、漫水河百合、大别山木耳、霍山兰花茶、霍山灵芝、霍山玉石等名特产。

五、金寨县革命烈士陵园

(一)陵园概况

金寨是红军的故乡，将军的摇篮，有着丰富的革命历史景观和人文景观。金寨县革命烈士陵园坐落在安徽省金寨县县城，是融博物馆、纪念堂、红军墓为一体的大型陵园(如图 4 - 14 所示)，是展示金寨光荣革命历史和红色文化、“褒扬烈士、教育后人”的场所，是全国重点烈士建筑物保护单位、全国爱国主义示范基地、全国红色旅游经典景区、国家 AAAA 级旅游景区。景区丰富的“红色”革命文化和“绿色”山水景观紧密相连，人文景观和自然景观有机结合，形成了自己独特的旅游文化。景区实行免费开放，年均接待游客 50 万人次，每年全国各地的参观者前来凭吊革命先烈，接受革命传统教育。

(二)主要景点景观

金寨县革命烈士陵园依山傍水，坐西向东，面积达 25 万平方米。陵园包括革命烈士纪念塔、革命博物馆、红军纪念堂、洪学智将军纪念碑、红军烈士墓园及红军广场、红军村七个部分，现已形成以烈士纪念塔为中心，融塔、馆、堂、碑、墓、村为一

图 4-14　金寨县革命烈士陵园

体、具有山区特色的大型革命烈士陵园。

(1)金寨县革命烈士纪念塔位于陵园中央,1965 年 10 月建成,塔高 24 米,气势宏伟、庄严肃穆。塔身正面镌刻着刘伯承元帅亲笔题写的“燎原星火”四个镀金大字,塔基正面镶有汉白玉浮雕,后下方为革命烈士塔碑文。烈士塔四周苍松翠柏、绿树成荫,烈士塔广场面积为 2500 平方米,广场前为百米台阶,每逢重要节日和纪念活动,各界人士列队塔前,敬献花篮、抚慰英烈。

(2)金寨县革命博物馆于 1983 年建成开放,主楼正面镶嵌邓小平同志的亲笔题名“金寨县博物馆”八个大字。馆内陈列分为序厅、革命史厅、将军厅、名人厅、烈士厅、洪学智将军纪念馆、今日金寨厅等七个展厅,馆藏文物 1192 件。发挥文物收藏、科学研究和宣传教育职能(如图 4-15 所示)。

(3)金寨县红军纪念堂,建筑面积为 444 平方米,2009 年 5 月重建并对外开放。纪念堂呈八角形,酷似红军八角帽,寓意红军精神永放光芒。大门上方“金寨县红军纪念堂”由洪学智上将题写,堂内两侧长廊陈列有领导人题词的碑石,吊唁大厅陈列着老红军照片、英名册、红军雕塑及在金寨组建和战斗过的十一支红军队伍序列表,是祭奠老红军的殿堂。在红军纪念堂背后的山坡上,建有百余座将军和红军陵墓,安葬着已故将军和老红军的遗体和骨灰。

(4)洪学智将军纪念碑,面积为 840 平方米,于 2008 年 10 月竣工,包括纪念碑、勋章站柱、纪念广场和长城墙。纪念碑庄重典雅,展示了这位两次被授予上将军衔的共和国领导人的光辉人生。

(5)红军烈士墓园,建筑面积达 3 万平方米,已安葬红军和革命烈士 165 位,其中将军 33 位。南征北战的老红军,他们逝世后,魂归故里、入土为安。

图 4－15　金寨县革命博物馆

(6)红军广场，2008 年 6 月竣工，建设面积达 1.9 万平方米，包括广场、上山台阶、步道、牌楼、绿化、照明、挡土墙和浮雕工程等，它是褒扬革命先烈和居民休闲的重要场所。1994 年江泽民同志题词“金寨县烈士纪念馆”。

(7)红军村是老红军集中休养的地方，先后有 44 位老红军在这里居住，安享晚年，它是金寨全国红军第一县的缩影。

六、裕安区独山革命旧址群

裕安区独山革命旧址群景区位于六安市裕安区独山镇，主要由苏维埃旧址及独山老街的历史再现区、六霍起义纪念馆及苏维埃城步行街为主的现代展示区、六霍起义纪念塔为主体的纪念瞻仰区组成，是国家 AAAA 级风景区。

苏维埃旧址群由 9 处全国重点文物保护单位组成，即苏维埃俱乐部、暴动指挥部、赤卫军指挥部、中共六安县委和少共六安县委、政治保卫局、苏维埃政府、革命法庭、经济合作社、列宁小学旧址，是全国罕见、安徽唯一完整保存着苏维埃时期集党、政、军、文化、教育、司法、经济于一体的县级机构旧址，是研究中共党史、开展爱国主义教育的重要基地(如图 4－16 所示)。

六霍起义纪念馆位于苏维埃城东大门北侧，为徽式四合院内走廊仿古建筑，总面积为 1100 平方米，布展面积为 850 平方米，分为暗夜曙光、六霍风雷、星火闪耀三个展厅。

六霍起义纪念塔于 2000 年在独山拦山头兴建，由邓小平同志亲笔题字。纪念塔主体造型是敌人闻风丧胆的利剑，双剑合璧又代表着六安、霍山两县农民武装力量。塔体汉白玉宝剑部分高 19.29 米，象征着独山暴动发生于 1929 年，纪念塔总高度为 21 米，寓意光荣的老区人民胜利迈入 21 世纪。

图 4-16　裕安区独山革命旧址群

七、霍邱临淮岗风景区

临淮岗风景区位于安徽省霍邱县临淮岗乡，是依托临淮岗洪水控制工程兴建的旅游景区。临淮岗工程是国家投入 22.67 亿元建成的淮河上最大的水利枢纽工程。主坝、南副坝、北副坝三坝总长 76.51 千米，有“世界第一坝、淮河第一闸”之称。2009 年 8 月被批准为国家级水利风景区；2011 年 8 月被批准为国家 AAAA 级旅游景区。该景区主要有临淮岗洪水控制主体工程、治淮丰碑广场、工程展示厅、农民公园、柳编大市场、田园度假村、何家圩湿地、淮河故道、淮河风情园、船舶工业园、渔人码头等景点构成，内涵丰富，景色宜人，是境内外游客观光、游览、休闲、购物、养生、娱乐的理想之地（如图 4-17 所示）。

图 4-17　霍邱临淮岗风景区

八、金安区东石笋风景区

东石笋风景区位于安徽省六安市金安区、舒城县和霍山县交界处的毛坦厂镇境内，是批准建设的国家AAAA级风景区，大别山（六安）国家地质公园东石笋园区，与万佛湖、大华山、南岳山、天堂寨一线串珠，处于皖西旅游黄金线上。东石笋景区主要由东石笋、明清老街、涂公祠（张家店战役纪念馆、大别山民俗风情馆）、毛坦厂中学校史室等景区（点）组成。

东石笋景区山水秀丽，植被丰富，盛产天然水晶石，以奇峰怪石、流泉飞瀑、亭廊水榭、古栈道等为主要特点。景区内有一参天巨石，状如石笋，直刺蓝天，高38.6米，鬼斧神工，惊奇万状，因故得名“东石笋”（如图4－18所示）。石笋脚下有溪流环绕，流水穿插于乱石之中，形成瀑布、深潭。行者有云“石乱水深急，马轻天地空。平原树尽处，云拥一孤峰。”

主要景点东石笋园内险峰、怪石及亭廊、水榭、寺庙和徽派建筑汇于一体，在时空上形成绝妙组合。主要有东石笋、西石笋、神狮岩、猴头山、神乳峰、千层岩、钓鱼台、西风石、猿人头石以及阳泉三潭、九龙谷百龙潭等景点。

图4－18　金安区东石笋风景区

九、皖西大裂谷、大别山风情谷、大别山石窟风景区

六安皖西大裂谷、大别山风情谷和大别山石窟风景区是大别山（六安）国家地质公园主园区之一、国家AAAA级风景区。三处风景均位于安徽省六安市金安区张店镇境内，山水相连，相互接壤，相距千米，因此在一起做介绍。

(一)皖西大裂谷

皖西大裂谷是巍巍山脉恰似仙人之力从中横劈两半,两厢峭壁撑天对峙相望形成狭长“V”字形裂谷,中间是一条长约2千米的蜿蜒石阶,峭壁下有天然的石崖回廊,隔涧相对。裂谷内壁嶙峋怪石千姿百态;裂谷脚下泉水欢快流淌,时而一片秀竹如海,时而一排幽深岵洞。裂谷景色既有中国峡谷地貌的叠翠流芳之美,又有浑如天籁的自然幽静之趣(如图4-19所示)。

皖西大裂谷原名避王岩,源于明末清初农民起义军首领张献忠在六安地区流动作战的史实和民间传说。相传号称八大王的张献忠,为躲避清军围堵,发现了这一易守难攻的天然屏障,于是率领余部,藏兵于此。如今景区内仍遗存有三道关隘闸口、点将台、屯粮洞等历史遗迹。刘邓大军挺进大别山时,最重要的一次战役——张家店战役,就发生在此地。现仍保存有许多革命遗迹,可供游客参观凭吊,是大别山红色旅游不可或缺的亮点之一。

图4-19 皖西大裂谷

皖西大裂谷是国内罕见的山裂奇观。“三道闸关”地势险峻,横亘在此的天然关隘致使至今几无一人能不依靠攀缓工具逾越此屏障,其险关大有一夫当关,万夫莫开之势。一线天、点将台、石窟王宫(避王岩)、清水潭、蘑菇石、回音壁、藏宝阁、窥天崖、云梯、雄起岩等景点,无不让人称奇叫绝。这里到处可见怪石嶙峋、泉水淙淙、奇花异草、秀竹红枫、飞禽走兽,是集观光、探险、避暑、健身、度假于一体的旅游目的地。

(二)大别山风情谷

大别山风情谷景区内散落着山涧裂谷、崖洞奇石、泥棺洞屋,被誉为安徽的“九寨沟”。神秘裂谷体现了大自然的鬼斧神工，陡峭绝壁被从中一分为二，悠长的峡谷从绝壁之下蜿蜒而过，这是地貌的神奇之处，也是自然的馈赠。悬崖神韭菜、石窟古民居遗址、独特的地质奇观、神秘悬崖泥棺、古城墙遗址、悬崖千年木桩，被称为风情谷六大奇迹。青翠的山林中，瀑布、河流、沙滩连缀成一串串宛若从天而降的珍珠，莲香廊、神秘裂谷、石窟名居、幽魂迷谷、金丝楠木林、太平寨岩居遗址、云台峰、奇石天门井、花戏楼等自然景观和历史遗迹给人们留下无限的遐思（如图 4－20 所示）。

图 4－20 大别山风情谷

四季更替，风情谷向游人展示着不同的风格。春来芳草萋萋，花香鸟语；夏至生机勃勃，葱翠欲滴；秋日桂花飘香，红叶尽染；冬季寒梅傲立，冰雪晶莹。每天，伴随着朝阳的升起，蓝天微露，白云缥缈，苍翠的森林到处弥漫着清新的空气，百鸟欢唱，悦耳怡情。无论是阳光普照还是细雨绵绵，各有各的特色，各有各的情调。阳光下，穿越丛林，或尽情奔跑或悠闲漫步，忘却城市的喧嚣，忘却生活的烦恼，眼前的一切都是美好；细雨中，或撑一把小伞，或任由雨滴洒落，那水面上淡淡的涟漪，那树叶上滑落的水珠，所有的尘埃都被洗净，所有的焦灼都被沉淀；夕阳西下，落日的余晖温柔地笼罩着山林；入夜，银白月光轻抚着沉静的大自然，也轻抚着你疲惫的心灵。每一位游人，在这里接受自然的拥抱，感悟万物的恩赐，重温心灵的洗涤。

游玩风情谷，更为重要的是体验当地历史民俗，感受风土人情。坐落在皖西地区的大别山风情谷，拥有集特色和多样化为一身的民俗风格。风情谷原名太平寨，历史上太平天国洪秀全家族的一个分支曾在此安营扎寨。岁月变迁，当初洪氏家族的岩居遗址却仍然保存尚好，向人们诉说着当初那段历史。洪山别院，是清朝皖籍名将刘铭传烧香拜佛时的避暑赏荷遗址。游客驻足于此，可欣赏皖西艺人带来传统民间皖西地方戏曲庐剧、四弦书的表演，又可欣赏皖西民俗风情表演、皖西民俗婚嫁表演，体验当地婚嫁仪式的乐趣。

(三)大别山石窟风景区

大别山石窟风景区与皖西大裂谷接壤，西到洪山水库，北至村部公路，南至相思寨、太平寨，包括山体、山坳、谷地、森林、河流等区域，总面积约15平方千米。大别山石窟是一个完整的地质自然单元，也是地质自然博物馆（如图4－20所示）。景区内有千姿百态的怪石和巧夺天工的石窟群，有著名的皖西第一大岩洞——敞岩（如图4－21所示），它是由亿万年前的岩石和矿物质在水流侵蚀、风化剥蚀、重力剥塌的塑造下形成。石窟景区内山清水秀，风光迷人，沟谷幽深，藤蔓攀缓，怪石众多，物种丰富，不仅有千亩林海，还有碧波荡漾的洪山水库。其西部有九龙庵遗址，幽谷之中有香气凝人的百花园。景区山峦秀丽，树茂林峰，森林覆盖率达97%以上，空气清新，沁人心脾，是天然的氧吧。石窟内更是烟波浩渺，帆影迷离，山色湖光，交相辉映。这里拥有着竞秀的山川，汇集着日月的精华，停驻着亿万年的光阴。

大别山石窟风景属北亚热带湿润季风气候区，其特点是四季分明、气候温和、日照充足，年平均气温为15℃，年均降水量为1280毫米，无霜期有218天。这里是观光、猎奇、探险、避暑、度假的理想旅游目的地。

图4－21　大别山石窟景区

十、燕子河大峡谷

燕子河大峡谷是国家AAAA级旅游景区、大别山（六安）国家地质公园主园区之一，位于安徽省六安市金寨县燕子河镇境内，与天堂寨风景区毗邻。峡谷奇峡绵延，以险崖、奇石、幽谷、秀水而著称。峡谷长度约4800米，河谷最高峰海拔为568米，最低处海拔约350米，河谷最深处约218米。

燕子河大峡谷是冰川运动遗留下来的，以“四奇”“五趣”著称：“奇坑、奇柳、奇瀑、奇洞”“趣石、趣潭、趣滩、趣谷、趣峡”，真乃“奇趣相生第一谷”。有被称为大别山第一奇坑的“天坑”，坑深达五十余米，坑口直径达二十余丈，坑壁奇险无比、陡不可攀，堪称鬼斧神工；有“疑是银河落九天”，飞流直下的天地奇瀑“九天仙瀑”，垂直落差达180余米，直挂云天；有“天生一个仙人洞，无限风光在险峰”，恍如人间仙境的绝壁奇洞“仙人洞”；更有“中华第一千年奇柳”之称的“听愿柳”。除了“四奇”之外，还有形形色色、万态千姿的石块；有碧波荡漾、清澈透底的潭水；有看似无路，实则有路的八卦滩；有演绎凄婉动人故事的望情谷；更有百转千回的峡道。青山秀水，蓝天白云，春夏秋冬，各显风韵，是令人神往的绿色旅游佳境（如图4－22所示）。

景区内奇石怪潭、险峰绝壁、陡崖飞瀑、云雾缥缈、原始原貌；茂林修竹、清静幽雅、风光旖旎。春夏鸟语花香，万紫千红尽收眼底；青山绿水，五光十色满人间；秋冬花黄树赤，层林尽染一片红；银装素裹，冰洁如镜漫山白。四季景色各异，实为罕见，堪称人间仙境。

燕子河大峡谷一直人迹罕至，生态系统保存完整，属亚热带落叶、阔叶混交林，物种资源丰富多样，是一个天然的资源宝库。其中就有狗骨冬青、天目杜鹃等一大批珍稀物种；得天独厚的气候土壤条件，孕育了桑、栗、茶、竹、灵芝、菌、麻等多种珍稀特产，山核桃、猕猴桃、板栗、白蒜、黄姜、麻黄鸡、银鱼等山珍野味，味道鲜美纯正，真正绿色无污染。大峡谷空气清新，夏天天气凉爽，是一个避暑的好去处，也是大家回归大自然的绝佳地方。

图4－22　燕子河大峡谷

十一、九公寨风景区

九公寨位于大别山北麓六安裕安区石板冲乡，国家AAAA级风景区，九公耸秀”是六安古八景之一，誉为“莲花佛国妙高台，皖西灵山九公寨”。

九公寨的得名来自于民间传说。相传距今1500多年的南朝“梁”(公元502至557年)皇帝梁武帝萧衍在此修行建庙，建材全由山下九人(即九公)供给，他们的劳作非常辛苦，山野之人，史籍没有记下他们的名字。庙宇建成的那一天，九人快行至山顶时，忽然风雨大作，霹雳震天，九人立即升天，凡体化作石人。后人为纪念九公，将建成的庙宇命名的“九公禅院”(后改称为“高峰寺”)。“九石如人”，九公寨便由此得名。

九公寨四周环山，孤峰峭立如高耸盛开莲花，山下东西淠河交汇，叠浪翻花蔚为壮观。有山峰、绝壁、石崖、山谷山景和瀑布、山湖、沟渠、深潭水景，鸟鸣山涧，林木交秀，历来为六安著名道场。九公寨集自然景观与人文景观于一体，汇山体秀色与山域风情于一身，熔雄险奇幽与精巧玲珑于一炉。九公大小两峰、西施杠、八道岭等大小九道山脉构成“九山如龙”之势。主峰海拔虽仅高349米，但由于山体的岩性构成特殊，使得它孤峰峭立、陡崖突兀、山谷深邃、洞穴幽森，此山又是佛教名山，九公圣境自古为众多信徒所景仰，香火不断。主要景点有：倩影桥、弥勒广场、撑腰石、观音广场、棋盘石、南天门、高峰寺、雷鸣洞、迎门寺及瀑布、霹雳石及瀑布、九公雕塑广场等(如图4-23所示)。

图4-23　九公寨风景区

十二、裕安区龙井沟风景区

龙井沟风景区位于大别山北麓六安裕安区独山镇境内，与金寨县交界，是国家AAAA级风景区。景区规划建设面积为26平方千米，主要景点有龙井峡谷、万亩竹海景区、黄巢尖、通天河、军营旧址、虎头潭漂流、高空飞索、国防洞等(如图4-24所示)。

龙井沟像一条苍龙，尾东首西深卧在丛山茂林之中。相传明太祖朱元璋曾云游至此，记载了农中起义军领袖黄巢在此屯兵休练的许多传奇故事，“一沟潜二龙”

由此得名，“黄巢点将”“柳冲除霸”“将军试剑”等历史文化遗址清晰再现。在这里，不同的海拔高度显现出砂岩、花岗岩、片岩等不同的岩石结构。景区内瀑布迭宕绵延，两岸峭壁林立，河床弯曲有致，怪石千姿百态，翠竹遮天蔽日，树木凿石而生，面积达 5 万亩的竹海淹没了景区。这里有草木本植物 1000 多种，有金丝楠本、杜鹃、兰草、六安瓜片等稀有植物。龙井沟雄奇的山峰、幽奥的峡谷、丰富的植被，峰、崖、峡、洞、滩等地貌景观与溪、涧、潭、瀑等水体景观融为一体、相映成趣，具有很高的旅游观光价值(如图 4－25 所示)。

图 4－24　龙井沟风景区

龙井沟景区资源数量多、品位高，各种类型组合好。景区在开发建设中始终坚持在保护中开发的思路，裕安区针对该景区开发还专门出台了《景区资源保护管理暂行办法》。在项目建设中特别注重对当地生态环境和水资源的保护，选用石头、毛竹、木材等接近自然的建设材料，立足打造合肥经济圈乃至全省重要的生态休闲基地。

图 4－25　龙井沟龙井飞瀑

十三、霍山铜锣寨风景区

铜锣寨是国家AAAA级风景区，大别山（六安）国家地质公园主园区之一，位于安徽省六安市霍山县上土市镇，是皖西南、鄂东北、豫东南的中心之地；东临大别山第一高峰白马尖，西望国家森林公园天堂寨，南接湖北旅游胜地桃花冲，北依新中国第一座大坝佛子岭水库和汉武帝敕封过的小南岳，总面积达92平方千米，主峰海拔为1096米，省道318线和209线交贯其境。

铜锣寨是因公元前122年汉武帝巡视衡山国（今霍山县）梦见一轮明月化作铜锣落于此山而得名。“原山原水原生态，野滋野味野风情”是铜锣寨送给游人们步入深山回归自然的真实感觉，是生态旅游的理想圣地。铜锣寨山体如锣，亘古以来历次大的地质变化，山体震动剥离后，巨石凌空、欲坠欲飞、险象百生，是地质探险游的猎奇之所。

铜锣寨为孤峰耸起、峭拔秀丽。古时，只有一条羊肠小道通往山顶，其余皆碧峰伟岸，徒不可攀，松在石上生，石在云中飞，一步一景，移步换景，风光无限，美不胜手。铜锣寨山顶有四个小峰连成山脊，形同鲫鱼背。山上奇松广布，以“古、直、异”著称，直如毛竹，曲若溪流，有石托松、钉石松、连理松、六君子松等；山下怪石林立，千姿百态，像石门，像苍龙，像神龟，像大象，惟妙惟肖，神奇异常。铜锣大峡谷全长7千米，九曲十八弯，断崖如削，幽潭深邃，飞瀑高悬；谷内古木参天、藤蔓相绕、兽吼鸟鸣。还有古栈道、古战场、古寺庙、古坟墓和古民居遗址，使峡谷更显幽秘奇幻（如图4－26所示）。

图4－26　霍山铜锣寨风景区景点分布图

晴天，红日东升，游人站在寨顶往西看，只见硕大的身影和七彩光环交织在一起，投射到对面的山峦上，形成“铜锣佛光”，堪称人间奇观。春天，杜鹃花漫山遍野，拥挤成簇；夏天，绿树成荫，清凉宜人；秋天，红枫摇曳，野果飘香；冬天，银装素裹，冰雕玉砌。绘就一幅特有的“四季”盛景，把铜锣寨装扮得五彩缤纷，灿若图绣。

紧依铜锣寨山下的马槽河峡谷，全长为 7 千米，水流湍急，幽瀑广布，瀑布众多，是 200 多种脊椎动物的乐园，更是 1600 多种植物的王国。两岸 60 余座奇峰耸峙，山崖陡若斧削，更有古栈道、古寺庙、古石刻、古民居等众多遗存。在铜锣寨山下的陡沙河温泉，水温 32℃至 60℃，日出水量达 500 吨，且含有多种对人身体有益的矿物质，为“上山流汗，下山温浴”提供了天然的条件。

铜锣寨位于大别山腹地，属于北亚热带湿润季风气候区，其特点是四季分明、气候温和、雨量充沛，光、热、水资源丰富。铜锣斋山野人家的将军菜、黄芽菜、小河鱼、红灯笼辣椒是地道的农家产品，百合粉、香菇木耳、小吊米酒、烟熏红豆腐，是祖传家制的特色食品，风味与众不同，游人品后回味无穷，同时又是赏亲馈友的理想佳品。

铜锣寨主要著名景点有南天门、大峡谷、金龟沐阳、铜锣湖、铜锣寨迷宫、观音坐莲等。

(1)南天门。其位于铜锣寨风景区赏石峰南边游道上。南天门非人工建造，完全由巨石自然叠成，鬼斧神工，门面毕现，净空高 3.2 米，宽 1.4 米(如图 4－27 所示)。更奇的是，由上往下看，它显示出一个简化的“门”字，而且它那“一点”旁的石缝里，居然生长着一红一紫两棵杜鹃，每逢春天，红紫杜鹃花怒放，装饰门面，更显得多姿多彩。南天门还有一个奇异之处，就是每隔一两年、三五年，便在夜间发出一种黄红色光芒，出现时间较短，但照耀在山川大地之间，依然夺人眼目。据专家分析认为：南天门的光芒可能是地下金属矿藏发出的，正确结论，还有待进一步研究。

(2)大峡谷。铜锣大峡谷位于后寨，全长为 7 千米，九曲十八弯，危崖高耸，幽潭涟涟，古迹星罗，瀑布高悬。它是 1600 多种植物的王国，更是 200 余种动物的乐园。

(3)金龟沐阳。其位于霍山县铜锣寨风景区赏石峰下东侧石阶旁。此处有一石岩平台，上有一块天然椭圆形的褐色巨石，像只乌龟。巨石向东部位又恰巧有 3 个伸长部分，酷似乌龟的头和两爪，巨石表面生有许多纹路，形同龟甲，整个石景远望就像一只巨龟躺在石平台上悠闲地晒太阳。故此石景名“金龟沐阳”。金龟沐阳巧夺天工，展示了大自然的无穷造化。

(4)铜锣湖。常言道：仁者乐山，智者乐水，大凡壮美的风景区，都是山水相映。

图 4－27　铜锣寨南天门

山无水无韵，水无山无趣，靓丽幽美的铜锣湖，被游客亲切誉为“山寨西子”（如图 4－28 所示）。

（5）铜锣寨迷宫。铜锣寨迷宫位于铜锣寨东南坡，距离前寨门约 1 千米，已探明面积约 1 公顷。迷宫外围，层叠着大量灰白色巨石，与天然林中的绿树红花相互映衬，美不胜收。据了解，铜锣寨曾经历过数次大地震袭击，山体悬崖剥落，巨石在坡底重叠堆垒，形成近百个洞穴。巨石犬牙差互、缝隙交错、洞穴相连，进入洞中，迷象环生，似捉迷藏，故称“迷宫”。这些石洞，有的大如厅堂，可容纳数十人，有的小若摇篮，仅能供一人蜷卧；少量石洞形状周整，巧如人工建筑，大多数则垒叠无章，各成奇观；洞内石头，有的像狗，有的像牛，有的像蛙……形态各异，妙趣横生。由于巨石交错层叠，所以迷宫石洞光线较为充足，土壤稀少，不显潮湿，适于人类活动。传说明末张献忠入寇时，当地居民就以铜锣为号，相约于寨顶或迷宫避祸；清咸丰年间，有居民为避兵乱，曾久居迷宫。景区开发时，就在洞中发现了锄头、镰刀等少量农具。

（6）观音坐莲。位于景区赏石峰下。此处有一朵石莲盘紧挨一个厚石屏，石屏上巧有一圆洞，高约 1 米，可容坐 1 人，因而人们叫它“观音坐莲”。“半朵莲花三尺庙，一弯宝座八面风”是对它的最好形容。

图 4-28　铜锣湖

十四、霍山南岳山风景区

素有“皖西名山”之称的南岳山位于安徽省霍山县城以南 2.5 千米处的大别山北麓，是国家 AAAA 级风景区。南岳山原名天柱山，亦名霍山，又名衡山，近代又称之为小南岳。相传山名为汉武帝登礼时所封，公元前 106 年冬，汉武帝登临了南岳，今庙宇西门尚有“汉帝勒封”四个大字。“小南岳”三个字是 1936 年由民国大书法家于右任先生亲笔题写所致，从此方有“小南岳”的叫法。1987 年南岳山经安徽省政府批准，正式定名为“小南岳风景区”以后，小南岳的名字便叫开了。

南岳山四面众山拱卫，一峰突起，如柱擎天，故又名天柱山。晚唐诗人皮日休漫游皖西时，曾写下著名的《南狱赋》，称“北与地角，势与天就”，“有水如脉，有石如骨，空洞如腹，有峪如节”，对山水洞石做了细致的描绘。山顶原岳祠、万卷堂等古建筑，曾有古诗描述：“南岳峰顶水接天，芙蓉倒插浸塞莲，不知汉武赐封后，能润山前几亩田”。山南峭壁处，有大小两个风洞，扶石蹑足而上，可至洞口，大洞可容数千人坐卧其间，小洞外狭内宽，中如曲房复室，借光深入，可达数重。洞的西北上方，有旗杆夹、白虎岩、试心岩等怪石林立。其中试心岩伸出约 3 米，下临深渊，十分险峻(如图 4-29 所示)。有诗曰：“风洞浮岚万壑低，诚心岩上色犹迷，苍松绿翠埋唐褐，野草荒丘失汉泥”。山北峡谷中有一石洞，有降如富，旧称“石窗洞”，传说汉末左元放隐居于此。洞旁有深潭，名日龙湫。古诗云：“封禅犹存临岳题，前山排急浪，一径慑力梯。龙去池方静，风高古洞迷，忽疑左元放，尚在此中楼”，生动地描绘了南岳山的自然景色与人文景观。登上峰顶，只见东、南、西三面群山连绵，无边无际；向北眺望，清水如绿、曲折东流，霍山古城、新城尽收眼底。身临其境，耳听山泉叮咚，眼望西边景色，令人心旷神怡（如图 4－29 所示）。

小南岳风景区可谓融雄、险、秀、奇、巧、玄于一炉，集山、湖、园、庄、寺、洞、池、松、竹于一体，加之大自然造化巨匠的鬼斧神工，使其灵秀绮丽，神采特异，佳景天成。整个风景区内，峰峦起伏，青山如黛，幽谷叠翠，古刹清幽，陡壁跌落，茂林修竹，果香四溢，鸟语花香，悬崖泻玉，潭幽湖碧，风清雾润，向人们充分展示了她的秀美丰姿，引无数游客为之倾倒。

图 4－29　霍山南岳山试心岩

游览观赏了景区的全部景点以后，登临南岳山巅则有超凡脱俗，如入仙境之感（如图 4－30 所示）。远眺四周，南面山峦叠翠、群峰茫茫，如浩瀚烟云，朱家寨、狮子山、桃花寨等近在眼前；北面极目楚天，古城、新城尽收眼底，一弯得水犹如白练向远方飘去，田畴似画，塘库如镜；东面指封山独立一面，复览山蹲踞如兽；西面竹海涛涛、松岭榜悬，极富诗意；传为十八罗汉拜南岳的十八罗汉山一字排开于东北西北两侧，列峙拱卫，别具特色。

南岳山及其景区属北亚热带温暖季风气候区，地处中纬度，是亚热带向暖温带过渡的黄金地带。气候温暖湿润，雨水充沛，四季分明。南北森林交替繁生，自然形成南北兼有的常绿针阔叶混交林和常绿落叶阔叶混交林的森林植物群落。其地质岩性主要为花岗岩及片麻岩。

南岳山的动植物及花卉药材资源极为丰富。动物有穿山甲、麝獐、黄羊、小灵猫、獾、野兔、松鼠、青蛇、白鹭、野鸡、画眉、山雀等数十种；植物共有 68 科 600 余种，有国家一级保护树种水杉，国家二级保护树种连香树、银鹊树、香果树、鹅掌楸、银杏、小勾儿茶等，“珍、稀、危”树种的天女花、紫楠、青梣、红茴香等也有少量分布，其他较为普遍的是青檀、黄檀、松树、竹子、栗树、榆树、四季青、油茶等数十种，森林覆盖率达 95%；果树有樱桃、山桃、野葡萄、核桃、猕猴桃、山楂、栗子、杏子、梅子等十几种；花卉有兰花、杜鹃、紫薇、紫荆、梅花、桂花等数十种；药材有断血流、石蚕、夏枯草、蛇床子、金银花、铁观音、海金沙、石韦、天南星、柴胡、丹参、黄精、玉竹、细辛等百余种。

图 4-30 霍山南岳山风景

十五、梅山水库风景区

梅山水库风景区位于有将军县之称的安徽省金寨县县城南端，20 世纪 50 年代建成的时称世界第一高的钢筋混凝土连拱坝巍然屹立于景区内，2004 年 6 月，被水利部评为国家级水利风景区，是国家 AAAA 级风景区。景区丰富的“绿色”旅游资源同县域“红色”旅游资源紧密相连，形成了自己独特的旅游文化。

梅山水库碧波荡漾，群峰侧映，植被茂盛，风光旖旎，被誉为“高峡平湖”。湖区内有天鹅岛、万鸡山、九王寨、梳妆台、风动石等 70 多处形态各异的大小岛屿、山峰。2002 年初开发建成神龙岛、民俗风情岛、孔雀岛、好运岛等景点。如今的梅山水库风景区，自然景观巧夺天工，人文景观品位高雅。

梅山水库风景区湖光山色，层峦叠嶂，林壑优美，名胜繁多，醇厚的民风、秀丽的景色和美好的传说，吸引着无数中外游客。景区所在地金寨县城与青山辉映，与碧水相连，史河像一条玉带穿城而过，河水清澈见底，更增添了山城的秀美；水库大坝犹如一道凌空飞跨于峡谷之上的彩虹，显得宏伟壮观，气势磅礴。由远及近，随景移步，可登上坝顶，俯瞰全城，叹鬼斧神工；更可泛舟湖上，赏青山碧水，畅游画中。库内水光潋滟，鳞浪层层，两岸青山叠翠，如诗如画(如图 4－31 所示)。沿岸景点和名胜众多，青蛙石、梳妆台、水上兵马俑等景点形象逼真，妙趣天成，栩栩如生；万寿桥、古城畈、响山古寺、古战场、金刚台、双河大庙、周祖培墓等历史遗迹古色古香，遍布于景区周围。游人至此，既能领略自然风光，又可感受历史的积淀，收益颇丰。

景区还是一座物种丰富的天然动植物园，生长着豪猪、野山羊、长尾雉、獾、娃娃鱼等珍稀动物，以及野生天麻、何首乌、猕猴桃和大别山杜鹃、兰花等名贵植物或药材等。

景区周围附近还保存有许多永载史册的革命旧址，如闻名于世的立夏节起义旧址、红三十二师成立旧址、中央鄂豫皖省委会议旧址等。风景区附近有华东最后一片原始森林、国家级森林公园天堂寨和自然保护区马鬃岭，有天然植物园白马寨和傲视群峰的悬剑山等。

图 4－31　梅山水库风景

十六、舒城万佛山风景区

万佛山风景区位于安徽省舒城县境内，国家 AAAA 级风景区，距舒城万佛湖景区 60 千米，总面积为 50 平方千米，森林覆盖率达 95％。万佛山以林、松、石、瀑奇异多姿为其自然景观，主峰老佛顶海拔为 1539 米，为舒(城)、桐(城)、潜(山)众山之祖，南与天柱山(1485 米)遥相对峙。

万佛山地处安徽森林旅游的黄金线上，景区内层峦叠嶂、峻峰林立、奇松怪石、流泉飞瀑，自然风光极其优美。日出、晚霞、霜枫、雪景、雾凇、佛光等时令景观频添美色，各显其意，如入仙境。风景区内有老佛顶、天门峰、双剑峰、神驼峰、美女峰、丹顶峰、四方尖、三天门等主要景点，有大小三十六座山峰，以及神驼石、虎豹石、鹦鹉石、狮子石、刀背石、猪头石等，神形兼备，惟妙惟肖，栩栩如生，无不让游客惊叹大自然的鬼斧神工（如图 4－32 所示）。

万佛山的山体下部呈断岩峭壁，水流至此，常呈巨大瀑布倾泻而下。景区内有瀑布十多处，著名的有莲子瀑、天河瀑、香果树瀑、二叠瀑、龙尾瀑、逍遥瀑、V 字瀑、徐大坪瀑等，其落差均在 60 米左右，飞流而下，气势磅礴，雾气蒸腾。

图 4－32　万佛山美景

悠久的历史和革命斗争的遗迹构成了万佛山丰富的人文景观。景区内除留有九华佛祖休息的“乔觉洞”，位于老佛顶上的“诸佛寺”，还有位于八斗林区的红军医院遗址，以及在抗日战争中英勇献身的九烈士墓和平田烈士公墓等。可歌可泣的革命斗争故事，神秘莫测的宗教文化，扑朔迷离的神话传说，给万佛山旅游增添了丰富的内涵。

十七、天柱山风景区

天柱山位于安徽省安庆市潜山县境内，因其主峰天柱峰似“擎天一柱”而得名。天柱山为大别山山脉东延的一个组成部分（或称余脉），因独特的自然景观，名列安徽省三大名山（黄山、九华山、天柱山）之一。天柱山是国家首批重点风景名胜区、国家 AAAAA 级旅游区（2011 年）、国家森林公园、国家地质公园、国家自然与文化双遗产地，2011 年 9 月被联合国教科文组织正式批准成为世界地质公园。

天柱山又名潜山、皖山、皖公山(安徽省简称“皖”由此而来)、万岁山等,一般指潜山县境内以其主峰天柱峰为中心的山地,有时也指其主峰。天柱山风景区面积为82.46平方千米,规划保护区面积为333平方千米,风景区共分主峰、大龙窝、马祖庵、虎头崖、九井河、三祖寺、龙潭河、后山八大景区和一个茶庄中心接待站。据天柱山管理部门考察,今天已经命名的景点,有46峰、17岭、7岗、18崖、14岩、7关、22洞、4冲、6源、17泉、8瀑、1川、3溪、5涧、13河、3潭、16井、6池、3湖……都是地质作用造化的山水画卷。天柱山风景区景点分布图,如图4-33所示。

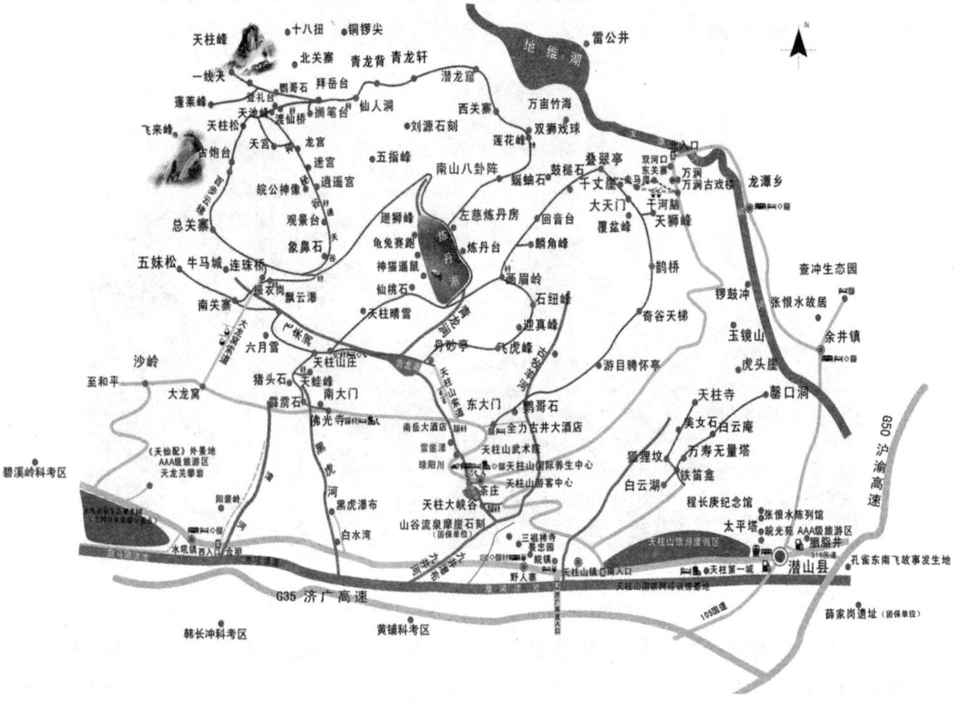

图4-33 天柱山风景区景点分布图

天柱山景区内千峰竞奇,万壑藏幽,巍峨峥嵘,不可名状。主峰天柱峰,海拔为1488.4米,突兀群峰之上,高耸云表,嶙峋峭绝(如图4-34所示)。周围诸峰,千姿百态,形状各异,起伏环拱,势如揖拜。其间遍布悬崖奇石,幽谷灵泉,苍松翠柏,名花异草。身临其境,如在蓬莱。天柱山处于潜河、皖河之间,这里有全国第三大高山人工湖——炼丹湖,海拔为1100米,湖光映山色,碧水接蓝天,美不胜收;九井瀑布,跌落成群,美轮美奂;潜水河清泠明澈,温婉如初;白马潭漂流,青山野岭,碧水竹排,心间悠然清新(如图4-35所示)。《古今图书集成》及省府旧志皆云:天柱山“为长淮之扞蔽”“空青积翠,万仞如翔”“可仰摩云霄,俯瞰广野”。又谓其“上侵神气，下固穷泉”“实为淮南江北诸山之冠”。何宗军、王克谦编著的《天柱山》称：“天柱山既具有北山之雄伟，更兼南山之秀丽”，雄、奇、灵、秀，浑然一体，“在江淮间，当推第一”。

图 4－34 天柱山主峰

天柱山是松的景观园，特殊的地理环境造就了天柱山的松海，株株形态各异，风姿绰约，天柱松巍然苍劲、探海松横斜飘逸、虬龙松盘绕而上、五妹松情深义重，还有鹰松、立鹤松等均是独具神韵。危崖险峰中，交替闪现的云海、佛光、日出、晚霞、雾凇等时景，云蒸霞蔚，更使天柱山胜景常在，春颜长驻，引人折腰。明代大诗人李庚曾惊呼“天下有奇观，争似此山好”。公元前 106 年，汉武帝登礼天柱山，赐封“南岳”称号。隋开皇九年，炀帝扩疆，改称湖南衡山为南岳，但天柱山仍被尊称为“古南岳”。历代帝王或亲自礼祭或遣吏致祭南岳天柱山。春秋时为皖国封地，山名皖山，水名皖水，安徽省简称“皖”即源于此，因此天柱山又名皖山，是安徽的源头山。

天柱山不仅自然风光独特，人文景观也十分丰富。这里有中华禅宗第三代祖庭三祖禅寺，有天下奇观山谷流泉摩崖石刻群，有“华东第一漂”的白马潭漂流；这里是“中国第一长诗”《孔雀东南飞》的故事发生地，还是三国美女大乔、小乔梳妆的故乡；这里不但引来了王安石、苏轼、黄庭坚等文人墨客，也走出了“京剧鼻祖”程长庚、“章回小说大家”张恨水。

十八、花亭湖风景区

花亭湖风景区位于安徽省安庆市太湖县境内，地处大别山南麓、长江北岸，风景区面积为 198 平方千米，分为花亭湖、西风洞、佛图寺、狮子山、龙山五大景区和

图 4－35　天柱山美景

一个汤湾温泉疗养度假区。花亭湖风景区是国家级风景名胜区、国家 AAAA 级旅游景区、国家水利风景区、全国农业旅游示范点，是集观光、度假、疗养、娱乐、休闲于一体的综合风景区(如图 4－36 所示)。

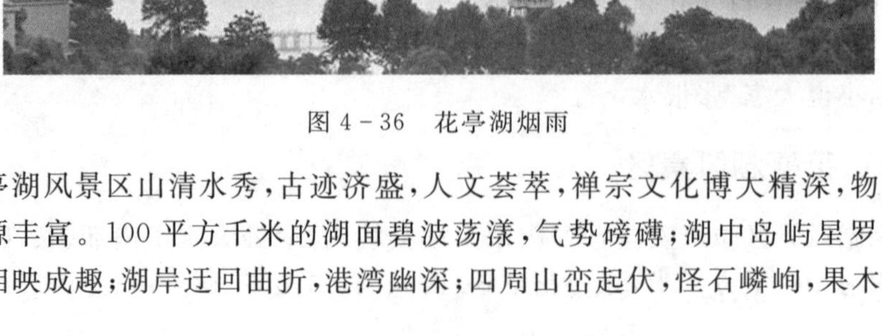

图 4－36　花亭湖烟雨

花亭湖风景区山清水秀，古迹济盛，人文荟萃，禅宗文化博大精深，物产富饶，旅游资源丰富。100 平方千米的湖面碧波荡漾，气势磅礴；湖中岛屿星罗棋布，大小高低相映成趣；湖岸迂回曲折，港湾幽深；四周山峦起伏，怪石嶙峋，果木葱茏，茶园翠绿；湖北面的汤湾温泉日出水量为1200吨，富含人体所需的多种微量元素及矿物质，可浴可医。湖畔的狮子山是中国佛教禅宗文化的发祥地，中国佛教禅宗开山鼻祖慧可法师曾在此坐禅传教三十余年，他的后代传人三祖、四祖也在邻县周边弘扬佛法。原中国佛教协会会长赵朴初出生于花亭湖畔，使得以花亭湖为中心的皖西南旅游区成了中国佛教禅宗圣地。花亭湖中岛屿由于受天然小气候影响，果木葱茏，花果飘香，柑橘、板栗、枇杷、桃子等成为花亭湖农业旅游的好去处。主要景点有橘子洲、情人岛、西风洞、二祖禅堂、月亮湾、九龙涧瀑布、海会寺、赵朴初文化公园等。

十九、安庆巨石山生态文化旅游区

巨石山生态文化旅游区位于安庆市宜秀区菜子湖畔，面积达50平方千米，包括神猿问天、碧莲鹊桥、玉兰盛会、罗汉赐福、鲤跃龙门、状元书屋、龙头晓日、风水金带、龙宫探险、聚仙迷宫十个景点，2008年12月通过国家AAAA级风景区评审（如图4－37所示）。

图4－37　安庆巨石山生态文化旅游区

山明水秀、人杰地灵，正是龙山凤水·巨石山文化旅游区的真实写照。巨石山文化旅游区所在地原属文都桐城，千百年来一直处在桐城深厚的历史文化的浸润中，明清时曾出现龙汝言和刘若宰两位状元及姚松裴、龙鲤门、许鲤跃三位进士，因而有了“五里三进士，隔河两状元”的佳话。巨石山旅游度假区间还曾孕育出书法篆刻大师邓石如及两弹元勋邓稼先。更为巧合的机缘是，把牛郎织女的故事唱遍天下的黄梅戏表演大师严凤英，从小就生长在这片凤溪滋润的情山福地，巨石山也是名扬国内外的黄梅戏的发祥地。巨石山的最高峰龙头峰和第二高峰织女峰，海拔均为500多米，双峰耸峙，俊俏峥嵘，千百年来寄寓着牛郎与织女既动人又神奇的爱情传说。美景与奇情浑然一体，吸引了越来越多的游人。

仁者乐山，智者乐水。龙山凤水·巨石山旅游度假区（如图4-38所示）自古以来吸引了无数的仁智之士，为她陶醉，由衷赞美，登临隐居，作文赋诗，明代王守仁、方以智等，清代帝师宰相张英、张庭玉父子，姚鼐等桐城派诸子，都曾在此登临览胜，不少人还留下了千古名篇。透过这些故事传说、诗词书画和故居墓冢，我们无不倾倒于这里山水的魅力与人文的厚重。

图4-38　龙山凤水·巨石山

天下名山僧占多，巨石山也不例外。史料记载，晋代曾有高僧来此开山建寺，明清鼎盛时期有大小寺庙一百余座，著名的有石屋寺、圭峰寺、月溪庵、龙泉寺、关帝庙等。随着时代变迁，时兴时废。现在得以修复的有龙泉寺、海潮庵、大王庙、圆觉寺、火神庙等。

“大别山道，巨石古阵，五彩缤纷，安庆天堂”。龙山凤水·巨石山素以奇峰、神石、幽洞、秀水、白玉兰、黄梅戏而闻名于世，被称为“六绝”，是巨石山景区特色。

(1)奇峰。巨石山共有48峰，花岗岩奇峰多为中生代燕山期的中细粒花岗岩组成，是受构造抬升和侵蚀作用形成的，最高峰为龙头峰515米。其主要景点有：龙头峰、神猿问天、天上人间、织女峰、罗汉峰、牛郎峰、莲花峰等。

(2)神石。景区内有名称的神石近81处，是由中粒似斑状花岗岩因水平与垂直节理、差异风化、崩塌和流水等地质作用形成的特殊形态的地质景观。它们或兀立山巅，或幽藏谷底，鬼斧神工，惟妙惟肖。

(3)幽洞。景区内知名幽洞72处，且多聚集在主景区。幽洞的成因源于地球的各种内外营力作用的结果，按其成因可分为构造洞穴和崩塌堆积洞穴两种类型。

(4)秀水。巨石山濒临菜子湖，山环水绕，刚柔兼济。凤溪蜿蜒曲折，流水潺潺；碧莲池澄碧深邃，绿波盈盈，更有菜子湖烟波浩渺，水光接天——孔城暮雪的渚清沙白，竹湖落雁的天光云影，荻蒲归帆的轻如羽翼，练潭秋月的银海浮空。

(5)白玉兰。景区玉兰谷内有满山的白玉兰，每年三月中旬花放时节，如白云浮空，群鸥翔集，使人浮想联翩。华东地区绝无仅有，全国亦属罕见。

(6)黄梅戏。一方水土养一方人，巨石山这片清幽含韵的水土孕育出了著名的黄梅戏表演艺术家严凤英。安庆是黄梅戏的故乡。清乾隆年间，发源于湖北黄梅的黄梅调传至安庆后以安庆方言为对白语言，经严凤英等老一辈艺术家的继承与发扬，逐渐成为蜚声海内外的剧种——黄梅戏。20世纪50年代，严凤英主演的电影《天仙配》《女驸马》和《牛郎织女》等著名曲目脍炙人口，引起了强烈轰动，使黄梅戏成为安徽地方戏的代表而名扬四海。“树上的鸟儿成双对，绿水青山带笑颜……”如此经典的唱段无人不知。

二十、安庆孔雀东南飞文化园景区

孔雀东南飞旅游景区坐落在安徽省怀宁县小市镇，长诗圣地、皖河之滨，背靠天柱山景区。景区是焦仲卿和刘兰芝爱情故事发生地，目前已是国家AAAA级旅游景区、国家非物质文化遗产地，主景区占地面积为300余亩，多处游览景点再现了焦刘爱情故事的动人场景(如图4-39所示)。

《孔雀东南飞》故事凄婉动人，曾被国家文化部列为“安徽省亟待挖掘的三个优秀民间故事之一”，在国内外文坛均享有崇高的声誉。孔雀东南飞文化园以建设“中华爱情第一园”为主要目标，紧紧围绕“文化”这一中心来构筑景点和开发项目，尽力集中展现建筑文化、历史文化、婚姻文化、民俗文化、诗歌文化、戏曲文化、民间文化以及特色文化等。孔雀东南飞文化园以爱情为主题，集历史文化旅游和观光休闲旅游于一体，主要分为爱情博览园区、情侣河畔休闲区、王家山新石器遗址保护区、休闲购物区和农业观光五个功能区。永镇寺大佛殿的重建落成，为孔雀东南飞文化旅游又增添了新的亮点。园内自然景点十多个，古文化旧址多处。

(1)爱情博览园，包括：历史文化古迹寻踪(以孔雀坟为基础，将孔雀台、兴飞塔、孔雀坟、兰芝桥、相公桥等景点集中于园内)；孔雀东南飞故事展示区(通过实物展示焦刘二人的历史遗存；收集相关影视资料，再现焦刘忠贞不渝的爱情；展示有关研究文献资料等)；孔雀观赏游戏区；爱情作坊参与区；爱情博物馆；婚俗风情园。

(2)情侣河畔休闲区，包括：水上娱乐项目；情侣河畔沙滩休闲长廊；竹林闲隐美食拾趣。

(3)王家山新石器遗址保护区,包括:旅游环境整体治理,完善各种保护性工作。

(4)农业观光园区,包括:农田环境的整治和改造;规划范围内农村居民点的整体环境整治工程;修建农家乐园,生态农业观光园,传统农业展示园等。

(5)休闲购物区,包括:修建主入口大门,共建引景空间;主入口广场建设,孔雀东南飞主题塑像。

图 4-39　孔雀东南飞文化园

二十一、岳西明堂山风景区

明堂山位于皖西南大别山腹地安徽省岳西县境内,国家 AAAA 级风景区,面积为 50 余平方千米。明堂山是大别山多枝尖山脉蜿蜒而来突起三峰形成(如图 4-40 所示),主峰海拔为 1563 米,是长江、淮河两大流域的分水岭,是古代吴楚相连之地。

相传 2100 多年前,汉武帝刘彻封禅古南岳天柱山时,设祭拜之“明堂”于此山而得名;民间因其隽秀婀娜的山形与天柱山的雄伟挺拔相呼应,且同属皖地、仅隔百里,有“两山竞长,相约为偶”之说,故又称天柱山为“公皖山”,明堂山为“母皖山”;又由于明堂山主峰石壁上有一天然雄鸡图案,且由北望之群峰形若鸡冠,故又名“鸡公山”。古太湖县志即把明堂山列为境内群山之冠,其曰:“三峰锐插霄汉奇秀无比”。

远望明堂山,不同的角度,景色各不相同。南望明堂山,似一倒飞蝴蝶,神采翩翩,犹似黄山莲花峰,有诗赞道“明堂如指五支峰,半在人间半在空”,由此可见其险峻秀丽;东上分水岭,遥望山顶,形如笔架,直耸云端,主峰山腰间宏开一壑,中敞如堂,平坦中又起九峰,一字横排如九子攥立,世称“九子联堂”;北窥明堂山,层峦叠嶂，积翠拥黛；西观明堂山，似蘑菇云冲天而起，冉冉欲升，又如仙女云环，戴云梳雾。真可谓移步换形，千姿百态。有诗为证："明堂山上数名堂，移步换形态万方；南望横空飞侠碟，西瞻慈母抱儿郎；东河殿上兴明主，北斗星楼觐上苍；水映光明天上刻，青莲邀月共徜徉"。

明堂山气势雄伟，古木参大，佳境深藏，常年云雾缥缈，景色迷人，古人已将天然造化的胜景概括出十二处：有雄鸡唤日、北斗星楼、云崖天堑、牛脊飞渡、雷音寺塔、云外天街、平湖积翠、马尾银瀑、烽火神台、僧尼问道、三星拱月、九瓣莲花。

明堂山身处深山老林之中，仍保持了纯天然的原生态，被称之为植物的宝库及动物的天堂。现在建成的有五大景区，主峰明堂雄奇区、青松岭奇松区、葫芦河秀水区、月亮秀崖区和古井庵寻幽探险区。每个景区景色各不相同，其间有的巨石指天，陡峻异常；有的峡谷幽深，清溪潺潺，奇花野果遍谷；有的古松参天，与石、崖浑然一体，奇特异常，蔚然深秀，充满诗境，中华诗词学会副会长梁东先生对明堂山深情赞美道："明堂帝子踞晴空，谓尔东西南北风；万壑当飞银柳絮，千山宜醉杜鹃红；盛唐湾口谁争渡，天柱峰前我最雄；大别中分云外水，江淮世代总朝东"。

图 4－40　岳西明堂山

二十二、安庆天峡风景区

天峡风景区位于大别山腹地的安徽省岳西县河图镇境内，长江、淮河分水岭的南坡，占地面积为 14 平方千米，为国家 AAAA 级风景区。天峡原生态的峡谷全长约 10 千米，垂直高度近千米，其内千峰竞长，林中百花斗艳，草木葳蕤秀丽，峰峦之间，峭壁林立，飞瀑流泉，此一天堑巨壑，居全省之冠，故素有"安徽第一大峡谷"之美誉，是一处隐匿在大别山深处之中的天然绿色翡翠(如图 4－41 所示)。

天峡景区现已建成景点 30 多个，其中优质景点达数十处，以"奇、美、险、幽"而著称，尤以"大别山天峡九连环瀑布群""高山湿地公园""原生态的山水田园"和"峡谷奇观"，即"天峡九瀑二园一奇观"最为著名。天峡雄美的九连环瀑布群极为罕见

图 4 - 41　安庆天峡风景区

(如图 4 - 42 所示),故前人有诗赞曰:“漫将白练说匡庐,此更垂空任云舒。罅里惊飞帘万丈,动魄还在雨晴初”;而巨石滩、龙门红叶、空中长廊、小天峡瀑布等景点也

图 4 - 42　安庆天峡九连环瀑布群

都别具一格。高约 106 米的“通天瀑”,从下仰看,犹如天降,宽约 30 米,终年悬瀑千尺,传说王母娘娘率众仙女曾沿瀑布下凡到此沐浴。景区的象形山石尤其独特,

如仙人推磨、玉兔望月、天鹅抱蛋、天蟹石、天碑石、驮尖石俑等；崖壁也独具一格，有三星拱月、鲤鱼跳龙门、月亮崖、小天峡等；天峡石瀑更为壮观，由山坡向下直泻而下，似天外来石；而华东地区最大、唯一一片保存最完好的“百亩千年都支杜鹃林”和上百年的驮尖奇松更是旅游之极品。董家河、大鲵沟的幽深曲折，溪水潺潺，大大小小的水潭镶嵌其中好似一颗颗钻石，两岸林木茂盛，四季花果飘香，则最为奇美。两条峡谷犹如丝带在山高林密间飘舞，植物的五彩缤纷，清香沁人肺脾，淙淙的流水、啾啾的鸟鸣、石矶的亲水声，令人心旷神怡，更是森林氧吧的好地方。如今的天峡已经成为大别山腹地内一处集生态旅游观光、休闲度假、餐饮、娱乐、商务会议等为一体的综合性旅游胜地和度假天堂。

二十三、太湖五千年文博园

五千年文博园——中华文化主题公园坐落在人杰地灵的安庆市太湖县，规划占地 5000 亩，由“一梦千年”“十里画廊”等景区组成，定位为“中华文化主题公园”，矢志打造“中华民族的精神家园”和“世界朝圣东方文明的艺术殿堂”(如图 4－43 所示)。文博园先后被国家文化部命名为“国家文化产业示范基地”，被国家旅游局评定为“国家 AAAA 级旅游景区”。2012 年成为网民最关注的“中国十大文化旅游景区”，入选“长三角 100 个不得不去的地方”。

一期“一梦千年”景区占地 600 亩，为人文历史景区，累计投资 8.5 亿元，于 2011 年 5 月 18 日全面建成开放。入夜的五千年文博园流光溢彩、美轮美奂，不仅可以感受五千年文化的熏陶，还可以享受篝火晚会的激情，文博园昼夜的华丽变身，吹响了五千年文博园旅游全新起航的号角。置身园中，水墨丹青，华夏五千年的文化经典在这里彰显与传承，一步一景，让游客有穿越时空，一梦千年之感。

二期“十里画廊”景区占地 600 亩，是将华夏千年的往事融入总长两千米、举世无双的四幅立体图画之中，分别由“三百六十行”文化园、“清明上河图”文化园、“烟雨江南”文化园和“创意石界”文化园等景点组成。

“三百六十行”文化园是以两万平方米古建筑和 1800 多件青铜人物雕塑相结合而成的，其规模为世界第一。依据各个行业的特点，分别将它们合理地与亭、台、楼、阁、廊、古树、奇石、水系等元素融为一体，艺术而真实地再现三百六十行的历史原貌，生动地再现了康乾盛世时期的三百六十个行业。这里不仅有全世界最大规模的人物铜雕群，更有传承至今的五十多个行业的永久性现场表演。

“清明上河图”文化园，建于 25°斜坡的山体之上。按实际比例，以近大远小的透视艺术完整再现清明上河图中汴河两岸车水马龙的盛景，以获得 3 项国家发明专利的斜坡建筑艺术主体再现张择端笔下的汴梁繁华，近看是城，远看是画，晚上再看的时候，又是一个每天上演“汴梁之夜”的实景演出大舞台。这是一件由无数创意串起来的原创大作。

图 4-43　五千年文博园——中华文化主题公园

“烟雨江南”文化园，是以具有 1700 年历史的观音河为基础打造的，将我国江南著名水乡的十二大名景全部重现于此，小桥流水、乘船摆渡、渔歌互答，完美地再现中国水乡的悠远韵味。水乡两岸以雕塑的形式再现中国历史典故，沿河房屋将打造成艺术村落，以水乡的形式来演绎水乡的文化与故事，使之成为一座立体的露天水乡艺术馆。

“创意石界”文化园，由一园四馆组成，分别是创意奇石园、远古沧桑馆、自然天成馆、大象无形馆和天人合一馆。该园区的艺术价值和视觉震撼将超过根雕馆群，是将无言的奇石世界赋予了生命与情感，是对奇石文化最深层次的解读。

五千年文博园，有着丰富的文化资源和鲜明的文化特色。五千年文博园将继往开来，不断推陈出新，让所有游客在五千年文博园这片厚重的土地上，都能真正采撷到旅游带来的快乐，文化带来的洗礼，历史带来的震撼！让国内外游客通过人文旅游来更多地触摸与感知博大精深的中华文化，让中华文化影响世界。

二十四、安庆市菱湖风景区

安庆市菱湖风景区位于安徽省安庆市城市中心，总占地面积为 4.496 平方千米，其中水面为 2.107 平方千米、陆地为 2.389 平方千米。菱湖风景区包含菱湖公园、莲湖公园、皖江公园和文化广场四大景区，共由五个湖泊组成，分别是菱湖、莲湖、小菱湖、东湖、西湖，其中东湖和西湖并称为大湖。2007 年，“安徽省安庆市菱湖风景区综合整治工程”获得“中国人居环境范例奖”；2011 年，经国家旅游局评定，安庆市菱湖风景区成为国家 AAAA 级旅游景区（如图 4-44 所示）。

图 4-44 安庆市菱湖风景区

菱湖以水取胜，这儿碧波荡漾，渠道纵横；湖心小岛，亭竹相映；水上竞舟，笑语满湖。夏秋时节，菱荷茂盛，莲花斗艳，四处飘散着醉人的清香；若逢采菱季节，皓月当空，泛舟湖面，篙桨点水，舒喉清歌，夙有“菱湖夜月”之称，亦是胜景。那掩映在绿荷深处的重檐方亭，为欣赏“菱湖夜月”之佳境，故又名夜月亭。园内还竖立了黄梅戏表演艺术家严凤英的雕塑像。

其主要景点有菱湖公园、莲湖公园、皖江公园（市民广场）和安庆文化广场。

(1)菱湖公园。位于安徽省安庆市菱湖南路，环菱湖而建，菱湖以多菱而得名，辛亥革命前后建园，面积为 38.64 公顷，是安徽省建成最早的园林式公园，以菱荷景观和“菱湖夜月”景点闻名。

(2)莲湖公园。位于菱湖风景区东南部，因莲湖而得名，旧称春光苑，始建于 1985 年。公园内有京剧程长庚塑像，东南角设有安庆市革命文物陈列馆，内部陈列将军、外交家黄镇生平事迹。

(3)皖江公园（市民广场）。位于莲湖和东湖之间，总用地面积为 34.68 公顷，原称市民公园，于 2007 年 5 月 1 日建成，更名为皖江公园、皖江广场。该公园在功能上划分为娱乐观景区、商业文化区、黄梅戏艺术园区和生态景观区四个大区。

(4)安庆文化广场。位于菱湖风景区北岸，总建筑面积 102000 平方米，沿湖岸的水面上建有木质亲水平台，平台南侧设有水景表演系统，喷泉水幕总长 380 米，宽约 100 米，最大喷高 128 米，喷头近 3000 个，水下彩灯 5000 盏，是国内目前规模最大的水幕电影系统之一。

二十五、安庆桐城嬉子湖景区

嬉子湖生态旅游区位于安徽省桐城市东南部，三面环水、占地面积为 71 平方千米，其中陆地面积为 30 平方千米，水面积为 41 平方千米，是集生态农业观光、科普文化体验、渔业休闲、户外拓展、乡村度假、会议商务、特色餐饮于一体的多功能国家 AAAA 级风景区(如图 4 - 45 所示)。

嬉子湖景区现有嬉子湖度假村、嬉子湖养生酒店、生态湿地、垂钓中心、户外拓展、古漕运八大码头、嬉子仙岛、十二生肖园、天文科普及 4D 动感影院、水上乐园、游乐园、欢乐园、空中单车、农副产品及瓜果采摘、游客接待中心、方以智广场、生态停车场等景点及旅游配套设施。推出了春天湿地观光、夏天休闲垂钓、秋天瓜果采摘、冬天赏雪观鸟的四季旅游项目。

“堤边浪静，水面波平，一片云烟笼岸北；叶醉丹枫，花疏红蓼，几番风景到江南”，这副对联把我们带入了江南水乡。泛舟湖上，碧波白浪，似一匹波光潋滟的丝绸。无论朝霞初上，夕阳西下，亦或繁星闪烁，明月中天，还是雁阵惊寒，乡村岁末，水国春来，都令人赏心悦目，流连忘返。嬉子湖恰似有声的画，无字的诗，使人遐想，回味绵长。

嬉子湖素有“春晴草色如稣，夏汛水天浩渺，秋日白鹭祥云，冬雪平冰千里”之称，其中“嬉子夕照”堪称一绝。湖中心的“嬉子墩”，是明正德年间官至御史的余珊墓地，被列为省级文物保护单位。菜子湖怀抱的“松山”，是我国南宋时期四大钱监所在地之一，“松湖落雁”被列入古“桐城八景”。与松山对面的“落凤窝”是一个富有神奇传说的滨湖胜地，清朝宰相张英四世祖母在此地落葬，冠有“帝许江南第一家”的显赫。

嬉子湖良好的生态、优美的环境使之成为鸟类的天堂，沿湖湿地连绵，珍稀飞禽随季迁徙栖息，形成罕见的湿地景观。其已成为安徽农业大学长期观测点，也是欧盟生物多样性保护组织的主要成员。每年冬季沿湖三面滩头和湿地，水草肥美，鱼蟹成群，可引来越冬的白琵鹭、鸿雁、白头鹤、小天鹅、黑鹳等 10 多种珍稀鸟类数以万计。嬉子湖盛产鱼类和绿色原生态产品，品种繁多且色质优良，大雁、野鸭、野鸡、野生甲鱼、鳅、虾、鳝、土猪肉、农家特色小炒等，吸引游人闻香下马、知味停车。

嬉子湖优美的湖光山色，淳朴的风土民情，厚重的历史遗迹，丰饶的水产资源，正逐步彰显出她古朴而又活力四射的水乡魅力。今日嬉子湖渔歌唱晚、游艇驰骋、水欢鱼跃、美景有加，已成为远近闻名、独具特色的生态家园——梦里水乡(如图 4 -45 所示)。

图 4-45 桐城嬉子湖优美的湖光山色

二十六、岳西大别山彩虹瀑布风景区

大别山彩虹瀑布风景区位于安徽省岳西县黄尾镇境内，距岳西县城和霍山县城均为 34 千米，风景区面积为 40 平方千米，核心景区面积为 3.2 平方千米。风景区特色景点有梦幻彩虹瀑布和原生态猴河峡谷，还有历经猴河与黄尾河交汇后洪水冲刷而形成的许多河心洲、小岛，从而组成了数千米的山水画廊。因此，大别山彩虹瀑布风景区可谓集峡谷、瀑布、丽水、文化为一体的山水景区，是集旅游观光、猎奇探险、休闲度假、游山玩水、互动娱乐于一体的 AAAA 级旅游风景区。

彩虹瀑布位于猴河中下游，瀑布高 80 米，宽 30 米，平均流量 2.0～5.0 立方米/秒，水流自猴子崖飞泻而下，气势磅礴，吼声如雷。河水撞击岩石，水花四溅，犹如喷雾行云，阳光透过水雾，呈现出一道绚丽的彩虹，蔚然壮观，游人身临其境，人行虹移，似有梦幻的感觉(如图 4-46 所示)。彩虹是一种自然光学现象，是由于阳光射到空气的水滴里，发生光的反射和折射造成的。因猴河来水量大，四季不涸，无论春夏秋冬，凡有太阳均有彩虹奇观。猴河峡谷发源于大别山主峰白马尖、天河尖，因峡谷内有猴群出没，猴河由此得名。猴河两岸群峰迭起，奇锋错列，河谷纵横，蜿蜒曲转。猴河峡谷全长 8.5 千米，谷深 500 多米，峡谷中悬崖峭壁，藤蔓垂壁，地势险峻；谷底潭潭相连，瀑布成群，水质清澈，人迹罕至，至今仍保存原生态。

二十七、潜山白马潭风景区

白马潭风景区位于安徽省潜山县水吼镇，潜河中上游，地处天柱山西麓，总面积为 75 平方千米，景区以良好的生态环境、独特的河谷风光、淳朴的民风民俗、丰富的户外游览运动闻名遐迩，是国家 AAAA 级旅游景区(如图 4-47 所示)。

图 4－46　岳西大别山梦幻彩虹瀑布

图 4－47　“天柱山下第一漂”

白马潭竹筏漂流享誉江淮，名驰华东，被称为“天柱山下第一漂”，既有浪遏飞舟的野性震撼，又有随波逐流的闲适浪漫。潜河穿过溪石滩，在近 3000 米的河段上，河床高差达 5 米，形成多层梯级迭水，水流中一股沿着西麓陷切漕下泄，水势强劲，与犬牙交错的岸石相击成回流，当地人称为响滩。皮艇漂流有惊无险，趣味无穷。起点在上游的象鼻湾，这里波平浪静，河底的鹅卵石，在阳光的折射下光华陆离，五彩跳荡。柳丛中隐藏处才是真正的入口，进入急流后，皮划艇如脱缰野马，前后颠簸，左右回旋好像不由自主，不必惊慌，或左右均衡划水或用木桨轻点岸石，就能驶出回流(如图 4－48 所示)。

景区水吼园是全国首批农业示范点,所在河段视野开阔,秀岭绵连,天际柔和;走进千亩板栗园,仿佛置身“淡烟流水画屏幽”的诗境。景区竹筏漂流、皮艇漂流、马术、烧烤、篝火、沙滩车、卡丁车、弹跳蹦极、户外露营、特色农家餐等项目较有特色。一年一度的白马潭生态漂流泼水节暨“万人湿身”大联欢,性感无限,美不胜收。景区所在风情小镇、美好乡村荣获全国“人居环境范例奖”;白马潭天然钻石(金刚石)多次亮相央视荧屏。

春游白马潭,看田园风光,红情绿意、鸟语花香;夏游白马潭,婀娜多姿、景色宜人,与水纵情狂欢;秋游白马潭,天高云淡、硕果累累,赏“枫情”无限;冬游白马潭,观千亩芦苇、品农家饭菜,驭马策鞭、纵横驰骋,远山近舍、浓淡相宜。

图 4－48　白马潭竹筏漂流

二十八、潜山山谷流泉文化园

山谷流泉文化园位于安徽省潜山县天柱山镇境内,现存唐(公元 618 年至 907 年)至民国(公元 1912 年至 1949 年)历代石刻 400 余方,以宋代(公元 960 年至 1279 年)石刻最多,石刻密布崖壁磐石及溪谷河床。题刻作者达数百余人,可查考者不下百人,唐代李德修,宋朝王安石、黄庭坚、苏东坡,明朝胡缵宗,清代张楷等名宦大家都曾题字崖谷。题刻内容广涉天文、地理、政治、经济、军事、文化各个方面;文体多样,有诗词、歌赋、纪事、题名(如图 4－49 所示)。

山谷流泉中的 3 处年代最早的石刻都是唐代的,它们均分布在石牛古洞东壁悬崖上。其中两处是唐代著名散文家、哲学家李翱任舒州刺史时游览山谷的题名。山谷流泉有两宋题刻 100 多处,内容也极为丰富。这里不仅有安徽现存北宋最早的一块端拱二年(989 年)赵孚、舒雅、黄梦锡题名;还有著名政治家王安石的诗刻,

图 4-49　潜山山谷流泉文化园

书法家黄庭坚的题名，李师中的记事题刻，南宋张同之的诗刻等。宋代慕名到山谷流泉来观览胜的游客一直络绎不绝，形成空前的刻石纪游之风。元代以后，众多游客蜂拥山谷，也留下大量的文字石刻。从书法的角度看，这里的石刻包括有隶书、楷书、草书、篆书、行书等多种，每种书体中又富于变化，各具特色，基本上代表了唐代以来我国书法艺术发展演变的风貌，是一处珍贵的书法艺术宝库（如图 4-50 所示）。

图 4-50　潜山山谷流泉文化园摩崖石刻

山谷流泉摩崖石刻形成了一座天然的艺术博物馆和史料档案馆，为研究历史人物活动、文学书法艺术、自然和社会科学等提供了珍贵资料。

二十九、信阳南湾湖风景区

南湾湖，即南湾水库，又称南湖，位于河南省信阳市，素有“豫南明珠”“中原第一湖”的美称。南湾湖风景区是以南湾水库为中心，汇集森林、岛屿、山峦、湖泊、池潭、瀑布等诸多自然景观于一身，融自然景观、人文景观、森林生态环境、森林保健功能于一体，具有旅游、休闲、度假、养生、科研、教学等多功能的生态型旅游区，是国家 AAAA 级风景区(如图 4－51 所示)。

图 4－51 信阳南湾湖风景区

南湾湖风景区由南湾湖和南湾国家森林公园组成,总面积为 443 平方千米。其中,南湾湖水面约 80 平方千米,森林面积为 2180 公顷。南湾湖风景旅游区以繁茂丰富的森林资源,浩渺无际的碧绿湖水,众多奇特的岛屿港湾,争鸣斗艳的珍禽异兽,婀娜多姿的花卉植物,源远流长的历史遗产,浓郁丰厚的民俗风情而著称;以幽、朴、秀、奇的独特风格,山、水、林、岛的完美和谐而闻名。

南湾湖浩瀚无垠,时而碧空如洗,“水光潋滟晴偏好”,时而细雨霏霏,“山色空蒙雨亦奇”;时而水禽“翔集,锦鳞游泳”,时而“湖光跃金,静影沉璧”;时而晚霞烧西天,时而大湖落日圆,真是“欲把南湖比西子,淡妆浓抹总相宜”。南湾湖水清澈诱人,掬手可饮。湖上游有黑龙潭、白龙潭。景区内河流港汊纵横,湖中散布着 61 个小岛,错落分布,景象各异(如图 4－52 所示);岛上绿树成林,苍翠欲滴;湖中碧波荡漾,令人心旷神怡。现已开发建设了水上景区的鸟岛、消夏岛、大圣岛,西山景区的水族馆、唐工游地府,大坝景区的仰天湖、钓鱼台、飞龙亭,码头景区的微型花园、新旅游码头等四大景区,形成水上、水下 4 个景区 42 个景点,西双河、狮河港、黑龙潭等 6 条旅游航线。

南湾湖处在南北气候过渡带,青山叠翠,绿洲点点,山深林密,季相多变。动物种类达 1000 余种,其中脊椎动物 200 余种,属国家级保护动物的有猕猴、扬子鳄、大鲵、小灵猫、白冠长尾雉等;种子植物有 116 科 525 种,森林覆盖率达 96%以上,年平均气温为 15.1℃。南湾湖所产鱼类不仅肉味鲜美,而且富含微量元素,其中有抗癌元素之称的硒含量是普通鱼类的 3～5 倍。尤其是南湾花白鲢,不仅肉质细嫩,肥美可口,而且头部富含 DHA,是倍受欢迎的保健珍品。

南湾湖上游的车云山、集云山、云雾山、连云山、天云山等“五云”茶山和黑龙

图 4-52　南湾湖景点分布图

潭、白龙潭是信阳毛尖茶的正宗产地。信阳毛尖属名贵绿茶，早在唐代就已成为供奉朝廷的贡茶；被宋代大文学家苏东坡誉为“淮南第一”；1915 年获巴拿马世界博览会金奖。现在茶的生产更具规模，已形成产茶、采茶、制茶、销茶、茶艺表演一体化。优美的生态环境，丰富的自然资源，悠久的信阳茶文化，优良的南湾鱼文化，构成了南湾湖风景旅游区的丰富内涵。

南湾湖风景旅游区所处的信阳市是华夏文明的发祥地之一，历经了 8000 多年的历史沿革。夏商时期，这里已建成了息国、潢国等诸侯国。战国时期，信阳是楚国的疆域中心，北宋改称为信阳。这里曾哺育了众多的历史名人，古有一代名相孙叔敖、大史学家司马光、治闽功臣王审知、开漳圣王陈元光、中原硕儒马祖常、文坛领袖何景明、植物学家吴其浚等。南湾湖也是一个人文景观荟萃的地方，有李先念曾经战斗过的革命根据地四望山和贤隐山，有迄今 1400 多年历史的“梁王垒”遗址，有贤隐寺等。

三十、信阳鸡公山风景名胜区

鸡公山位于河南省信阳市，处于豫鄂两省交界处，位于大别山西端与桐柏山连接处，雄踞于三关(武胜关、平靖关、九里关)之间，是国家 AAAA 级风景区，面积为 27 平方千米，是我国南北天然分界线。鸡公山山脚下的武胜关是中国历史上九大名关之一，它犹如一把石锁，将大别山和桐柏山锁扣成一体，形成江淮之间绵亘千里的天然屏障，战略地位十分重要。

鸡公山有独具特色的自然景观。“佛光、云海、雾凇、雨凇、霞光、异国花草、奇峰怪石、瀑布流泉”被称为鸡公山的八大自然景观(如图 4－53 所示)。奇峰怪石，泉溪瀑布，珍花异草，山村田园和风韵殊异的楼台亭榭等诸多因素构成了鸡公山优美的自然风景区。鸡公山四季景色，变幻动人，春夏秋冬，时移景异，神奇莫测。其东沟瀑布群是以水景为主体的风景长廊，全长约 10 千米，姿色天成，野趣极浓。鸡公山长年又被云雾所笼罩，被誉为“云中公园”。鸡公山的奇峰怪石千姿百态，嶙峋耸峙，造化精灵，房在石上建，树在石旁生，草在石中长，花在石边开，泉在石下流，皆具怪、巧、奇、美的特点，与其他自然景观融为一体。

图 4－53　信阳鸡公山风景区

鸡公山因其整个山势宛如一只昂着展翅、引颈啼鸣的雄鸡而得名。北魏郦道元的《水经注》曰“鸡翅山”，距今已有一千四百余年。明朝鸡公山和鸡翅山并呼。清代易名鸡公山，沿称至今。鸡公山是我国著名的游览避暑胜地之一，有“青分楚豫、气压嵩衡”之美誉，历史上与庐山、北戴河、莫干山并称中国四大避暑胜地。在一千四百年前的北魏时期，《水经注》就有文字记载，其后众多名人骚客、达官显贵、富商巨贾也来山游玩，文人们留下了大量的名人名将轶事、历史掌故、人文景观和赞美诗篇。

鸡公山地处亚热带向暖温带过渡的地带，雨量充沛，气候湿润；冬长夏短，春秋相当。有“三伏炎热人欲死，清凉到此顿疑仙”之美誉。鸡公山是南北方的分界线，还是亚热带和暖温带的过渡地带，南北植物均可在这里安家落户，植被覆盖率高达 87％。有各类植物 2000 多种，其中仅中草药就占 600 多种，被称为“天然植物园”和“天然中草药园”。当年李时珍千里迢迢来鸡公山采药，为《本草纲目》增添了丰富的内容。鸡公山鸟类有 210 余种，兽类有百余种，其中珍贵动物有青羊、小灵猫、白冠长尾雉、雕鸮、大鲵等。

三十一、信阳灵山风景名胜区

信阳灵山风景名胜区位于河南省罗山县境内，东连鸡笼山，西邻鸡公山、南湾湖，总面积为61.5平方千米，包括六大景区，即灵山寺景区、逍遥洞景区、金顶景区、龙凤祥林景区、龙牙寺景区、九里落雁湖景区，是国家AAAA级风景区、生态示范区、鸟类保护区。

灵山共有大小瀑布36条，大小山洞72个，有名的奇石怪壁108处。其中，智慧姑娘像西方希腊神话中的雅典女神；险石造型神秘，体积巨大；“骆驼”仰首向天，巨大副真，生动有趣；逍遥洞是洞连洞、洞叠洞，神奇奥妙；仙人洞地处险峻，洞顶造型奇特，世所罕见；银河飞瀑，集壮观、神秘、奇特、险峻为一体，堪称天下一绝；九里落雁湖群山环抱，湖岸曲折有致，湖光山色相映生辉；灵岫阴云，飘飘逸逸，仙气荡荡；“八山”神笔峰为天公造字，字分阴阳，笔画规整。

灵山是著名的佛教圣地（如图4－54所示）。旧时有七寺（灵山寺、中佛寺、白佛寺、白云寺、龙牙寺、险石寺、金顶寺）三庵（圆通庵、福全庵、延寿庵），仍存两所，其中灵山寺已有一千五百多年的历史，为佛教传入中国最早所建寺院之一。

图4－54　信阳灵山风景名胜区

灵山中有丰富的自然资源，植物类有一千多种。森林植被覆盖率达90%，共有植物7个类型组，122个群系，200多个群丛，高等植物1879种。值得一提的是灵山云雾茶，为全国十大名茶之一——信阳毛尖中的精品；其次是板栗、中华猕猴桃、杜仲、桔梗、七叶一枝花等是名贵中草药。景区内动物类有190科1067种之多，其中有国家一级保护动物白冠和二级保护动物白冠长尾雉等。景区为国家级鸟类自然保护区——董寨林场的重要组成部分，有鸟类245种，其中国家级重点保护鸟类39种，列入《中日候鸟保护协定名录》95种，占河南省的79%，占全国的

20%。景区有蝶类 99 个品种，色彩斑斓，群起群飞，是真正的蝴蝶谷。

三十二、信阳西九华山旅游风景区

西九华山旅游风景区位于河南省固始县境内，北依淮河，南靠大别山，为国家 AAAA 级景区，观赏面积为 80 平方千米，目前已开发多个景区、近百个景点，景区森林覆盖率达 95%以上，并有多处原始森林。整个景区主要以万亩茶园、竹海、森林、湖泊和峡谷瀑布群为主体，以佛教文化为内涵，以豫南民俗为基调，形成茶、竹、禅三位一体，山、水、情天人合一的景观特色（如图 4－55 所示）。

图 4－55 信阳西九华山风景区

目前西九华已开放景区有禅文化景区、茶文化景区、竹文化景区、民俗体验区、山水游览区以及旅游服务区。禅文化景区包括妙高禅寺、鹿鸣庵、高僧塔林、登山天梯、寻根楼等景点，其中妙高寺始建于隋，传承千余年，是鄂豫皖交界地区最有影响的佛教圣地。茶文化景区以万亩茶园为背景，以中国十大名茶之一信阳毛尖为载体，以妙高寺佛茶场、茶艺长廊、茶竹文化苑为体验场所，向游客展现悠久的豫南茶文化。西九华山的竹海是豫南地区的一大奇观，也是中原最大的天然竹海氧吧，随处可见的一片片竹林，掩映着西九华山的农舍、水田，勾画出一幅幅人间绝美的田园画卷。留梦河谷山水画廊是一个峡谷景区，全长约 3 千米，留梦河贯穿峡谷始终；景区内有六处较大的瀑布，其中最著名的是白龙潭瀑布，飞流直下，蔚为壮观。留梦河谷山水画廊是西九华山自然山水的精华，春夏秋冬，各有特色，是不可错过的旅游胜地。茶竹文化民俗体验旅游区占地 100 多亩，以豫南民俗文化为主调，全景展现豫南地区民俗文化，游客在这里可以观赏到民俗演艺大舞台的精彩演出，也可以亲自动手体验农耕和民间手工业生产过程。

三十三、鄂豫皖苏区首府革命博物馆

鄂豫皖苏区首府革命博物馆1984年由河南省委、省政府投资兴建，全馆规划面积为288亩，占地面积为120亩，建筑面积为9589平方米，是河南省规模最大的县级革命博物馆。该馆坐落在新县城东南风景秀丽的凤凰山、英雄山脚下，小潢河、金水河环绕其间，依山傍水，气势宏伟，古朴庄严（如图4-56所示）。该馆现在为国家二级博物馆，国家AAAA级旅游景区。

图4-56 鄂豫皖苏区首府革命博物馆

鄂豫皖革命根据地是土地革命战争时期中国的第二大革命根据地。新集（今新县鄂豫皖苏区首府革命博物馆城）是鄂豫皖苏区首府。在这块红色土地上，先后诞生了红四方面军、红二十五军、红二十八军三支主力红军。鼎盛时期，根据地发展到26个县，人口发展到350万，主力红军发展到45000余人。在血与火的斗争中，苏区共走出了349位将军，留下了一大批老一辈无产阶级革命家的战斗足迹，谱写了一曲曲气壮山河的动人诗篇，为中国革命的胜利做出了不朽的贡献。1984年国家出资在新县兴建了鄂豫皖苏区首府革命博物馆。该馆坐落在大别山腹地新县城关，依山傍水，气势宏伟，古朴庄严。馆内基本陈列《风云大别山》分为四个部分：即奋起斗争，鄂豫皖苏区初步形成；大放异彩，新集成为鄂豫皖苏区首府；重组红军，坚持大别山斗争；红旗不倒，迎接全国革命的胜利。馆内专题陈列分为三部分：一是《将军的摇篮》，共两个展厅，将军一厅和将军二厅；二是《千里跃进大别山》展厅，介绍刘邓大军千里跃进大别山的重要历史意义以及新县在刘邓大军千里跃进大别山过程中的重要地位和作用；三是《今日新县》，反映了新县人民在中国共产党的领导下，继承革命传统，艰苦创业，社会经济各项事业快速发展，城乡面貌焕然一新。专题展馆《鄂豫皖苏区将帅馆》主要陈展曾在鄂豫皖苏区工作和战斗过的347位开国将帅的丰功伟绩。馆内还陈列有中国工农红军的第一架飞机“列宁号”和全国唯一保存展厅正门。

2001年6月，中宣部将鄂豫皖苏区首府革命博物馆命名为全国爱国主义教育示范基地。2004年，被中央办公厅、国务院办公厅公布为全国百个红色旅游经典景区。2008年又被中宣部确定为全国首批面向社会免费开放的博物馆，并于2008年3月26日正式向社会免费开放。2009年被国家文物局确定为国家二级博物馆，被国家旅游局确定为国家AAAA级旅游景区，每天来馆参观的人群络绎不绝。

三十四、湖北罗田天堂寨风景区

湖北罗田天堂寨风景区位于湖北省罗田县，与安徽金寨天堂寨交界，是国家地质公园、国家森林公园、国家AAAA级风景名胜区。风景区总面积达120平方千米，境内千米以上的高峰25座，天堂寨主峰海拔为1729米，为大别山主峰之一。天堂寨山石泉水云松瀑雾、巧夺天工，四季景象无穷变幻，宛若“天堂”，天堂寨是大别山脉皇冠上最璀璨的一颗明珠（如图4-57所示），“叠岗复涧，奇花异木，杂植其间”，如古人所云，“萧萧异人境，登视动神魄”。“极目山河纵大观，吴楚东南第一关”，气势浑厚的天堂寨有“植物的王国、天然的氧吧、动物的乐园、云雾的海洋、圣水的世界、杜鹃花的领地、娃娃鱼的故乡”之美誉。被誉为“华东最后一片原始森林”。

图4-57 罗田天堂寨风景

天堂寨古称“云山”“多云山”，元朝后改名为“天堂寨”。元末明初，农民起义军领袖徐寿辉、陈友谅曾在此占山为王，聚寨屯兵，自封为“天完皇帝”，因山顶有一天然大塘，泉水清澈，全年不断，义军称之为天塘（俗称“瑶池”），所建山寨为天塘寨，后谐音取吉利名“天堂寨”。

罗田天堂寨所处的大别山，是中国南北水系的分水岭，山北水往北流注入淮河，山南水往南流注入长江。所以在天堂寨峰顶北可望中原，南可眺荆楚，巍巍群山尽收眼底。天堂顶有一口天塘，塘水不溢不涸。天堂寨素有“华山险，黄山秀”，山岳风光独特，尤以罗田这边最佳。游客可“一脚踏两省，两眼望（长）江淮（河）”。天堂寨雄关漫道，崇山峻岭，茂林修竹，龙潭飞瀑，奇松怪石颇多，古称“吴楚东南第一关”，气势雄伟壮观（如图 4－58 所示）。

图 4－58　天堂寨崇山峻岭

罗田天堂寨属北亚热温暖湿润季节气候，具有典型的山地气候特征，气候温和；常年降雨量为 1350 毫米，雨量充沛；温光同季，雨热同季；空气清新，气候宜人。天堂寨平均气温为 16.4℃，湿度为 85%，水质为地表一级卫生饮用水。罗田天堂寨植被属北亚热带常绿、落叶阔叶混交林带，是暖温带向北亚热带的过渡性植被类型。现有野生植物 1487 种，动物 634 种。景区内有野猪、穿山甲、金钱豹、不衰猫、原麝、大小鲵、豺狼、野猪、水獭、长尾雉、珍珠黄羊等珍稀动植物资源，是中国七大基因库之一。特产有罗田板栗、罗田苍术、罗田金银花、罗田甜柿、罗田茯苓、罗田娃娃鱼等。地方美食有板栗炖鸡汤、大别山农家饭、大别山红军饭、天堂寨吊锅、小吊酒等。罗田天堂寨是纳凉避暑、观光旅游、会务活动的理想胜地。

三十五、红安黄麻起义和鄂豫皖苏区革命烈士陵园

黄麻起义和鄂豫皖苏区革命烈士陵园，位于湖北省黄冈市红安县城关镇，是为了纪念在黄麻起义和鄂豫皖苏区革命斗争中牺牲的先烈们，于1990年在原红安烈士陵园的基础上扩建而成。1989年原红安烈士陵园被国务院列为重点烈士陵园保护单位，国家AAAA级风景名胜区。陵园内有烈士纪念碑、烈士祠、烈士墓、革命烈士纪念馆、红军干部骨灰堂、红安县革命博物馆、李先念纪念馆、董必武纪念馆等大型纪念建筑物（如图4－59所示）。

穿过绿瓦红檐的高大牌坊，迎面而来的是高25.7米的纪念碑，巍然耸立的黄麻起义和鄂豫皖苏区革命烈士纪念碑上，镌刻着华国锋、叶剑英、徐向前、李先念等的题词。碑座正面塑有五星碑徽，台座正中为汉白玉雕成的花环，左右分嵌有再现黄麻起义和苏区军民坚持武装斗争、保卫苏维埃政权的浮雕，碑座前刻有中共湖北省委和省政府撰写的碑文。纪念碑前两旁的雕像群形象逼真，气势磅礴。左边塑的是一位武装农民身背大刀，高举铜锣，象征着黄麻起义。右边塑的是红军战士高擎钢枪，奋勇向前，象征着根据地军民坚持武装斗争。

图4－59　黄麻起义和鄂豫皖苏区革命烈士陵园

从纪念碑后行百米便是烈士祠，祠内设有烈士灵堂，陈列着红安全县革命英烈的名册及各界人民群众敬献的花圈。祠后面是骨灰堂，东边是董必武纪念馆和红安县博物馆。董必武纪念馆由徐向前元帅题写馆名，拾阶而上，汉白玉雕塑的董必武像慈祥安逸，馆里数幅照片和数十件实物展示了董必武伟大的一生。

由董必武题写馆名的红安县革命博物馆是全国最早建立的县级博物馆之一（如图4－60所示），建筑面积达970平方米，里面陈列着红安人民在中国共产党的领导下，开展农民运动、举行黄麻起义、创建鄂豫皖根据地等各个时期的历史文物

和有关图片，歌颂了红安人民不屈不挠、前仆后继、“要革命，不要钱、不要命、不要家”的老区精神和为中国革命所做出的巨大贡献。

图 4-60　红安县革命博物馆

烈士祠的西边是新修建的李先念纪念馆。由陈云同志题写馆名的李先念纪念馆，占地面积为 3000 平方米，于 1997 年 6 月落成，党和国家领导人江泽民、李鹏、乔石、李瑞环分别为纪念馆题词。整个建筑造型典雅，气势恢宏，展示了李先念同志由一个普通木匠成长为国家主席的不平凡经历。

紧靠李先念纪念馆西边的是黄麻起义及鄂豫皖革命根据地烈士纪念馆，曲槛回廊，古色古香，陈列着在黄麻起义和鄂豫皖根据地革命斗争中做出了杰出贡献的革命烈士的图片、简介和遗物。

在陵园的苍松翠柏丛中，还安卧着全国人大原副委员长韩先楚、秦基伟以及吴焕先、沈泽民、蔡申熙、郑位三等鄂豫皖革命根据地创建者的陵墓。整个陵园雄伟壮观，庄严肃穆。

黄麻起义和鄂豫皖苏区革命烈士陵园内纪念馆馆藏丰富。革命烈士纪念馆内共展出著名烈士 230 余人的遗物、照片、诗抄和雕塑等展品。革命历史纪念馆主要收藏黄麻起义和鄂豫皖苏区的各类文献、文物 700 余件，其中珍藏的黄安妇女运动的放足牌、黄麻起义用过的来复枪、鄂豫皖苏维埃银行发行的货币、各类型布告及红四方面军战士用过的笔记本、武器等，是研究地方武装斗争史及鄂豫皖红四方面军人物的战斗历程的一个革命史综合馆。烈士纪念馆主要收藏在鄂豫皖革命根据地战斗过的革命先烈、红四方面军战士用过的日记本、大刀、长矛、手枪、机关枪、衣物、功勋章及日常生活用品等文物 397 件，如刘光烈、王吉文烈士的日记本尤其珍贵；另外还珍藏有著名书法（画）作品 137 件，党和国家领导人及社会各界知名人士题字题词 105 件。董必武纪念馆主要收藏董必武同志生前用过的物品及能反映董老光辉思想的各类文物。李先念纪念馆主要收藏李先念主席生前用过的物品及与之有密切关联，能反映李先念同志的革命精神、革命风范的各类文物，藏品共320件。

红安黄麻起义和鄂豫皖苏区革命烈士陵园现在是湖北省爱国主义教育示范基地，是开展红色旅游的理想目的地。

三十六、黄冈浠水三角山旅游风景区

黄冈浠水三角山风景区是国家AAAA级旅游区、国家森林公园。三角山风景区自然景观奇特，境内层峦叠嶂、高峻险要、怪石嶙峋、石洞奇观、妙趣横生，境内有名胜古迹、革命纪念遗址等旅游景观景点156处，其中主要名胜景点有："两大革命遗址""两大险境""两大古寨""三大主峰""三大古寺""四大古庵""四大古树""四大名洞""八大奇石"。这里还有老鼠过梁、鹰沟峡谷、舍身崖、一线天，号称鄂东四大险境，雨后云海、林曦日出、森林沐浴等自然体验游各具特色，四季旅游皆宜（如图4－61所示）。

图4－61　黄冈浠水三角山风景区

三角山人文景观荟萃，李白、杜甫、苏轼、欧阳修、陆羽、李时珍、吴承恩、乾隆帝、郑板桥等历代名人到过此山，留下了珍贵诗词、摩崖石刻和优美动人的传说，形成了绚丽多彩的人文景观；宗教文化深厚，名山古寺，交相辉映；历史悠久、最负盛名的是始建于唐代的"三大名寺"（紫云寺、金轮寺、英武庵）。这里风景优美，环境清幽，气候宜人，空气中负氧离子含量高，是天然氧吧，水质含有17种人体所需的多种微量元素，四季不潮湿，无噪音、空气和废水污染，是一方净土，是理想的旅游避暑胜地、休闲疗养之所。

三十七、红安天台山风景区

天台山风景区位于湖北省红安县，是国家地质公园、国家 AAAA 级风景名胜区。天台山因天台主峰“山形类台、巧若天造”而得名，风景区由天台山主峰、对天河漂流、天台寺、艾河风情峡谷、九焰山和香山湖六大景点组成，面积达 120 平方千米（如图 4－62 所示）。

天台山人文资源丰富，素以“佛宗道源，山水灵秀”而著称，更有“红色圣山”之誉。天台山是中国佛教八大宗之一的“天台宗”的起源地，同时又号称红安的文脉，明朝时期，天台山理学研究盛极一时，耿定向、李贽等一大批文化名人会聚天台山传播理学文化。天台山又是革命战争年代红四方面军主要活动区域，红二十五军和红二十八军重建地，鄂豫皖省委旧址。在革命战争年代，这里不仅走出了红四方面军、红二十五军、红二十八军等三支红军主力部队，还诞生了秦基伟、陈锡联、刘昌毅等两百多名将军。

图 4－62　红安天台山

三十八、湖北英山吴家山风景区

吴家山风景区位于湖北省英山县，是国家森林公园、国家 AAAA 级风景名胜区。吴家山一峰柱天，群山逐浪，云飞雾绕，气势磅礴；山山叠翠，陡峭逶迤，状如飞天蜈蚣。这里林深如海，碧野连天，珍禽聚散，异兽出没，为华中地区的一颗绿色明珠。吴家山森林公园汇“峰、林、潭、瀑”于一地，集“奇、险、幽、秀”于一谷，聚宗教文化、民俗风情、历史人文景观、农艺景观于一体，融古朴、奇险、秀丽、神奥于一身。

谷中九潭十八瀑，幽雅绝俗；岸峭壁千仞，谷中奇石嶙峋，千姿百态，鬼斧神工；千年继木园、古藤园，原草原木原生态无限生机（如图 4－63 所示）。

吴家山风景区地处长江中下游亚热带湿润季风气候带，年降水量为 1450 毫米，年均温度为 12.6℃，气候湿润，雨量充沛，温光同步，雨热同季，四季分明，冬无严寒，夏无酷暑，气候宜人，呈现明显优越的山地气候和森林小气候特征，是森林生态旅游、避暑、休闲、科考、探险、品味大自然的胜地。

图 4－63 湖北英山吴家山风景区

三十九、黄冈麻城龟峰山风景区

龟峰山风景区位于大别山中段南麓的湖北省麻城市，是国家 AAAA 级风景名胜区，有“中华长寿山，世界杜鹃园”之美称。龟峰山山如巨龟，昂首翘尾，直冲霄汉，十分奇丽。景区标志性的奇特景观是神形绝酷一只翘首苍天的巨形神龟，全长为 16 千米，宽 7 千米，由神奇的龟头、雄伟的龟背和形象逼真的龟尾巴等九座山峰组成（如图 4－64 所示），堪称世界地质奇观，被誉为“天下第一龟”，又称“长寿山”，最高峰海拔为 1320 米。

龟峰山风景区满山林木苍翠，郁郁葱葱，奇松怪柏，翠竹嫩桑，茶果飘香，奇草异卉，清泉碧水，风景极佳。上有白龙井、黑龙井、喷雪崖、观音岩诸名胜；有化主庙、无梁殿、亭台诸古建筑遗址；还有令人赞赏的石刻、雕塑、险径、怪石、盘松、虬柏等，自古便为著名风景区，有所谓“名山雄峙邑城东，天落蓬莱第一峰”；“振衣直上千寻壁，举手来扪尺五天”的描写，是大别山脉生态旅游的奇景。资源的丰度和品

图 4-64　龟峰山“天下第一龟”

味俱佳,是华中地区不可多得的旅游胜地。

龟峰山一步一个景点,一步一个故事。“花立方”四季杜鹃香千里、“能仁寺”千年古刹赐福寿;“吞日”石刻,气势恢宏;“试剑石”宝剑无踪;“娘娘坟”故事,凄凉婉约;“明王洞”传奇,诙谐有趣;“望儿石”,望儿意切;走长寿路、登拜寿台——添寿顶、赐寿亭、得寿寺。

景区内山清水秀,环境优美,空气新鲜,景区森林覆盖率达 95%,生态环境优美,有“绿色宝库”之称;负氧离子含量高达 5 万/立方厘米以上,空气清新,全国罕见,有“天然氧吧”之称。龟背岭上连片面积达 10 万余亩古杜鹃群落,被国际杜鹃花专家评定为:分布最集中,种群面积最大,树龄最古老,保存最完好,景观最壮丽,堪称世界奇迹,真可谓麻城杜鹃甲天下。这里春季满山野生杜鹃竞相开放,漫山红遍,兰草花吐幽,是春游踏青的好地方;夏季白天苍松翠竹蔽日,夜晚凉气袭人,是避暑休闲的好去处;秋季山上野果遍地,山下一派秋收景象,正好参与农家乐;冬季满山银装素裹,松涛之声不绝于耳,可尽心探古访幽。

四十、黄冈英山桃花冲风景区

在雄峻巍峨的大别山南麓,蓝天如洗,青山叠嶂,白云悠渡,碧水轻流,这里就是著名的活字印刷术发明家毕昇的故里——英山。风景秀丽的国家 AAAA 级风景区、国家森林公园——桃花冲风景区坐落在英山县的东北角,与安徽省国家级自然保护区鹞落坪为邻。风景区总面积为 4.28 万亩,平均海拔为 1205 米,主峰海拔 1698.7 米。桃花冲风景区以山岳地貌、原始生态、红色人文而著称,主要有:“一门、两坎、三岭、四石、五尖、六潭、七湾、八亭、九松、十景”等近百个景点景观,同时这里也是红色革命圣地。

桃花冲风景区地理位置险要,自然景观雄奇。境内崇山峻岭,绵延起伏,古木奇花,色染层峦,碧潭珠市,山涧溪水,穿岩凿壁,飞瀑叠叠,蔚为奇观。嶙峋怪石,奇岩峭壁，云缭雾绕，巧夺天工（如图 4－65 所示）。特殊的地理位置，神奇的地形地貌，构成了极具特色的自然景观。

图 4－65　桃花冲嶙峋怪石和桃花涧

适逢初春，桃花冲柳丝吐绿，桃花初绽，各路游人，纷沓而来。境内无数桃花，五颜六色，品种繁多，花期各异。漫山遍野的杜鹃花也含苞怒放，装点千峰万岭（如图 4－66 所示）。万千兰草馨香四溢，沁人心脾。山花烂漫的时节，空气中到处弥漫着花粉的清香，不计其数的翩翩彩蝶随风飘舞，令人眼花缭乱，仿佛置身于仙境之中。春季姹紫嫣红，蜂飞蝶舞，花香醉人；夏季绿满山川，果香四溢，放眼四顾，“五翠三黄两分红”，分外妖娆；秋天红叶漫坡染苍翠，“三黄两翠五分红”。令人赏心悦目；冬季到处冰花怒放，银装素裹，白玉世界。

进入迷人的十里桃花溪，仙女潭、净心潭、桃花潭、玄武潭潭潭清碧，赤练瀑、时来瀑、鸳鸯瀑、桃花瀑瀑瀑高悬。桃花溪共有 40 多个景点。每个景点或有美丽的传说，令人心驰神往；或有凄美的故事，让人潸然泪下。还有和尚石、瓦卸排、观音坎、黄巢大道、牛头崖等景点更给桃花冲蒙上了一层神秘诱人的色彩。更有那当年革命先烈浴血奋战的小岐岭、大竹园等革命遗址留下的英勇斗争故事，人们至今记忆犹新。同时，这里有红军医院、大竹园会议遗址、军政旧址等一系列红色景点。

桃花冲森林公园境内森林茂密，森林植被特点突出，属“亚热带常绿落叶阔叶混交林带”，植物种类丰富，维管束植物近 160 科 530 属 1100 多种。森林群落中分布有 200 多种树种资源，古老植物特有种类明显。如大别山五针松、金陵松、香果树、青檀、天女、鹅掌楸和“活化石”银杏、水杉等国家重点珍稀保护树种。境内盛产天麻、桔梗、杜仲、厚朴、三七、石斛、麝香等 100 多种名贵药材，素有大别山“第一药材宝库”之称。不仅如此，公园境内动物资源也十分丰富。兽类有金钱豹、香獐、果子狸、水獭、小灵猫、野猪等 30 多种；有锦鸡、长尾雉、鹰、鹤等 70 多种；昆虫类有蜂、蝶、蝉等几百余种；鱼类有大鲵、石锦皇、链、鲫等 20 多种；蛇类有蟒等国家重点保护动物。

图 4-66 桃花冲风景区杜鹃花

四十一、黄冈遗爱湖公园

遗爱湖位于黄冈市区中心，因北宋大文豪苏东坡所作《遗爱亭记》而得名。《遗爱亭记》是苏东坡为颂扬即将离任黄州去湖南任太守的徐君猷而作。徐太守为官清廉，有益乡土，“去而人思之，此之谓遗爱”。20 世纪 90 年代，黄州人为了彰显“遗爱”精神，弘扬东坡文化，将城中的东湖、西湖、菱角湖合称为遗爱湖。

遗爱湖公园总面积为 7555 亩，其中陆地面积为 3147 亩，水域面积为 4408 亩，沿湖岸线为 29 千米。公园呈南北长方状，是一个集生态保护、休闲娱乐、文化传承于一体的东坡文化主题公园（如图 4-67 所示）。遗爱湖公园先后被评为国家AAAA 级旅游景区、国家湿地公园、湖北省十大最美湖泊。有遗爱清风、临皋春晓、东坡问稼、一蓑烟雨、琴岛望月、红梅傲雪、幽兰芳径、江柳摇村、大洲竹影、水韵荷香、霜叶松风、平湖归雁十二个景区。公园内不同景区分别分布苏东坡纪念馆、紫竹苑、爱莲馆、傲雪轩、芸香阁等六大展馆，现均已对外开放。

四十二、罗田薄刀峰风景区

薄刀峰风景区位于湖北省罗田县，位于大别山主峰西南的鄂皖交界处，为国家AAAA 级风景区，占地面积为 30 平方千米，是一个集旅游、会务、休闲、科研于一体的风景区。

薄刀峰原名鹤皋峰，因其峰高耸入云，最高点海拔为 1408.2 米，系长江、淮河

图 4－67　黄冈遗爱湖公园

的主要分水岭之一，旧时常有白鹤栖息于此，古人取诗经中“鹤鸣九皋，声闻于天”之义命名。后因主峰之下卧龙岗形同蛟龙、脊似薄刀、奇松盈立、怪石缀驻，加之1929 年 1 月冯玉祥部尖刀团夜驻此岗并与当地老百姓全歼军阀吴佩孚残部李老末(原名李振威)4 万余人于此，才改名为薄刀峰。

薄刀峰风景区自然景观以松奇、石怪、峰险而著称。薄刀峰园内诸峰，有的巍峨矗立，有的屹然昂首，像骆驼，像少女，像竹笋，应有尽有。它们在秀岭蜿蜒中对峙，在瀑泻雾绕中隐现，整个来看，就如一只巨鹤扇动着碧绿的羽翅，共同汇织了这山峰奋起、岩吐纯浆、木栖珍禽、穴藏异兽的特有风光(如图 4－68 所示)。

图 4－68　罗田薄刀峰景区风景秀丽

薄刀峰景区风景秀丽,气候宜人,森林覆盖率达 90%,常年降雨量为 1450 毫米,平均气温为 16.4℃。薄刀峰山峰奇秀、植被蓊郁,现有 1600 多种植物,其中有 200 多种国家保护植物,还有 100 多种珍稀动物和 2 万多亩原始森林,素有"吴楚游猎绝险处"和"横截东西,建瓴南北"的游历、兵史记载,现为鄂东基因库场保护区。

薄刀峰历史文化悠久,境内有楚吴相争的头至六垸驻军屯落,有魏晋南北朝时巴水蛮田氏远掠江淮沿岸富豪的"爵王主庙",有南宋岳飞抗金的"铜锣险关"和季卜、陈谟等高僧为佛泽乡民而兴建的"独尊古寺",有元末明初徐寿辉凭险啸聚的"鹤皋寨""五垸寨",有清咸丰四年(公元 1854 年)太平军抢占的"红巾寨",还有近现代军阀混战、红军转战鄂皖、刘邓大军鏖战大别山的"献旗岭""摇旗岗""歇马亭""红军洞""就义场"等战场旧址。其景点以峰险、松奇、石怪为特点。

薄刀峰古老而又年轻,如今她正焕发前所未有的青春活力,笑迎四海宾朋前来观光旅游,休闲避暑,猎奇探险,科研考察,寻求品味大自然原始、古朴、神秘的野趣。

四十三、湖北黄梅四祖寺

黄梅四祖寺,古称幽居寺,原名正觉寺,又名双峰寺,是中国佛教禅宗第四代祖师道信大师的道场,它位于黄梅县城西北 15 千米的西山之中,寺庙创建于唐武德七年(公元 624 年),距今已有 1370 年的历史,是中国禅宗第一所寺院。

四祖寺不但在我国佛教发展史上占有重要地位,而且在国际上,特别是在日本、印度、韩国、东南亚等国家和港澳台等地区享有盛誉,也是著名的旅游胜地,国家 AAAA 级风景名胜区。

整个古寺建筑群依山顺势,由上中下三大部分组成,结构布局规范,层次分明,殿堂楼阁盘垣交错,层层叠叠,古色古香(如图 4-69 所示)。其主体建筑有天王殿、大佛殿、祖师殿、地藏殿、观音殿、课诵殿、衣钵案、钟鼓楼、大悲阁、法堂、禅堂、藏经楼、华严殿、半云底、方丈室等。除了寺庙建筑群外,还有许多名胜古迹,如原义丰县遗址、一天门、风栖桥、引路塔、龙须树、二天门、天下名山石碑、花桥、碧玉流、洗笔泉等摩崖石刻,以及毗卢塔、鲁班亭、传法洞、观音寨、宝光石、紫云洞、双峰山等三十多处景观。

山门为青白石条砌筑而成,入山门后,就看到寺庙主体建筑群。现修复有天王殿、大雄宝殿、观音殿、祖师殿、禅堂、客堂、藏经楼、钟鼓楼、方丈室等殿堂楼阁,盘垣交错,金碧辉煌。门窗梁柱雕梁画栋,巧夺天工。殿内新塑的佛像法像庄严,栩栩如生,十分壮观。大雄宝殿是按原貌设计修复的,工程建筑全部采用钢筋混凝土仿古结构,古色古香,殿为七大开间,进深五间,前后走廊,两层飞檐斗拱,36 根大柱落脚,建筑面积为 865.7 平方米,殿高 18.7 米,宽 34.1 米,长 25.7 米,其外貌造型在全国佛教丛林中堪称“一枝独秀”。

寺庙中还生长有三棵古柏树，其中两棵龙柏树（俗称倒插柏），一棵云柏树（又称祥云柏）。云柏树枝盛叶茂，挺拔俊秀，相传是四祖道信亲手所栽，距今已有1300多年历史。寺庙东南北三面青松翠竹环抱，流水潺潺，风景如画，清静幽雅。

图4－69 黄梅四祖寺

第五章　大别山区生态产业开发类别

大别山区生态产业开发的基本思路是走“生态产业化、产业生态化”“功能层次化、区域一体化”的发展道路。生态产业化就是把大别山区优良的生态资源作为自然资本进行投资开发，实现生态资源资本化、市场化、商品化，变生态效益为经济效益，变资源优势为竞争优势；产业生态化就是在限制开发区域发展绿色生态产业，包括生态农业、生态林业、生态旅游业、生态工业等，实现生态、经济、社会的协调共生；功能层次化是指在国家主体功能区规划原则下，对大别山各地方进行具体的功能分区和产业定位，做到层次分明，有序开发；区域一体化是指把大别山区作为一个生态、经济、社会的整体来整合生态资源，构建四市在基础设施、生态环境保护、生态产业布局方面的一体化发展格局，实现大别山各地互利共赢。基于以上开发思路，大别山区可以开发的生态产业应为生态农业、生态林业、中药材、生态旅游业、生态工业和生态服务业。

第一节　生态农业

生态农业（简称 ECO）是将生态学原理和经济学原理相结合，运用现代科技成果和管理手段，把农业生产、农村发展和生态环境治理与保护、资源高效利用融为一体，兼顾经济和生态效益、功能良性循环的现代农业发展模式。生态农业既要有利于保护、改善农业生态环境，又离不开现代科学技术成果和现代管理手段以及传统农业有效经验的运用，其最终目标是要获得较高的经济效益、生态效益和社会效益。生态农业对于农业的可持续发展具有重要意义。早在 20 世纪 70 年代末，美国土壤学家 W. Albreche 提出了生态农业（Ecological Ag－riculture）的发展理念，直到 20 世纪 90 年代初各国政府正式将生态问题引入农业发展的领域，并系统梳理了国外生态农业产业发展的模式。

一、大别山区特色生态农业优势分析

将生态环保理念和先进农业技术贯穿于农业生产的各过程，培育并壮大优势

农业产业，发展天然、绿色、有机特色农产品，打造特色农业产业基地和生态农业园，是大别山区发展特色生态农业的正确选择。特色农业是市场经济条件下现代农业最活跃、最重要的组成部分，具有现代农业全部特征。特色农业发展水平的高低，是衡量农业地区现代农业经济发展程度的重要标志。将特色农业与生态农业相结合，打造特色生态农业，是大别山区农业产业的一大优势。经过多年探索与实践，大别山区特色生态农业发展已有长足进步，基本形成以茶叶、板栗、山核桃、油桐、油茶、猕猴桃、桑蚕丝、竹子、苗木等特色农产品为代表的规模化的特色生态农产品体系。

大别山四市特色生态农业优势明显，各具特色。

(一)六安市

六安市是农业大市，特色农产品种类繁多，基本形成了优质粮油、蔬菜、茶叶、生猪、家禽、水产品、茧丝绸、油茶、六安大麻、草竹柳编等一批主导产业和特色产业。全市现有农业产业化龙头企业国家级 2 家，省级龙头企业 59 家，市级 266 家。全市拥有安徽省著名商标农产品 57 个、知名商标农产品 79 个，全市已通过申报认证的无公害农产品 58 个，绿色食品 119 个，有机食品 56 个。六安瓜片、霍山黄芽、皖西白鹅获批国家证明商标，霍山石斛、六安瓜片、霍邱柳编、迎驾贡酒获中国地理标志保护产品，拥有中国名牌农产品 1 个，省级著名商标农产品 30 个，26 种农产品获安徽省名牌农产品称号。农业生态经济建设开始起步，全市现已建成 3 个无公害茶叶生产基地，2 个无公害蔬菜生产基地，并分别获得了欧盟、中国农业科学院和国家环保总局的认证。绿宜牌珍珠菜及天香菜、归然牌野生葛粉、鹤莲牌莲籽汁等获得绿色食品认证。全市有农副产品出口实绩的加工企业 40 多家，年创汇超过 2 亿美元，占全市出口总额的 60%左右，出口企业涉及草竹柳编、羽绒、茧丝绸、果菜、水产、茶叶等行业。

(二)安庆市

安庆市是全省农业大市，农业资源丰富，多样性明显。全市有国家级优质米生产基地县 5 个、优质棉基地县 3 个、全国生猪调出大县 1 个、生猪基地县 5 个、省级水产大县 7 个，水产、油菜、棉花产业被列入国家优势产业带布局，主要农产品产量位居全省前列，是长江中下游重要的优质农产品生产基地。安庆市实施了农业“5211”工程，全面推进优质粮油、高效园艺、特色水产、有机畜禽、生态林业“五个百万”基地建设，培育了十大农业产业化龙头企业和农产品品牌。2015 年，全市新增农业产业化规模企业 41 家，总数 691 家，居全省第一；新增市级龙头企业 23 家，新增省级农业产业化示范区 3 家。桐城市被认定为国家级现代农业示范区，望江县经济开发区被认定为国家级农业产业化示范基地，填补两大“国字号”空白，全市农产品加工值达 1140 亿元，居全省第二。特色农产品有茶叶、望江大米、岳西桑皮纸、太湖黄牛、太湖六白猪、花亭湖鳙鱼、天柱山板栗、龙眠山茶油、岳西山茶油等。

(三)信阳市

信阳市农业历史悠久,内涵丰富,种植业、养殖业产品的品种繁多,质量上乘。有很多名、特产品在国内外市场闻名遐迩。①中籼优质稻米开发,现已发展到500余万亩,总产达26.46亿公斤,总产值达39.69亿元;②优质花生基地68万亩,总产达12148.9万公斤,总产值4.25亿元;③固始鸡养殖基地,年饲养量达到4170万只,出栏2170万只;④信阳麻鸭基地,年饲养量达到2500万只,出栏达到1800万只;⑤固始白鹅基地,年饲养量达到600万只,出栏400万只;⑥信阳黑猪基地,年饲养量达到100万头,出栏55万头;⑦以"南湾鱼"为代表,以大中型水库为主的豫南淡水养鱼基地,年养殖水面94万亩,各种水产品111351吨,总产值9.3283亿元;⑧以淮南丘陵、浅山区为重点建立的板栗基地154.27万亩,产量达到7881.5万公斤,年产值2.661亿元。还有一些规模较小的特色农产品,极具发展潜力。如淮滨县的山羊,张里的肉牛,息县的"息半夏"、香稻丸、獭兔,商城的桑蚕、甜叶菊、油茶,罗山县的油板栗、瘦肉型猪等。既是信阳当今特色农业经济的亮点,也是今后特色农业的新增长点。

(四)黄冈市

黄冈市物产丰富,是农业大市。粮食、油料、棉花、茶叶、蚕桑、中药材、畜禽等大宗农产品产量稳居湖北省前列,其中蚕茧、板栗、茯苓、花生、油菜、淡水珍珠等产量居湖北之冠。现拥有国家地理标志保护农产品52个,居全国地级市首位;省级以上重点龙头企业获省以上名牌产品、驰名商标达57个。涌现出一批全省乃至全国的粮食大县、油料大县、板栗大县、生猪大县、水产大县等特色产业大县。黄梅青虾基地、农感湖农场美国斑点叉尾鮰鱼苗种繁殖基地居全国第一。全市初步形成以英山云雾牌为主体的绿色食品和有机食品茶叶系列产品,以团风东坡牌为主的有机食品和绿色食品大米系列产品,以武穴、浠水为主的双低油系列产品,以黄州、麻城为主的无公害蔬菜系列产品。

大别山区具有比较优势的特色生态农业包括:生态种植业(包括茶产业、油料、板栗、高山蔬菜、水果等)和生态养殖业等。

二、茶产业

(一)大别山区气候生态条件适合优质茶树生长

1. 对温度的要求

茶叶属耐阴性的多年生植物,影响茶树生长的主要温度是气温、地温和积温。茶树生长的最佳适宜温度为15.0℃~25.0℃,要求年平均气温、生育期间月平均气温均在15.0℃以上,生长期≥10.0℃的积温在5000.0℃左右。大别山区的热量资源充足，常年大于等于 10.0℃活动积温 4500.0℃～5300.0℃，茶树主要生长期内（3～10 月）内月平均气温 10.1℃～27.0℃，且随拔海高度每增高 100 米年平均气温约递减 0.5℃，日极端最高气温≥35.0℃天数下降更为明显；≥10.0℃持续天数皆在 220 天以上；日最低气温≤－2.0℃平均天数、最冷月平均最低地面温度及累年积雪日数 3 个指标也较好地反映大别山冬季候特特点。这样的热量状况非常适宜茶树生长。

2. 对光照的要求

茶树喜光耐阴，适宜遮阴地生长，忌强光直射。全光照条件下的茶叶，叶质脆且叶芽易老化，茶叶质量低。遮阴区茶树氨基酸、叶绿素等有机质多，茶多酚少，茶叶质量佳。光照对茶树生长和物质代谢有较大影响，茶树有机体中 90.0%～95.0%的干物质是靠光合作用合成的。大别山地区历年日照时间均值在 1880 小时以上，累年日照百分率为 42.5%，累年日平均总云量＞80.0%（即阴天）有 140 天以上，海拔 400～800 米的中山区，随着高度的增加，云雾、降雨日也相应增加，且植被丰富，漫射光条件好，因漫射光中所含红光、黄光多，有利于氨基酸、叶绿素形成，可产出叶嫩、味浓的名茶。

3. 对水分的要求

“无水便无茶”，水是茶树生长期的重要资源，也是茶树进行光合作用不可缺少的原料。新梢不断萌发，茶叶相继采摘，皆需连续地补充水分，茶树年均需水量在 1400 毫米左右，其中生长季节（3～10 月）需水量为 1000 毫米左右，占全年需水量的 71.4%。大别山地区水资源充沛，年均降水量 1300～1500 毫米，降水主要集中在 4～8 月，且区内人工和自然水体（系）发达，使空气相对湿度在 75.0%以上，干燥度在 0.7 以下，为茶叶生育期提供充沛的水资源。另外，高森林覆盖率及众多的物种，使茶区空气清新、水资源充沛且基本无污染、空气湿度理想，这些均满足高品质茶叶种植需求。

(二)大别山区茶产业现状(优势)分析

大别山区是我国茶叶重要产地，四市均是茶叶主产区，六安瓜片、霍山黄芽、信阳毛尖、信阳红、英山云雾茶、龟山岩绿等品种茶叶享誉中外。作为地方农业特色产业，近几年大别山区茶产业发展迅速，至 2016 年底，大别山区四市（包括大悟县）共有茶园面积约 294 万亩，茶叶加工企业有 3700 多家，其中省级茶叶龙头企业 30 多家，2016 年茶叶总产量 10.81 万吨（见表 5 - 1 所列）。目前大别山区茶产业的“公司＋基地＋专业合作社＋农户”的经营模式已经基本形成，茶产业已成为山区绿色发展和脱贫致富的一大主导产业。

1. 六安市

现有茶园 55 万亩，2016 年茶产量 2.1 万多吨。目前，全市有省级茶叶龙头企业 9 家，市级龙头企业 50 家，茶叶专业合作社 456 家，名优茶精初制加工厂和生产企业 985 家，茶叶集散地 110 多处；并已形成六安茶叶大市场、霍山县大别山绿色商城等较具规模的茶叶专业市场，其中六安茶叶大市场为皖西入驻经销企业最多的六安茶叶批发市场之一；还有金寨县油坊店乡的皖西最大的干毛茶交易市场，交易面积达 2 万平方米，门面 200 余家，年交易额超 1.3 亿元。同时，在北京、上海、广州、南京等地区均建有六安名茶专营窗口，产品远销欧美、日本、东南亚等 50 多个国家和地区。形成了六安瓜片、霍山黄芽、金寨翠眉、舒城兰花、华山银毫（五朵金花）等茶叶知名区域品牌（品种）。随着六安市茶叶产业集群的进一步发展，涌现出了“一笑堂”“徽六”“金六”“雨佳”“舒绿”等一批较为健全的组织机构和加工、销售网络，在六安茶产业中起着龙头作用。近年来，六安市着力打造六安茶谷，茶产业发展进入了一个崭新的阶段。

2. 安庆市

安庆市生态条件优越，名优茶和茶树品种资源丰富，是安徽省乃至全国著名的优质茶产区之一。近年来，安庆市茶产业发展呈良好态势，茶叶面积稳定增长，产量明显提高，加工生产能力不断提升，茶叶一、二、三产值同步增长。安庆市现有茶园 45 万亩，2016 年茶产量 1.3 万吨。目前全市共有 232 家茶叶生产企业，形成了天柱剑毫、岳西翠兰、天华谷尖、桐城小花茶、龙池香尖、宿松香芽、二祖禅茶等茶叶区域品牌（品种）。近年来通过自身培育和招商引资，安庆茶产业龙头企业不断成长，现拥有省级龙头企业家 2 家。茶叶生产的组织化程度明显提高，合作社数量快速增长，全市拥有茶叶专业合作社 386 家。

3. 信阳市

信阳生态条件独特，茶叶资源蕴藏丰富，种茶历史悠久，茶文化源远流长，茶叶开发潜力巨大。现有茶园达 140.5 万亩，2016 年茶产量 5.95 万吨，总产值达 100.8 亿元，其中红茶产量为 7740 吨，产值 15.6 亿元；其他茶类产量为 2660 吨，产值 6040 万元；春茶产量为 3.4 万吨，产值达 77.9 亿元。全市现有国家级茶叶产业化龙头企业 1 家，省级茶叶龙头企业 13 家，市级龙头企业 71 家，茶叶集贸市场 120 个，茶叶加工企业 800 多家。全市现有中国茶行业百强企业 8 家；拥有中国驰名商标 7 个；现有茶叶从业人员超过 120 万人；茶农人均种茶收入超过 5000 元。形成了信阳毛尖、信阳红、仰天雪绿、“金刚碧绿”“赛山玉莲”等茶叶区域品牌（品种）。

4. 黄冈市

黄冈市现有茶园 37 万亩，2016 年茶产量 0.7 万吨。全市现有 100 余家茶叶企业，其中省级龙头企业 2 家，市级龙头企业 15 家；有 2 家企业被评为“湖北省茶叶出口重点加工企业”，4 家企业被评为“湖北十佳名优茶加工企业”；有 3 家企业年产值过亿元，9 家企业年产值过千万元。英山县为全国名茶基地和无公害茶叶示范县。全市形成了蕲春绿茶英山云雾茶、龟山岩绿等茶叶区域品牌(品种)。

另外,大悟县现有绿茶基地16.5万亩茶叶年产量7570吨。

表5-1 2016年大别山区四市茶产业情况

名称	茶园面积(万亩)	省级以上龙头企业数(家)	茶叶产量(万吨)	茶产量占全省比例(%)
六安市	55	9	2.1	18.75
安庆市	45	4	1.3	10.98
信阳市	140.5	14	5.95	49.30
黄冈市	37	2	0.70	2.36
合计	277.5	29	10.05	—

数据来源:根据有关资料整理。

(三)目前大别山区茶产业发展存在的问题

1. 茶产业面临产能过剩,产业结构调整压力较大

全国整个茶产业将面临产能结构性过剩的危险,国内市场产能消耗能力不足,茶叶市场疲软的问题普遍存在,供大于求、产大于销的矛盾长期难以化解。这使大别山区茶产业也面临十分严峻的市场形势,适销产品结构性短缺,导致消费市场有效需求增长乏力。不同品种茶叶之间、企业之间竞争十分激烈,茶产业结构调整的外在压力不断增大。

2. 茶产业集中度低,产业链较短

首先,虽然大别山区茶叶种植面积广,产量不断提高,但茶产业仍以常规茶叶产品销售为主要产出,茶叶生产销售的基本是初级产品;茶园多为个体小茶厂分散种植经营,规模化、集约化、标准化程度低;茶叶深加工薄弱,产业链短,产品附加值高的深加工和服务业规模有限,延展不足,产能过剩,缓解能力有限。其次,大别山区各地大量的个体小茶厂,分散进行生产加工,不利于统筹管理。在产业化规模化过程中,一个茶叶企业要面对众多茶农,交易协调难度大、成本高,而茶农只面对企业,无法了解市场行情,茶农和加工企业信息不对称,无法对茶叶市场形成统一认识,茶叶加工产业链容易断裂。近年来,虽然在大别山区许多地方涌现了大批合作组织,但茶叶龙头企业还相对脆弱,不能主导某一品种名优茶叶的生产、加工和销售,产业的集中化程度较低。

3. 茶叶农药残留隐患,产品质量有待提升

大别山区茶树良种化程度低,性系良种茶园比例仅为17%,远低于全国51%的平均水平,更低于先进地区。近年茶园虽有一定的发展,但新的接班茶园比重较小。同时在茶园里,农药使用比较普遍,甚至在一些生态茶园示范区,也大量使用农药。还有小型加工企业为了使茶制品更加鲜艳,在揉捻的过程中加入白砂糖等

其他物质，使茶叶更鲜艳、翠绿，但这严重影响了品茶时的口感，也给茶叶营销带来了困难，降低了茶叶的市场信誉。

4. 茶叶品牌意识差，茶叶标准化程度低

大别山区茶叶企业和茶商的品牌意识淡薄，茶商在出售茶叶时的定价标准主要是茶叶产地和炒制技术。许多地方茶叶企业和小茶厂各自分散运营，竞相挤压，缺乏整体意识和统一运作，无法有效集聚科技、资金、生产、销售等资源，难以造就较高市场占有率的知名商标品牌，形成大别山区名茶虽多但知名商标品牌少。"六安瓜片""霍山黄芽""天柱剑毫""信阳毛尖""蕲春绿茶""英山云雾茶"等都只是茶叶品种或区域品牌，而非茶叶商标品牌。以"六安瓜片"为例，无论是茶叶企业、小茶厂，还是个体户，生产的茶叶都叫"六安瓜片"，但质量差异较大。每家茶行都有"特级瓜片""一级瓜片"等分类，却无一个统一的分类标准。目前，六安瓜片就有"徽六""一笑堂""齐山""蝠牌"等10多个品牌；"信阳毛尖"有龙潭牌、文新信阳毛尖、狮之韵牌、蓝天茶等品牌。这些品牌中，很少有知名品牌。因此，很难实现品牌化经营战略和标准化生产经营。

5. 茶园基础差，生产方式落后

首先，大别山区茶园多建在高山、丘陵上，存在以下问题：一是老茶园建园时间早，茶园基础设施差，管理和养护困难，单产不高，效益低；二是茶园多为家庭小茶厂分散种植经营，规模化程度低；三是无性系茶树种植面积相对较小，低于全国平均水平。由于受这些条件的限制，对现有的茶园品种改良相对困难。其次，从茶叶种植栽培到采摘加工环节对劳动力依赖度高，仍普遍存在家庭式、作坊式生产，生产方式落后，茶叶机械化生产连续性差、全程覆盖率低，阶段性劳动力短缺现象严重。茶园现代化管理技术水平不足，缺少统一规划，生产效率低、成本高、资源利用率低。

6. 科技贡献力有限，社会化生产融入不足

首先，大别山区茶叶生产过程中科技投入不足，已有的科技转化率低，科技研究与生产需求存在差异，科研成果在生产技术、产品研发、市场拓展等方面的转化有限。其次，茶叶生产经营方式未跳脱行业局限，社会综合生产资源引入力度不足、对产业提升贡献率低，对新资源、新技术、新模式的采纳和利用相对偏低。茶叶品牌影响力和拉动作用有限，缺少专业化营销服务机构支撑，品牌价值释放度低。茶叶生产主体培育不足，虽已孕育了一批规模企业，但生产规模仍偏低，区域拉动能力有限。

(四)大别山区茶产业发展对策探讨

1. 调整产品结构，适应市场消费需求

首先，面对茶产业产能过剩问题，可以实行茶产业供给侧改革，通过转型升级

控制产能过剩,把发展方式由数量增长转变为质量提升,认真贯彻落实“稳定面积,提高单产,提高质量,提高效益”的产业政策。其次,茶叶消费需求深度调整是茶产业发展的历史必然,中低端品质好、价格实惠的大众茶将成为消费的主流。因此,大别山区茶叶企业和茶商必须认清形势,快速反应,主动适应市场需求新变化,大力调整产品结构,生产出更多更好地能够主动适应市场需求、面向普通消费者的中低端茶叶产品,努力开发生产性价比高的茶叶新产品,满足大众消费需求。最后,拓展茶产业新空间。调整发展思路,丰富茶叶产品种类,提升产品的市场拓展能力。推动企业逐步实现由初级产品加工销售向精深加工的转变拓展,根据茶叶产品需求变化,开发方便、经济、保健型的茶类新产品,如袋泡茶、速溶茶、茶饮料等。将茶产业链延伸到食品、医药、保健、化工等领域,增加附加值。从茶副产品中的茶籽、茶末中提取茶油、茶多酚、茶色素等,深入研发茶叶中植物功能保健产品生产线,形成多元化、系列化、品牌化的精深加工业。

2. 创新茶叶生产经营模式,提高茶叶生产组织化程度

首先,在茶叶生产过程中普遍采用“公司＋基地＋农户”经营模式,即茶叶公司通过土地承包形式在产区建立茶叶生产基地,在自主生产的同时,还与各分散的农户签订合约,由基地公司向农户提供优良的茶树种苗、先进的生产技术、科学的管理方法,适时向农户进行培训、指导,对分散的农户进行专业化的管理,这样既提高了农户茶叶的品质,又能增加茶叶的产量。农户产出的茶叶再由基地公司统一收购、统一加工、统一销售。通过这种模式,变分散经营为规模经营,增强农户的抗风险能力,保障了农户的基本利益,提高茶农的收入。其次,不断发展壮大茶叶龙头企业、专业合作社、茶庄园为代表的诸多符合现代农业生产要求的新型主体。要壮大茶叶龙头企业队伍,使之规模和影响力不断提升,成为推动行业建设发展的中坚力量。要迅速发展茶叶专业合作社,原来的“小生产”单位要化零为整,要大幅提升茶叶生产的组织化规模化程度。

3. 创新营销模式,拓展市场空间

创新茶叶产品的流通方式,强化现代市场营销理念,拓建茶叶商品流通渠道,健全产品销售网络。(1)整合产业资源,形成区域合力,通过丰富的营销手段重点提升茶叶品牌知名度和影响力。以政府、行业协会、龙头企业为主导,组织公共品牌或企业扩大自主宣传。依托新闻媒介,将品牌茶叶推进国内外市场,搭乘我国“一带一路”的合作发展平台,进一步扩大品牌知名度,展示大别山区茶叶产业形象,进行品牌营销,推介主导名茶,提升产品综合竞争力。(2)推动茶叶区域交易市场转型升级。调控茶叶交易市场建设发展步伐和方式,根据各地区域市场流通的实际需要,推动建立设施齐备、交通便利、服务完善的区域性茶叶交易市场,促进产销结合,完善茶叶物流体系,逐步实现茶业信息流、物流、服务体系的现代化,打造

多个现代化的区域性茶叶交易集散中心。(3)创新销售体系,构建电子商务平台。销售体系的建设和完善是茶叶企业的立足之本。除了实体连锁专卖、特约经销等传统营销模式外,基于电子商务平台的移动互联网营销是现时最流行的营销方式,并有进一步深化,逐步成为常规化营销渠道的强劲趋势。大别山区茶叶企业亦应该建立基于电子商务的茶叶信息平台和移动营销网络,通过购物网站、微博、微信等电商平台对茶叶进行宣传,扩大销路,形成新的销售渠道。鼓励企业更多地参与到各类电商促销活动中,借助电子商务市场热度为茶叶品牌加温,拓展市场空间。

4. 建设生态茶园,全面实施无公害茶目标

首先,利用大别山区环境、空气、土壤和水质的自然原生态特征,建设有机生态茶园,改造老茶园。茶园管理遵循生态科学,施用农家肥、改梯壁锄草为割草回园、套种绿肥,使茶园达到保水、保肥的生态平衡目的。病虫害防治采用太阳能捉虫器扑杀虫害,保持良好的生态环境减少病虫害发生。加快建立茶叶产品质量可追溯体系,从源头上加强茶叶质量安全管控。按照属地管理和分段监管的原则,各司其职,各负其责。其次,无公害茶是政府行为,是市场最基本的准入标准。大别山区各种茶叶,在生产的各个环节必须按无公害茶标准要求执行,按标准要求监控生产。一是建议由当地茶产业协会对茶区的农药、化肥经销商实行培训,从源头控制剧毒农药、高残留农药的进药渠道;二是向茶农积极宣传无公害茶的各项生产要求,使每个茶农都能自觉遵守各项规定。

5. 实施品牌化经营战略,提升产业效益

首先,构建以政府和行业组织为支撑,规模企业为主导,认证机构做补充的区域茶叶品牌孵化单元,合力打造以区域公共品牌为基础结构、企业自主品牌进行有效填充的产业品牌综合体系。其次,重点支持企业自主品牌建设。牢固树立质量兴茶、品牌兴业的理念。鼓励支持龙头企业注重品牌策划,重视品牌打造,重视品牌宣传,提升企业形象,提高企业知名度,增强企业竞争力。最后,继续扩大宣传,努力提升品牌形象。要通过多种平台和方式扩大品牌宣传推介力度,打造大别山区茶品牌形象。继续办好各地的茶文化节,开发茶文化旅游。通过发展旅游带动茶文化旅游发展,通过举办各种类型的茶文化会展活动,“以茶促旅,以旅促茶”。组织企业有选择性地参加茶博会、展销会、推介会以及大型茶事活动,积极开展产品推介、展示展销及各类评比活动,展示大别山区茶形象,扩大大别山区茶的知名度,不断提高大别山茶叶品牌的影响力。

6. 加强科技创新,完善茶叶标准体系

茶叶产业的发展重在以科技创新为支撑,以标准体系为引导。首先,鼓励茶叶企业与高校、研究院所合作,走产学研道路,加强茶产业科技创新。通过提高科技成果转化力度、茶资源“跨界开发”力度、跨界产品的产业化力度,实现茶资源的高

值利用，延伸扩展茶叶产业链，实现大别山区传统茶业向现代茶业的跨越。其次，随着我国农业产业化水平的不断提高，标准化在保证产品和服务质量、促进经济转型升级等方面已起着越来越重要的作用。大别山区茶叶主产区域各级政府应加强标准化工作理念，紧跟国家标准化工作步伐，发挥其引导作用，促使企业作为实施主体推动茶叶标准体系的建立和完善，加强知识、技术、信息在产业链上的传递和扩散。将标准化生产贯穿到基地建设、茶园管理、生产加工、市场销售等各个环节。最后，积极引入新技术、新设备，推进茶叶深加工，更新配套一批传统炒青、烘青绿茶生产设备，扩大大宗茶生产，全面提高大别山区茶叶加工生产的清洁化、标准化、全程自动化水平。

三、其他生态种植业

大别山区特色生态农产品除了茶叶之外，还有油料、板栗、高山蔬菜、水果等。

(1)油料。目前大别山区每年油料种植面积超过 1000 万亩，产量约为 170 万吨，成为中部地区油料的重要产地。2016 年，六安市油料种植面积为 125.8 万亩，产量为 17.3 万吨；安庆市油料种植面积为 169 万亩，产量为 29.9 万吨；信阳市油料种植面积为 360 亩，产量为 69.00 万吨；黄冈市油料种植面积为 361.83 万亩，产量为 54.45 万吨。另外，茶籽油也是大别山区的一大特色生态产业。茶油具有极高的营养价值和保健价值，安徽大别山科技开发有限公司(金寨)系中国林业与环境促进会确立的全国第一家“茶油基地”。信阳市新县大别山茶油有限责任公司是一家集科研、生产、经营于一体，立足大别山山区农业资源深度开发和综合利用的科技型企业。

(2)板栗。板栗产业是大别山区农业一大主导产业，主要有湖北省罗田、大悟、麻城，安徽省岳西、舒城、金寨六大板栗生产基地。其中，湖北罗田县板栗产量名列全国第一，被誉为“板栗之乡”。罗田板栗为地理标志保护产品以及地理标志证明商标。2016 年，罗田板栗超过 100 万亩，年产量达 0.75 亿千克，年板栗系列产值达到 7.5 亿元，其产量、面积均居全国之冠。六安市板栗种植面积也在 100 万亩以上，年产量近 4 万吨，居安徽省首位。2016 年，大别山区四市板栗种植面积约 500 万亩，年产量 50 万吨，产值突破 12 亿元。

(3)高山蔬菜。大别山区气候凉爽，空气清新，水质优良，无污染的土壤，腐殖质多，具备绿色高山蔬菜种植得天独厚的条件。金寨高山茭白、将军菜和珍珠菜、桐城水芹、岳西高山茭白、四季豆和佛手瓜、潜山茶新菇、信阳天香菜、黄冈叶路大蒜、蕲春芹菜等都是知名的绿色高山蔬菜。目前大别山区每年蔬菜种植面积约为 580 万亩，每年蔬菜产量约为 880 万吨。其中，2016 年，六安市蔬菜种植面积 94.8 万亩，产量 293.24 万吨；安庆市蔬菜种植面积 120 万亩，产量 162.6 万吨；信阳市蔬菜种植面积170万亩，产量383.12万吨；黄冈市蔬菜面积185.97万亩，产量293.24万吨。高山蔬菜已成为山区脱贫致富的又一大产业。

(4)水果。大别山区属于北亚热带湿润性季风气候，冬暖夏凉，雨热同期，光照充足，四季分明，还具有独特的森林小气候特点。这为水果的生产创造了适合的气候条件。湖北罗田县是闻名全国的“甜柿之乡”，泗流山薏苡仁为国家农产品地理标志保护产品，黄冈市武穴的大金葡萄、信阳的中华猕猴桃闻名全国，息县关店葡萄种植面积近2000亩，产量近千吨。2016年大别山区水果产量约65万吨。

此外，山核桃、葛根粉、木耳、香菇、竹笋、大麻等特色农产品也成为大别山区重要的生态产业。六安是全国四大麻产区之一，主要种类有六安大麻、霍邱红麻、舒城黄麻、金寨苎麻，其中大麻是著名的土特品种，具有很高的经济价值。信阳的三麻即红麻、兰麻和大麻的种植面积达百万亩，年总产为2亿千克，是全国重要的红麻生产基地之一。

四、生态养殖业

(一)生态畜牧业

大别山区温暖湿润的山地气候，适合牧草生长，草地植被面积广泛，具有发展草食畜牧业的良好条件；山丘、河谷、湿地众多，适合发展禽类养殖业。皖西白鹅、六安板鸭、金寨土鸡、金寨黑毛猪、太湖黄牛、固始鸡、豫南黑猪、固始麻鸭、麻城黑山羊、英山茶乡鸡等享誉全国。安庆太湖县成为全国商品牛和瘦肉型猪基地县；信阳的固始鸡鸭、豫南黑猪产品产量大，知名度高；黄冈市武穴、麻城、浠水、黄梅、蕲春是国家生猪调出大县，麻城是全国秸秆养牛示范县市；黄冈的“草当粮种、羊当猪养”的养殖理念广泛推广并取得显著成效。目前皖西白鹅已经形成了较完整的产业链。皖西白鹅具有早期生长发育快、抗病力强、耐粗食、耗料少等特点，享有“世界羽绒之最”的美称。皖西白鹅年饲养量达1900万只，占全国饲养量的二十分之一，相当于世界养鹅王国匈牙利全国的饲养量。六安已成为全国最大的羽绒集散地，并在六安市固镇形成了全国最大的羽绒市场，年产值达20亿元。2016年，大别山区四市畜牧业肉产量约150万吨，禽蛋产量超过100万吨。生态畜牧业成为大别山区农业一大主导产业，也为大别山区脱贫致富做出了重要贡献。

(二)水产养殖业

大别山区水库、湖泊和河流分布广泛，水质优良，适合发展水产养殖业。其中生态渔业产量大、产值多，四大家鱼、河蟹、鳝鱼、龟、鳖、蟹、虾等品种产量大。万佛湖鲢鳙鱼、霍山的鳗鱼、安庆的刀鱼、鳜鱼和黄颡鱼、花亭湖鳙鱼、潢川甲鱼、固始甲鱼、南湾花鲢鱼和鲌鱼、黄冈的鲟鱼、望天湖胖头鱼、黄梅青虾等知名度较高。安徽省著名商标“万佛湖牌”鲢鳙鱼产量成为全国第二、全省第一的有机水产品；太湖县花亭湖鱼年产量近 100 万千克；南湾湖鱼肉鲜味美、微量元素含量多、营养高，享誉全国；黄冈是生态渔业大市，已建成黄梅杨柳湖、蕲春赤东湖、浠水策湖 3 个连片万亩现代渔业基地；黄梅县是青虾基地，农感湖农场的美国斑点、叉尾鮰鱼苗种繁殖基地居全国第一。2016 年，大别山区四市水产品产量约为 160 万吨。其中，六安市水产品产量 32 万吨，安庆市水产品产量 31.1 万吨，增长 2.57%；信阳市渔业总产值 38.41 亿元，增长 6.8%，水产品产量 26.87 万吨；黄冈市渔业养殖面积为 138.9 万亩，比上年增加 0.37 万亩，水产品产量为 52.91 万吨。

五、大别山区发展特色生态农业面临的主要问题

(一)对特色生态农业的认识存在误区

首先，政府对生态农业的重视程度不够。目前大别山区生态农业基本是以单个企业、农民自主开发为主，缺少整体规划和科学论证，功能不配套，简单效仿，粗放经营，在开发建设上随意性较大，存在着一定的无序性和盲目性。各级政府对于大的格局规划不够清晰明确，统一区域品牌引导和宣传力度还不够，还普遍存在“工业带动农业”的片面认识，对发展特色生态农业的技术资金投入不足。基层干部在推进特色农业中缺乏正确引导，将其片面理解为强迫种植和强行摊派，结果引起群众的反感，难以起到应有的示范作用。其次，在当前的农业发展方向上一味强调粮食生产，在高附加值特色农业上没有做足文章。最后，农业开发专项资金投入不足，对特色农产品的扶持力度不够，各项惠农措施在具体操作中落实不到位。

(二)发展特色生态农业前期投入巨大

首先，在大别山区由于消费水平的限制，特色农产品的本地市场容量较小。要想发展这些产业必须走出本地市场，参与国内市场甚至国际市场的竞争，这样的前期市场开拓就需要较大的费用投入。其次，特色生态农业是技术与资金较密集的产业，资金的筹集、技术的获得是发展特色生态农业的必备条件。最后，发展特色农业还必须突破规模的限制。零星种植与养殖无力承担市场开拓、技术指导、广告宣传、物流运输等交易成本，只有形成规模才能把这些成本消化在规模收益中。当前大别山区特色生态农业总体经营规模还比较小，发展特色生态农业需要在水、电、路等方面进行大规模基础设施投资，当地经济实力有限，显然难以承担发展特色生态农业的这些前期投入。

(三)农民文化素质与农业技术水平有待提高

农民是发展特色生态农业的主体，多年来政府通过不断加大对农村教育与农业技术服务的投入，逐步提高了农民的科技文化水平。但是，现实是多数有文化和技术的农民最后流向了城市，留在农村从事农业生产的多是文化水平低、缺少技术与资金的农民。于是便出现了一种恶性循环：向农村投入—农民素质提高—高素

质农民流失。知识化、技术化是特色农业持续发展的关键,而大别山区农民群众的科技素质不高与发展高效特色农业的差距明显。

(四)土地流转存在问题

首先,特色生态农业要实现规模效益必须采取规模化经营。由于大别山区经济比较落后,土地对于农民的生存保障意义大,农民对土地的依赖性很高,在土地规模流转中,他们普遍倾向于短期租赁。但是发展特色生态农业所必须配套的农业基础设施投资大,回报期长,导致承包方不愿意与农民签订短期合同,这一矛盾极大制约着当地特色生态农业的发展。其次,大别山区土地零碎,在进行土地集中化运作中必须与大量农户逐一谈判。在一块相对完整的地块上,只要一两户农民不愿意出租土地,就会影响灌溉、供电、施肥、施药等田间作业,会大大增加经营成本。

(五)缺乏生态产品品牌意识

大别山拥有良好的生态资源,在特色农副产业上有很强的竞争优势,但是大别山区特色农产品"有姓无名",品牌化经营程度低,有些特色农产品甚至没有品牌。品牌化经营程度低,形成了一定的市场风险,致使特色农产品市场鱼龙混杂、以次充好现象时有发生,消费者在选购过程中不能识别市面上哪一种产品才是货真价实的大别山特产,这影响大别山区特色农产品的美誉度。品牌化经营程度低,使大别山区特色农产品附加值低,利润空间小,也难以形成市场优势,影响市场竞争力。

六、大别山区发展特色生态农业的几点对策

发展特色农业是一项十分复杂的系统工程,不仅要对大别山区已有的优秀特色农产品进行发掘、整理、提升,更重要的是要着眼周边市场,发展产品深加工,提高附加值,大力进行产品推广,在种、养、加、销等环节进行特色创新,具体对策如下。

(一)因地制宜发挥特色资源优势

大别山区特色生态农业资源十分丰富,发展山区特色生态农业一定要根据各个地方不同的生态环境、资源条件、技术水平等进行合理规划,因地制宜地发展不同的生态农业模式,切忌"一刀切",力争"一县一特色",实现差异化发展战略,避免低水平重复建设。具体而言,一是要挖掘、保护、恢复一批地方传统特色农业产品,如蕲春苔干、岳西山核桃、英山茶叶、罗田板栗、舒城油桐子等,通过技术升级,稳定产量,提高品质,扩大市场占有率,打造成为名副其实的地方特色农业精品;二要以茶业、板栗、中药材、竹、山货、蚕茧、水产品、特色养殖等八大特色农产品为突破口,大力推动农业产业化整合,提高生产规模与产品档次,尽快把资源优势变成资本优

势，进而变为商品优势，打造一批富有大别山区域特色的新型农业产业。

(二)加大农业科技服务力度

特色生态农业的发展与壮大离不开农业新技术的支持，在建设大别山特色农业产业的过程中，政府要加大科技服务力度。首先，政府要搭建科技服务平台，促进产学研合作成果向大别山区生态农业转化。安徽农业大学坚持走大别山道路30年，坚持产学研结合，通过强化科技成果转化与应用，有力支撑了安徽省大别山区生态农林业发展，为安徽的生态建设和林业发展提供了强有力的科技支撑，就是产学研合作支持大别山区发展的典型事例。其次，政府要大力推广优良品种，加快建设特色苗木、水果、中草药、蔬菜、水产、牲畜等育苗繁育基地，优选适合山地环境生长的品种，为发展特色生态农业提供稳固的优质种苗来源。其次，要大力建设农业技术服务体系，发展多种形式的科技推广模式，发挥农业专业技术人员的咨询服务作用。再次，政府要加大面向基层的农业技术培训的力度，培养一支留得住、靠得住、用得上的农技人才队伍，力争经过2～3年的培训，使每个农户有一个懂技术、会经营的科技带头人。最后，政府要针对农民的认知水平不高的现状，建立各具特色的科技示范基地、示范田，力争在3～4年内实现“一县一特、一乡一业、一村一品”的特色发展格局。

(三)推进生态农业产业化发展步伐

一是要积极调整农业产业结构和农作物布局，使传统农业向高效的生态农业转型；农业结构调整要紧紧围绕优质、高产、高效这一战略目标，以市场为导向，以科技为依托，以规模求发展，以企业作后盾，大力发展特色生态农业；二是要重点发展特色龙头产品，特别是具有传统区域特色、生产技术先进、易于贮藏流通、反季节生产特色的特色农产品，诸如皖西白鹅、太湖黑猪、金寨板栗、罗田板栗、罗田茯苓、固始鸡鸭等；三是要整合资源，培育农业主体，形成“公司＋基地＋专业合作社＋农户”等多种农业开发组织模式，实现生产、加工、销售一体化，发挥规模效应；四是强化特色农产品加工、流通与销售三个环节，建立一批技术先进、质量有保障、辐射面广、带动力强的特色农产品加工、流通、销售龙头企业，增强地方特色农业的竞争力。

(四)实施特色生态农业品牌化经营战略

首先，要转变思想观念，强化品牌意识。拥有品牌就是拥有市场，就可以获得最大的市场价值，这是品牌时代的游戏规则。因此，在大别山区生态农产品的生产和销售过程中，首先要树立以“品牌”求生存，以“品牌”谋发展的意识。其次，挖掘地方文化资源，打造特色品牌。品牌的背后是文化，是企业和区域的精神、价值和形象。大别山区历史悠久，人杰地灵，特色文化资源十分丰富。将大别山区地方特色文化与特色农产品品牌创建有机地结合起来，将大别山区的人文精神与六安瓜片的品牌创建结合起来，赋予大别山区特色生态农产品更高的文化附加值。最后，扶持茶业龙头企业，增强品牌整合能力。品牌的整合能力实际上是一种资源整合、技术整合、资本整合和市场整合的综合能力，分散经营或者小企业经营不具备这种综合能力，而龙头企业是集科技开发、市场开拓、生产经营为一体的经济实体，具有强大的品牌整合能力，能开发和引导市场发展方向。因此必须大力培植大别山区特色生态农产品龙头企业，加快形成市场牵龙头、龙头带基地、基地连农户的茶产业实体。通过龙头企业的引导使大别山区特色生态农产品走向全国市场，打造具有国内甚至国际知名度的品牌。

（五）发展特色休闲农业和田园综合体观光旅游

休闲农业是利用农业景观资源和农业生产条件，发展观光、休闲、旅游的一种新型农业生产经营形态。在综合性的休闲农业区，游客不仅可以观光、采果、体验农作、了解农民生活、享受乡土情趣，而且可以住宿和度假。田园综合体是集现代农业、休闲旅游、田园社区为一体的特色小镇和乡村综合发展模式，是在城乡一体的格局下，顺应农村供给侧结构改革、新型产业发展，结合农村产权制度改革，实现中国乡村现代化、新型城镇化、社会经济全面发展的一种可持续性模式。2017 年 2 月 5 日，“田园综合体”作为乡村新型产业发展的亮点措施被写进中央一号文件。大别山区自然风光秀美，旅游资源富集，发展特色休闲农业和田园综合体观光旅游有利于大别山区区域农产品结构调整和特色农业产业化开发，是实现特色农业快速发展、改变落后的农业生产方式的重要途径。区域内不同县（市、区）可在本地自然资源与环境的基础上，结合当地特色农产品发展特色，开发针对性强的特色休闲农业观光旅游。支持大别山区有条件的乡村建设以农民合作社为主要载体，让农民充分参与和受益，集循环农业、创意农业、农事体验于一体的田园综合体，通过农业综合开发、农业观光旅游等，加速大别山区特色生态农业产业化进程。

（六）构建特色生态农业保护机制，加大资金投入

首先，要通过调研制定具体的保护措施，完善促进生态农业健康发展的长效促进机制，落实在特色生态农业审批、信贷、税收等方面的优惠政策；其次，要大力发展农村经营保险业，适时增加针对特色生态农业发展中各种风险的新险种，最大限度地降低农户的经营风险；再次，各级政府要充分发挥自身的促进作用，调动各种社会资源为生态农业的发展保驾护航；最后，针对发展山区生态农业需要前期投入大量的资金用于建设农业基础设施、改善交通条件、落实技术服务等状况，政府财政要逐年增加对特色生态农业的投入，金融部门要加大对特色生态农业的信贷支持，积极吸引社会资金参与大别山区特色农业建设，提升产业结构，加速特色生态农业发展。

第二节　休闲农业和田园综合体

一、休闲农业

(一)休闲农业的概念及研究背景

1. 休闲农业的概念及特点

休闲农业是一种利用农业景观资源和农业生产条件，发展观光、休闲、旅游的新型农业经营形态和新型消费业态，以生态农业生产和乡村生活为载体，贯穿农村第一、二、三产业，融合生产、生活和生态功能，紧密联结农业、农产品加工业和服务业，可以满足人们在物质和精神文化方面的需求，含有较高文化含量和休闲价值的新型业态。它是深度开发农业资源潜力、调整农业结构的新途径，顺应了时代发展，满足了消费者的需求，是一项发展潜力巨大的朝阳产业。

休闲农业是生态农业和旅游业紧密结合的新型产业，除了具有传统农业的季节性、地域性、生产性，旅游业的观赏性、趣味性、市场性、休闲性之外，还具有自身的一些其他特性:综合性(产业综合性、技术综合性、功能综合性)、乡土性、项目多样性、发展可持续性、市场性。

2. 研究背景

随着经济社会的发展和人民生活水平的提高，居民闲暇时间的增多、城市化进程的加快及农业向第三产业的延伸，农业生产方式改变和农业多功能拓展，人们对休闲农业的需求不断增加，休闲农业的发展成为历史发展的必然。休闲农业作为农业结构调整与产业升级的重要实现形式，在促进生态文明、传承乡土文化、促进城乡良性互动、繁荣农村经济、增加农民收入等方面有重大意义，成为目前农业经济发展的新亮点。

休闲农业在国外已有 100 多年的发展历史。早在 1865 年，意大利就成立了“农业与旅游全国协会”，使农业旅游作为一种新型的旅游形式受到大众青睐。20 世纪 30 年代，欧洲休闲农业得到较大发展，并逐步向美洲、亚洲等部分国家扩展。国内外学者对休闲农业研究主要集中在休闲农业的概念界定、功能、效益、发展历程、发展模式与路径等方面。

2006 年 3 月，国家颁布的“‘十一五’国民经济和社会发展规划纲要”第五章“增加农民收入”中，第一次提出“发展休闲观光农业”，是中国开展休闲农业的重要标志。2007 年中央一号文件指出“建设现代农业，必须注重开发农业的多种功能，向农业的广度和深度进军，促进农业结构不断优化升级。”为拓展农业功能，发展休闲农业指出了发展方向。2011 年农业部印发《全国休闲农业发展“十二五”规划》，指出发展休闲农业，对于转变农业发展方式，促进农民就业增收，推进新农村建设，统筹城乡发展，满足城乡居民日益增长的休闲消费需要具有重要意义。

(二)大别山区休闲农业发展基本情况

1. 大别山区休闲农业基本情况

大别山区丰富的生态资源和农林资源，为开发休闲农业旅游度假基地提供了得天独厚的条件。随着经济的快速发展和城市居民生活方式与需求的变化，大别山区四市着力开发各种休闲农业模式，以满足市民需求，转移城市消费市场，拉动山区经济增长。近年来，大别山区各市立足生态资源优势和厚重的人文历史渊源，结合各地美好乡村建设和农业特色产业开发，以一二三产业融合发展为引领，大力发展休闲观光农业，有力促进了农村经济繁荣和农民致富增收。

(1)六安市。2016 年全市新增休闲农业省级示范县和国家级示范县各 1 家，现有霍山县、金寨县 2 个全国休闲农业和乡村旅游示范县，占全省的 1/6。霍山县成为中西部地区第一个国家级生态县，六安茶谷 5 县区全部为省级以上休闲农业和乡村旅游示范县。全市拥有休闲农业经营主体 1120 个，带动 15.7 万农户从事休闲农业产业经营，全年游客接待人数达到 1622 万人次，占全省休闲农业接待量的 12.2%，年营业收入 32.28 亿元。全市农业部门认真贯彻落实习总书记视察六安重要讲话精神，积极将休闲农业打造成农民增收的新亮点，城市居民旅游度假的新去处，传承农耕文明的新载体。六安市获得省级休闲农业与乡村旅游示范县 2 个，省级休闲农业与乡村旅游示范点 5 个，全国休闲农业与乡村旅游四星级园区 1 个。六安有四条线路位居全国休闲农业精品线路之中，分别是：大别山、金寨、天堂寨三日游；佛子岭、铜锣寨、孔雀河漂流两日游，佛子岭—铜锣寨—孔雀河；六安原生态农业科技有限公司；万佛湖、皖西大裂谷、大别山石窟观光探险。

(2)安庆市目前有全国休闲农业与乡村旅游示范县 1 个，省级休闲农业与乡村旅游示范县 3 个，各类园区 190 个，其中预计年收入 550 万元以上的园区近百个；休闲农庄 114 个，农家乐 2180 户。预计各类休闲农业与乡村旅游经营点全年接待游客 475 万人次，实现营业收入 30.53 亿元，分别比上年增长 15.2%和 13.5%。

(3)信阳市的光山县、商城县认定成为全国休闲农业和乡村旅游示范县。信阳十里岗万亩生态农业休闲观光园区、信阳市怡丰园农业生态发展有限责任公司、信阳天香休闲农业有限公司是典型的农业休闲观光园区。

(4)黄冈市目前已创建省旅游名村 14 家，省生态旅游示范区 6 家，休闲农业示范点 9 个。其中英山县乌云山村上榜 2014 年中国最美休闲乡村，罗田县九资河镇圣人堂村被评为“十大荆楚最美乡村”，蕲春三江生态旅游度假区被评为“全国休闲渔业示范基地”。涌现出英山生态观光茶园、横岗山避暑山庄、罗田农家乐、英山温泉山庄休闲疗养中心等一批休闲农业企业。仅 2015 年，该市乡村旅游就接待游客达 300 多万人次。

2. 大别山区休闲农业发展类型——以六安市为例

大别山区休闲农业已具有明显的特色，类型繁多。按区位划分，主要有城市郊区型、景区周边型、民俗风情型和基地兼容型；按功能划分主要有观光观赏型、参加体验型、休闲度假型和民俗节庆型。表 5－2 所列是以六安市为例的休闲农业类型。

表 5－2 六安市休闲农业类型

划分标准	类型	典 型
区位	城市郊区型	金禾农业体验园、霍山仙谷山庄、金寨县源丰农业科技示范园、东石门乡村旅游度假区、永康桥村生态家园、衡山满路桥自驾车营地、大别山绿色商城、霍山玉一条街、衡山南路餐饮美食街、黄芽茶市
	景区周边型	天堂寨万宝园、天堂寨云峰农家乐、大别山主峰景区香满园农家、天堂寨上海大别山农家乐
	偏远山区型	大别山主峰景区香满园农家、天堂寨上海大别山农家乐、佛子岭农家乐、燕子河大峡谷皇家山庄等
	基地兼容型	金麒麟生态园、茶文化生态休闲基地、黑石渡清潭沟村石斛基地、一隆羽绒白鹅基地、白塔畈油茶产业园、响洪甸六安瓜片茶叶园区
功能	观光采摘型	石羊河生态茶园、黑石渡茶趣园、金竹坪茶叶大观园、诸佛庵万亩竹园、徐冲、小南京蔬菜（草莓）采摘园、青山茅坪茶叶示范园
	民俗节庆型	霍山黄芽茶文化节、霍山玉文化
	休闲度假型	霍邱县田园度假村、寿县君湖刘老根生态农庄、陡沙河茶文化休闲疗养村、佛子岭生态型商务休闲度假区
	教育体验型	金禾农业体验园、人林公社主题农家乐

3. 休闲农业发展已经初具规模——以六安市为例

在六安市乡村旅游五年发展规划总体框架下，各县区分别制定了休闲观光农业全域规划，并注重与当地经济社会发展总体规划、现代农业发展规划、乡镇城镇化规划相协调。充分利用山地、林地、丘陵等丰富的自然环境和资源禀赋，围绕休闲农业谋划和建设了一批观光、餐饮、住宿和度假项目。

通过近几年的努力，全市休闲观光农业不断扩大规模，提升品位，集聚人气，涌现了一批经营主体、行业品牌和新兴业态。截至 2015 年底，全市拥有年收入超过 500 万元以上的休闲农业企业 995 家，产业园区总数 1125 个，其中规模以上的综合园区87个，大型观光采摘园36个，休闲农庄77个，农家乐900余家。在120多个乡镇和275个美丽乡村示范中心村中，积极推动发展休闲农业和特色旅游(见表5-3所列)。尤其是霍山县基本形成了依据不同地貌的休闲农业产业群。

表5-3　六安市休闲农业产业发展规模

园区总数	995个	规模以上	87个
现代农业科技园	29个	休闲农庄	77个
大型农业观光采摘园	36个	专业村	12个
农家乐(户数)	900户		

资料来源：根据有关资料整理。

4. 经济效益充分显现——以六安市为例

2015年六安市休闲农业和乡村旅游接待量将突破300万人次，实现产值约21.5亿元，实现利润约5.89亿元，实现农产品销售收入约17.15亿元，上缴税金3609万元，带动农户8.75万户，带动农民人数30.5万人，农民从中获得收入占农业总收入比重的8%以上(见表5-4所列)。

表5-4　2015年六安市休闲农业发展主要经济指标

实现产值	21.5亿元	实现利润	5.89亿元
上缴税金	3609万元	农产品销售收入	17.15亿元
从业人员	7.2万人	农民就业人数	6.25万人
带动农户数	8.75万户	带动农民人数	30.5万人
年接待人数	301.2万人次	人均消费数	630元

资料来源：根据有关资料整理。

(三)大别山区休闲农业发展中存在的主要问题

1. 休闲农业缺乏总体规划和政策扶持

在市场需求的驱动下，大别山区各地休闲农业最早是从农家乐形式开始发展。但是由于各市没有设立相应的管理部门，缺乏政府对休闲农业发展的总体规划和指导，导致休闲农业在开发和发展中存在盲目性和重复建设问题，忽略依靠自身的特色资源开发特色产品，造成同一地区的休闲农业产品同质化竞争问题，加剧休闲农业企业后期经营管理中的困难，使休闲农业难以朝纵深方向发展。例如，在黄冈市罗田县的乡村，村民自发开展农家乐，规模都比较小，提供的休闲农业项目大同小异，各农家乐之间的恶性竞争激烈，总体规划的缺乏，对休闲农业资源的开发无序，使得休闲农业发展的重点和方向不清，低水平重复建设现象比较严重，极大影响了当地的景区景观。缺少对休闲农业发展总体规划及扶持政策，投资基本处于自发的状态，休闲农业总体布局不够完善，资金支持不足，软件及硬件配套设施比较落后，使休闲农业整体发展还处于比较初级的状态。因此，大别山区各地休闲农业与乡村旅游发展渐成规模，但仍处于市场培育期，需要政府在政策、资金、信息、管理等方面加以扶持和引导。

2. 休闲农业类型单一，规模不大，缺乏特色

(1)从产业类型来看，大别山区各地休闲农业主要是以农家乐为主，农家乐型占89%，其他类型只占11%。休闲农业类型单一，吸引力有限。

(2)存在规模小、投资少、档次低等问题，主要是以独立家庭经营为主，大型企业、公司从事休闲农业开发的少。据调查，大别山区各地休闲农业规模达到500万元以上的仅占8%，100万元以下的占62%。

(3)缺乏特色。以农家乐为主的休闲农业缺乏特色。以当地村民为主体的经营者的经济实力不强，文化程度普遍偏低，导致开发的休闲农业项目功能单一，缺乏特色与创新，无外乎垂钓、就餐、住宿、打牌、采摘活动等。休闲农业经营者基本是将经营重点放在餐饮上，对当地的民俗文化内涵挖掘不充分，带有参与体验性质的农村生产活动、农村生活方式的内容过少，休闲农业项目没有形成当地特色，参与性、知识性和趣味性低。

(4)服务水平不高。从事农家乐、休闲农业开发的人员接受专业培训少，导致服务水平、服务标准跟不上旅游人员的需求，譬如环境卫生、菜系安排、休闲创意、视角设计、地方特色与民俗民风挖掘方面等均存在问题。

3. 缺乏系统的营销策划与营销手段，缺乏品牌效应

(1)营销意识不强。从2009年起，大别山区各地政府每年拿出一定数量的资金支持休闲农业，支持龙头企业、种养大户和回乡创业农民。然而政府“搭了台”，但“戏”还得由企业自己去“唱”。然而调查发现，各休闲农业企业，真正能重视营销并较好地实施营销工作的并不多，通常是坐等顾客上门，即使有的休闲农庄有一些销售活动，但也是零散的、无系统的。

(2)缺乏系统的营销策划。由于休闲农业企业不注重营销，进行整体营销策划者不多，即使有的企业运用了营销策划，但也往往不到位，或者策划时既没有前期调查，也没有后期跟踪，或者策划完后执行不力，既导致资源浪费，又无法提高企业竞争能力。如六安市木南省级现代农业示范区由于没有系统的营销策划，前期投入大量资金于基础设施，没有具体化开发模式，导致目前资金链条断裂、没有消费者前来观光体验的悲剧。

(3)缺乏有效的营销手段。休闲农业企业由于本来就缺乏营销意识，也就很少有企业去考虑采用什么样的营销手段了。实际上，将新的营销手段运用于休闲农业将取得非常明显的效果，如绿色营销、体验营销就是特别适合于休闲农业的营销

手段。通过让消费者亲自参与、体验农事或亲手摘下农产品果实，并动手制作农家饭，去亲近大自然，享受自己的劳动成果，将给人带来全身心的放松。如六安金地豪生态园自家酿酒坊的酿酒过程，让消费者亲自参与酿酒，以便更好地对外宣传、营销来扩大市场。

(4)缺乏品牌效应。主要是以农家乐为主的休闲农业缺乏品牌影响力。各经营主体大多只注重短期效益，忽视品牌投资。各个休闲农业点都有自己的种植养殖区，生产出来的产品在对外销售时很少有自己的品牌。例如具体的垂钓、采摘活动时，只有具体活动，没有注入文化内涵，没有塑造品牌，因而缺乏影响力和竞争力。

4. 缺乏素质较高的专业人才

发展休闲农业，在经营、财务、人力资源等方面都需要专业的管理人才，对管理水平的要求很高。而大别山区休闲农业的经营者大多没有受过正规的培训，大多经营者是当地的村民，缺少相应的休闲农业经营管理经验，缺乏专业的培训，对休闲农业缺乏科学认识，管理水平及组织能力较低，在进行休闲农业发展决策时往往是凭借自己以往的经验或者模仿其他地区的发展，导致开发的休闲农业项目无法满足游客的需求。例如，通过调查发现，黄冈市罗田县、红安县、蕲春县等休闲旅游村都是以经营农家乐为主要形式，服务及工作人员基本上以经营者的亲朋及乡邻为主，经营管理中的随意性和混乱性比较明显，从业人员水平偏低、没有受到过正规的职业技能培训，难以在经营管理以及服务水平上提高经营档次，与专业化的管理与服务水平仍有相当大的差距。另外，由于休闲农业企业地处城市边缘或远离城市中心，对于就业者特别是大学毕业生(包括专科及职业院校的学生)很难有吸引力，即使有时候好不容易引进来了，往往也难留住。如寿县君湖刘老根生态园的负责人就感慨，一名安徽农业大学毕业的学生在他的休闲农业点上班不到三个月就因工作辛苦而“辞职”。

(四)大别山区休闲农业发展对策探讨

1. 加强政策扶持和引导，科学布局，规范管理

(1)加强政策扶持和引导。大别山区各地政府应转变观念，认识到休闲农业是推动农业和农村经济发展、建设现代农业、推进社会主义新农村建设、构建和谐社会的重要途径，并采取实实在在的措施促进和维护休闲农业的发展。政府应制定针对休闲农业的财政优惠政策，增强对休闲农业的产业扶持；采取专项资金补助、宽松的信贷条件、税收优惠、土地政策等措施；成立互助性融资担保机构，缓解休闲农业企业的融资难问题。

(2)各级政府应做好休闲农业发展的战略布局和总体规划。在休闲农业资源丰富、有特色的地区，要实现休闲农业的科学合理布局，通过整合优势资源，借助各

自优势，增强产业扶持力度，由黄冈市旅游局、农业委员会联合行动，组织旅游、农业等相关专业的专家学者，从中培育出一批知名休闲农业品牌。休闲农业的规划应与农业布局、生态环境建设相一致。例如，黄冈市休闲农业发展较好的英山县、蕲春县、黄梅县、麻城市，应在全市休闲农业发展的总体规划下，依据各自的人文古迹、自然等旅游资源的分布、微观区位特征等条件，制定出适合当地休闲农业发展的布局规划。

(3)面对目前休闲农业存在多头管理的局面，应当成立专门的机构，或者有专门的引导机构，会同其他部门共同管理，但要分工明确，各司其职，以免出现各自推诿的现象。政府部门应该制定统一规范与标准，强化规范化管理。从项目审批、安全和卫生保障、价格制定、经营管理、接待服务等各方面都按规章办事。

2. 突出特色优势，创新经营模式

首先，休闲农业的特色是休闲农业发展的生命力和吸引力所在。休闲农业要在“特”字上做文章，突出当地的区域特征，用“特色”这块招牌树立形象、吸引顾客，这是关键。城市居民到乡村地区进行农业观光、休闲和度假，主要目的也是为了体验和感受优美的田园风光、淳朴的风俗民情、优质的生态环境。特色资源基础是休闲农业发展的源泉，开发建设中便应充分开发富有特色和吸引力的休闲农业资源，保持原汁原味的乡村生活方式和文化习俗，突出当地的鲜明特色，做到“人无我有、人有我特”。深入挖掘地方文化内涵，突出个性化和差异化，形成各自鲜明特点。打造特色产品，将特色农产品发展为旅游产品，做到一地一品，增强吸引力，避免低层次的开发与模仿，使游客体验获得更多的民俗文化知识、历史知识、农业知识等，满足游客物质和精神享受的双重需求。其次，要创新休闲农业经营模式，改变以农家乐为主体的经营模式，打造包含休闲观光项目、田园农业旅游、民俗风情旅游、村落乡镇旅游、科普教育旅游、回归自然旅游等多种模式在内的休闲农业模式。以农村田园景观、农业生产基地和特色农产品为主要载体，通过“一乡一业”“一村一品”“一家一艺”培育主导产业，带动发展田园生态型休闲农业。将“体验旅游”、“生态旅游”的项目融入休闲农业项目之中。再次，休闲农业的功能应由单一的观光功能拓宽为观光、休闲、娱乐、度假、体验、学习、健康等综合功能。休闲农业与发展生态农业、特色农业、绿色农业相结合，走可持续发展之路。

3. 创新营销模式，树立品牌效应，加速产业升级

(1)创新营销模式。首先，要增强休闲农业经营主体的市场营销意识，加大宣传力度，打响知名度。要使经营主体把握住商机，抓住游客对农村产品特色、文化特色向往的心理需求，注重对特色农业资源的深层次开发。其次，创新营销模式，实施合理的营销宣传策略。找准目标市场，借助各种新闻媒体、风光纪录片、美食节、桃花节、龙舟节、采摘节、摄影节等活动，加大宣传力度，打响知名度。

(2)树立品牌效应。品牌代表着旅游市场和游客的认可度,品牌就是优质信誉的保证,品牌和特色相辅相成。要牢固树立"民俗文化就是资源,特色品牌就是客源"的理念。因此,应该在"农"字上做文章,以农为根本,体现乡村特色、乡土特色,依赖农村的田园风光、山水农业景观,把资源优势转化成竞争优势。要根据游客的需要和动机进行品牌定位,通过品牌形象设计,使游客能选择其休闲农业项目,提高市场竞争能力。着力把大别山区打造成集"假日田园""湖上乐园""生态大观园"为一体的大型综合休闲观光区。

(3)加速产业升级,延长休闲农业产业链。明确升级换代方向,由单纯的重"吃、喝、玩、乐"到重"休闲、健康、受教育",坚持集约发展、规范管理、节约资源、友好环境的原则,兼顾产品特色化、产业延伸化、队伍专业化建设的同时,实施产业集群战略,实现旅游资源共享。建立旅游协作圈(带),合理分工,实现差异化战略但市场资源共享;加强对旅游产业链各节点重点部分的培育,逐步完善休闲农业旅游产业链。

4. 提高从业人员素质,提升管理水平

(1)加大人力资源开发,提高从业人员素质水平。首先旅游行政部门或农业部门应该制定休闲农业人才发展规划和有关教育培训制度。其次,应大力推行职业高中技校教育,在理论适度、技能过硬的原则基础上培养休闲农业人力市场需要的实用型人才。政府的培训机构要有计划、有针对性地对全行业甚至对居民进行培训。鼓励企业开办培训班,以培训加探讨的方式把本企业的经营管理、产品开发、市场运作、资本运作、服务创新等方面的成功经验进行推广。最后,建立休闲农业人才培养基地,各地应与高等院校联合办学,培养和造就一批熟悉休闲农业业务、具有跨学科综合能力的管理人员和专业技术人员,提高休闲农业从业人员的整体素质和管理水平。

(2)完善人才引进机制。大力推进农业企业与国内外研究咨询机构、高等院校进行接洽,鼓励从省内外、境内外引进现代休闲农业高级管理人才,加速提高全市休闲农业产业人才的素质水平和管理水平。

二、田园综合体

(一)田园综合体的由来与初实践

田园综合体是集现代农业、休闲旅游、田园社区为一体的特色小镇和乡村综合发展模式,是在城乡一体格局下,顺应农村供给侧结构改革、新型产业发展,结合农村产权制度改革,实现中国乡村现代化、新型城镇化、社会经济全面发展的一种可持续性模式。2017 年 2 月 5 日,"田园综合体"作为乡村新型产业发展的亮点措施被写进中央一号文件。

出于对乡村社会形态、乡村风貌的特别关注，2012 年，田园东方创始人张诚结合北大光华 EMBA 课题，发表了论文《田园综合体模式研究》，并在无锡市惠山区阳山镇和社会各界的大力支持下在“中国水蜜桃之乡”的阳山镇落地实践了第一个田园综合体项目——无锡田园东方。在项目不断探索的第四个年头，2016 年 9 月，中央农办领导考察指导该项目时，对该模式给予高度认可。2017 年由田园东方的基层实践，源于阳山的“田园综合体”一词被正式写入中央一号文件，文件解读“田园综合体”模式是当前乡村发展新型产业的亮点举措。

(二)田园综合体是什么？做什么？怎么做？

1. 田园综合体是什么

(1)田园综合体是在城乡一体格局下，顺应农村供给侧结构改革、新型产业发展，结合农村产权制度改革，实现乡村现代化、新型城镇化、社会经济全面发展的一种可持续性模式。

(2)田园综合体的提出是基于一种商业模式方法论。其出发点是主张以一种可以让企业参与、带有商业模式的顶层设计、城市元素与乡村结合、多方共建的“开发”方式，创新城乡发展，形成产业变革、带来社会发展，重塑乡村的美丽田园、美丽小镇。

(3)田园综合体经济技术原理，就是以企业和地方合作的方式，在乡村社会进行大范围整体、综合的规划、开发、运营。首先，企业化承接农业。企业承接农业，就可以避免实力弱小的农户的短期导向行为，可以做中长期产业规划，以农业产业园区发展的方法提升农业产业，尤其是发展现代农业，形成当地社会的基础性产业。其次，规划打造新兴驱动性产业——综合旅游业，也可称之为文旅产业，促进社会经济产生大的发展。最后，在基础产业和新兴驱动性产业起来后，当地的社会经济活动就会发生大的改变，该地区就可以开展人居环境建设，为原住民、新住民、游客这三类人群，营造新型乡村、小镇，形成社区群落。所以也可以这样描述，田园综合体最终形成的是一个新的社会、新的社区。

综上所述，田园综合体就是农业＋文旅＋地产的综合发展模式。早在 2012 年底的时候，我国就有 8.5 万个村开展了休闲农业与乡村旅游活动，休闲农业与乡村旅游经营主体达到 170 万家，其中农家乐 150 万家，从业人员 2800 万，占全国农村劳动力的 6.9%，年接待游客 8 亿人次，实现营业收入超过 2400 亿元。中国休闲农业产业已成为农业和农村经济发展的亮点之一，并彰显出广阔的发展前景。

(4)田园综合体综合产业体系构建。农业休闲综合体的综合产业链包括核心产业、支持产业、配套产业、衍生产业四个层次的产业群。①核心产业是指以特色农产品和园区为载体的农业生产和农业休闲活动；②支持产业是指直接支持休闲农产品的研发、加工、推介和促销的企业群及金融、媒体等企业；

③配套产业则是为创意农业提供良好的环境和氛围的企业群，如旅游、餐饮、酒吧、娱乐、培训等；④衍生产业是以特色农产品和文化创意成果为要素投入的其他企业群。

2. 田园综合体做什么

田园综合体的定义要注意两个方面：第一是关于主体的定义，它强调要以农民合作社为主要载体，农民能够充分参与和受益；第二是在产业内容上是集循环农业、创意农业、农事体验三个于一体的田园综合体。

(1)循环农业就是利用物质循环再生原理和物质多层次利用技术，兼顾生态效益、经济效益、社会效益，实现资源利用效率最大化、废弃污染最小化的一种环境友好型农作方式。

(2)创意农业是以审美体验、农事体验为主题，具有养生、养美、体验品味的功能和快乐，提供给在快节奏工作中的人放松的地方，增添被高楼大厦包裹外的乐趣，目的是让农民增收、农村增美、企业增效、城市增辉。其借助创意产业的思维逻辑和发展理念，人们有效地将科技和人文要素融入农业生产，进一步拓展农业功能、整合资源，把传统农业发展为融生产、生活、生态为一体的现代农业，即现在所谓的创意农业。

(3)农事劳动就是休闲农业将农业生产、自然生态、农村文化和农家生活变成商品出售，城市居民则通过身临其境地体验农业、农村、农民资源，满足其愉悦身心的需求。

3. 田园综合体怎么做

(1)建设原则。田园综合体包括农业、文旅、地产三个产业。农业要做三件事，现代农业生产型产业园＋休闲农业＋CSA(社区支持农业)；文旅产业要打造符合自然生态型的旅游产品＋度假产品的组合，组合中需要考虑功能配搭、规模配搭、空间配搭，此外还要加上丰富的文化生活内容，以多样的业态规划形成旅游度假目的地；地产及社区建设，无论改建还是新建，都需要按照村落机理打造，也就是说，即使是开发，那也是开发一个“本来”的村子，并且更重要的是要附着管理和服务，营造新社区。

(2)田园综合体的组成。①景观吸引区：吸引人流、提升土地价值的关键所在。依托观赏型农田、瓜果园，观赏苗木、花卉展示区，湿地风光区，水际风光区等，使游人身临其境地感受田园风光和体会农业魅力。②休闲聚集区：为满足客源的各种需求而创造的综合产品体系。可以包括农家风情建筑(如庄园别墅、小木屋、传统民居等)、乡村风情活动场所(特色商街、主题演艺广场等)、垂钓区等。休闲聚集区使游人能够深入农村特色的生活空间，体验乡村风情活动，享受休闲农业带来的乐趣。③农业生产区：生产性主要功能部分让游人认识农业生产全过程，在参与农事活动中充分体验农业生产的乐趣。同时还可以开展生态农业示范、农业科普教育示范、农业科技示范等项目。④居住发展带:城镇化主要功能部分。居住发展带是田园综合体迈向城镇化结构的重要支撑。通过产业融合与产业聚集,形成人员聚集,形成人口相对集中居住,以此建设居住社区,构建了城镇化的核心基础。⑤社区配套网:城镇化支撑功能。服务于农业、休闲产业的金融、医疗、教育、商业等,我们称为产业配套。而与此结合,服务与居住需求的居民,同样需要金融、医疗、教育、商业等公共服务,由此,形成了产城一体化的公共配套网络。

(3)产业延伸与互动模式设计。在田园综合中,一二三产业互融互动,通过各个产业的相互渗透融合,把休闲娱乐、养生度假、文化艺术、农业技术、农副产品、农耕活动等有机结合起来,能够拓展现代农业原有的研发、生产、加工、销售产业链,使传统的功能单一的农业及加工食用的农产品成为现代休闲产品的载体,发挥产业价值的乘数效应。

(三)大别山区田园综合体建设探讨

从中央一号文件中可以看出,未来一段时间,田园综合体建设将大有可为。这给大别山区生态农业和农村经济发展带来了新机遇。大别山区生态资源丰富、旅游资源富集、风土人情独特,休闲农业发展有了一定的基础,因而具备建设田园综合体的前提条件。今后,大别山区应该将田园综合体建设作为顺应农村供给侧结构改革、新型产业发展,重塑乡村的美丽田园、美丽小镇的重要内容。大别山区田园综合体建设的具体策略如下。

1. 政府应加强扶持和引导,科学布局

首先,各级政府应该深刻理解中央一号文件中有关内容的精神,制定出科学合理的田园综合体发展规划,出台具体政策,包括财政、金融、税收、土地等方面的优惠扶持政策。其次,各级政府要搞好招商引资,积极培育田园综合体建设主体,可以通过联营、加盟的形式,与全国各地成功的田园综合体项目(例如无锡田园东方)开展合作,并且要广泛吸纳社会资本参与田园综合体建设。最后,地方政府要组织相关人员到全国各地成功的田园综合体项目去参观学习,学习他们先进的经营理念、经验,可以从这些地方引进专业人才来进行指导,或与这些地方联合培养本地需要的专业化人才队伍。

2. 打造田园综合体多元化产业结构

要想进一步促进田园综合体的发展,就需要在进行田园综合体建设和经营的过程中促进产业经济结构的多元化,这主要是指在开展建设工作的过程中要能够在保持农业发展的过程中促进第一产业和第三产业的融合,可以根据大别山区各地的实际情况来推广采摘园、农家乐、垂钓等娱乐方式。通过这样的方法让其在发展的过程中更加能够适应市场经济的发展,进一步促进自身的发展。

3. 升级综合体产品的整体模式

在田园综合体发展的过程中，要能够升级自身的综合体产品的整体模式，这主要是指在发展的过程中要能够从单一的农产品到综合休闲度假产品，要能够将多个产品结合起来形成自身独特的文化特色和经营模式。在经营的过程中可以构建生态水产养殖度假区、葡萄庄园度假区、垂钓度假区、民俗休闲度假区等。通过度假区的建设能够形成自身的文化品牌，能够吸引更多的城市居民到农村来观光，这就能够进一步提升田园综合体的发展水平，提升其自身的经济效益和社会效益。

4. 创新田园综合体发展模式

根据大别山区各地情况，田园综合体发展模式可以具体选择为乡村休闲旅游产业、乡村养生养老基地、宜居宜业的农业特色小镇等。

(1)大别山区山水自然及田园风光、古村古街与古建、农耕用具与农耕文化、民俗风情、民间小吃、民居老宅、乡村风水文化、民间娱乐文化、民间遗产文化丰富多彩，应该将这些元素融合到乡村休闲旅游中。开发创意农业、农事体验项目，能吸引人，能留住人。

(2)在大别山区打造各类主题乡村旅游目的地和精品线路，发展富有乡村特色的民宿和养生养老基地。鼓励农村集体经济组织创办乡村旅游合作社，或与社会资本联办乡村旅游企业。多渠道筹集建设资金，大力改善休闲农业、乡村旅游。养生养老是一种产业，而度假产业在其中有着重要的作用，丰富的田园综合体的产品则能丰富整个养生养老的过程，如生态环保的循环农业所生产的食物、农事体验如采摘、园艺活动所带来的乐趣等。

(3)在大别山区围绕有基础、有特色、有潜力的产业，建设一批农业文化旅游“三位一体”、生产生活生态同步改善、一产二产三产深度融合的特色小镇。支持各地加强特色小镇产业支撑、基础设施、公共服务、环境风貌等建设。打造“一村一品”升级版，发展各具特色的产业小镇。“田园综合体”做的是田园旅游和乡村旅游，它作为新型城镇化发展的一种动力，通过新型城镇化发展第一、二、三产业，人居环境发展，使文化旅游产业和城镇化得到完美的统一。

第三节 生态林业

大别山区属亚热带季风性气候，气候温和、雨水充沛、光照充足、四季分明，独特的气候特征非常适宜树木植被生长，因而大别山区森林资源丰富，森林覆盖率高。大别山区地带性森林植被为跨北亚热带落叶与常绿阔叶混交林带和中亚热带常绿阔叶林带，森林资源多为天然次生林，森林植被垂直分布明显。植被类型有针叶林、阔叶林、竹林、灌丛，林种有用材林、防护林、特用林、经济林和薪炭林等。目前区内林业用地约 3919.34 万亩，占区域山区面积的 65.27%，其中林地面积约 3685.7 万亩。大别山水源涵养林区森林生态系统占绝对优势，为多林种防护林体系，兼有果材兼用林区，综合生态效益较明显。竹林是大别山区林业的重要组成部分。在种类繁多的竹林中，主要品种是毛竹，种植面积约 28.9 万公顷，占竹林面积的 80%以上。毛竹在家具用材、造纸、竹纤维纺织等产业领域发挥重要作用。目前，大别山区每年年产鲜竹笋约 0.61 万吨，竹产业产值近 90 亿元，占林业产值的 33.00%，占全区 GDP 的近 3.00%。竹产业给大别山区带来了明显的经济效益。目前，大别山区四市经济林面积约 719.8 万亩，活立木总蓄积量约 11633.8 万立方米，2015 年实现林业总产值约 990 亿元（见表 5-5 所列）。

表 5-5 大别山区四市林业主要经济指标（2015 年）

	森林覆盖率（%）	林业用地面积（万亩）	林地面积（万亩）	经济林面积（万亩）	活立木总蓄积量（万 m^3）	林业总产值（亿元）
六安市	44.71	1080.00	1020.5	165.8	3239.0	342.90
安庆市	39.24	849.10	796.8	154.0	2526.0	291.49
信阳市	36.11	866.34	866.4	150.0	3068.8	157.00
黄冈市	43.00	1124.00	1002.0	250.0	2800.0	200.0
合计	—	3919.34	3685.7	719.8	11633.8	990.0

资料来源：根据有关资料整理。

一、六安市

六安境内树种资源起源较早、区系复杂、种类繁多，乔灌木树种 28 目 73 科 225 属 858 种，80%分布在西南中低山区，经济价值较高的乔灌木树种 250 种左右，属国家一类保护树种有香果树，三类保护树种有楠木、花榈木、红椿。全市森林覆盖率为 44.71%，林木绿化率为 48.51%。目前，六安市林业用地面积为 720314 公顷，占国土总面积的 46.61%；有林地 680361 公顷，占国土总面积的 44.03%。其中乔木林地面积为 569842 公顷，经济林面积为 46483 公顷，竹林面积为 64036 公顷；全市四旁树木占地面积为 50552 公顷。全市活立木总蓄积量为 3239 万立方米，其中乔木林地蓄积为 2989 万立方米，疏林地蓄积为 2.7 万立方米，散生木蓄积为 17.4 万立方米，四旁树木蓄积为 226.9 万立方米。竹林蓄积为 41963 万根（其中毛竹蓄积为 16900 万根）。六安林业产业发展潜力巨大。霍山县素有“江北毛竹第一县”之称，毛竹林面积为 2067 公顷。近年来毛竹产业发展迅猛，深加工产品如竹地板、竹纤维、竹家具等年产值已突破20亿元。此外，霍山还出产中华九大仙草之首——霍山石斛。

目前，六安市生态林业经济包括四类。

(1)木业。六安是传统的木材产区，发展木材产业具有得天独厚的资源优势。以建设工业原料林为重点，打造木材生产后备基地，提高木材深加工水平，提升人造板等木制品生产水平和档次，提高森林资源综合利用率。

(2)竹业。一产以发展毛竹产业为突破口，已建成毛竹基地55183公顷；二产以竹胶板产品为主，新产品开发和竹胶板结构调整潜力大。其中霍山县荣获“中国竹子之乡”称号。

(3)森林食品。主要有食用菌、木本粮油(板栗、栎类、山茶油)、森林蔬菜、野生动物驯养基地等开发初具规模。重点打造香菇、木耳、板栗、大别山薄壳山核桃和茶油等生产基地。

(4)森林旅游业。六安市境内已建立天马国家级自然保护区等多个自然保护区、天堂寨国家森林公园等多个森林公园、湿地公园等，森林旅游资源十分丰富。森林旅游成为皖西旅游业的重要内容，也为地方经济发展做出了一定贡献。

二、安庆市

截止2015年底，安庆市林业用地面积为849.09万亩，其中森林面积为796.76万亩，活立木蓄积为2526万立方米，森林覆盖率达39.24%，林木绿化率达42.87%。全市现有湿地面积为253.12万亩。安庆市成功创建国家森林城市、全国绿化模范城市，创建全国绿化模范县2个、省级森林城市4个、森林城镇28个、森林村庄245个，建成森林长廊示范段375.1千米。每年全市义务植树超过1100万株。

目前安庆市划定生态公益林343.11万亩，其中国家级有252.58万亩，省级有90.53万亩。建成自然及湿地保护区5个，总面积达183.83万亩，其中国家级自然保护区2个，面积为30.31万亩。建成国家湿地公园3个(其中试点2个)，面积为44.74万亩。建成森林公园9个，面积为34.125万亩，其中国家森林公园4个，面积为13.37万亩。

在生态林业产业发展方面，目前形成以经济林果、木本油料、种苗花卉、森林旅游、林下经济、板材加工、林浆纸一体化等为主体的林业产业化体系，建成工业原料林、特色经济林和花卉苗木基地321万亩。太湖、潜山县成为全国油茶产业发展重点县。全市现有国家级龙头企业1家，省级龙头企业119家，市级龙头企业65家。现有国家级合作示范社5家，省级合作示范社38家。现有3个中国驰名商标、8个省著名商标。2015年全市林业总产值291.49亿元。

三、信阳市

目前，信阳市林业用地面积为 1034.85 万亩，有林地面积 866.34 万亩；森林覆盖率达 36.11%，分别高于全国和全省平均水平 14.48 和 13.13 个百分点；活立木蓄积量为 3068.8 万立方米；林地单位面积蓄积量达每公顷 61.97 立方米，高于全省每公顷平均蓄积量为 10.7%。城市规划区森林覆盖率为 53.5%，城市建成区绿化覆盖率为 42.41%，绿地率为 36.94%，人均公共绿地面积为 12.73 平方米。全市森林资源持续增长。“十二五”期间，全市共完成造林 177.95 万亩，抚育改造 139.9 万亩，义务植树累计 7560.1 万株。

信阳市坚持兴林富民，注重依托丰富的林业资源，着力打造茶叶、苗木花卉、油茶等经济林产业化集群，使生态林业产业稳步发展。目前，全市经济林基地面积达 433.1 万亩，其中茶叶基地 210 万亩，苗木花卉基地 47 万亩，油茶基地 66.36 万亩，板栗基地 109.8 万亩。各类林产品加工经营单位 1500 多家，其中 42 家被授予省级林业产业化重点龙头企业。全市森林旅游势头强劲，南湾和黄柏山两个国家级森林公园被评为首批“中国森林氧吧”；鸡公山、董寨、连康山、金刚台、南湾、黄柏山等自然保护区和森林公园已成为森林旅游热点景区，并辐射带动了乡村休闲、采摘、观光等生态旅游业的发展，生态旅游人数年超过 500 万人次，年旅游收入达 30 亿元以上。林业产业的快速发展，为林业增效、林农增收、生态增优做出了积极贡献。据测算，“十二五”期间农民来自林业的收入占农民人均纯收入的 21%。2015 年预计全市林业生产总值 157 亿元以上，与 2010 年 90.58 亿元相比增长了 70% 以上。

四、黄冈市

黄冈市是林业大市，全市林业用地面积为 1124 万亩，林业用地占国土总面积的 46%，森林面积为 1002 万亩，活立木蓄积为 2800 万立方米，森林覆盖率为 43%。黄冈林业资源基础好、生态优势突出，在黄冈建设“两型社会”(资源节约型、环境友好型)中具有十分重要的地位和作用。

(1)经济林资源独具优势。全市板栗面积为 243 万亩，产量约 8000 万公斤，居全国地市第一，油茶、甜柿、乌桕列全省第一，是全国闻名的板栗之乡、茶叶之乡、药材之乡、甜柿之乡。

(2)森林旅游资源特色突出。生态公益林管理有序。全市国家级生态公益林区划界定 8 个县(市、区)，总面积为 49.36 万亩。建有大罗田大别山、浠水三角山、红安天台山、英山吴家山、麻城五脑山五座国家级森林公园和 7 个省级森林公园。

(3)自然保护区和湿地资源优势明显。全市有大别山国家级自然保护区、龙感湖湿地自然保护区、大崎山自然保护区、云丹山自然保护区；有遗爱湖省级湿地公园、蕲春赤龙湖国家湿地公园、麻城浮桥河国家湿地公园、红安金沙河湿地公园和21个自然保护小区，保护总面积达122万亩。全市湿地资源丰富，湿地面积为3055平方千米，其中天然湿地为203平方千米。

第四节　中药材

大别山区属亚热带季风性气候，气候温和、雨水充沛，独特的气候特征非常适宜中药材生长，因而中药材资源种类繁多，品种有近2万种。茯苓、百合、霍山石斛、桔梗、天麻、灵芝、金银花、蕲艾、珠参、五味子等是驰名中外的传统道地药材。霍山石斛位于中华九大仙草之首；黄冈罗田县是全国“茯苓之乡”，享誉中外；信阳商城是著名的“药乡”。目前，大别山区中药材种植面积约5.92万公顷，年产药材超过20万吨。大别山区已经成为全国重要的中药材产地，其“公司＋基地＋农户＋专业合作社”的产业化经营模式和产、供、销一条龙发展的产业链已经基本形成(见表5-6所列)。

表5-6　大别山区四市中药材主要经济指标(2016年)

	中药材品种(种)	种植面积(万亩)	中药材产量(万千克)	中药年种植收入(亿元)
六安市	1866	24.6	1000.0	17.0
安庆市	1160	20.0	1236.0	19.2
信阳市	370	6.0	800.0	15.3
黄冈市	1172	70.0	20000.0	25.0
合计	—	120.6	23036.0	76.5

资料来源：根据有关资料整理。

一、大别山区四市中药材产业发展现状

(一)六安市

六安市中药材资源丰富、特色鲜明，是安徽省中药材主产区之一，素有“西山药库”“中药材宝库”之称。六安市各级政府高度重视中药材产业化工作，将发展中药材产业列入全市经济发展规划之中。2010年，六安市局重新编制了中药材产业发展规划，率先在安徽省成立了中药材产业协会和霍山石斛、百合、天麻、茯苓、灵芝等共54个中药材专业协会。

据统计，目前六安市共有中药材品种1866种，其中珍稀名贵药材和道地药材35种，全市中药材总蕴藏量达2亿多公斤，拥有霍山石斛、百合、金寨天麻、茯苓等国家地理标志品牌，是传统的霍山石斛、天麻、灵芝、茯苓、杜仲、厚朴、断血流、桔梗、皖贝母等原料生产基地。其中，霍山石斛最为著名，位列中华九大仙草之首；断血流与云南白药齐名；引进栽培成功的有西洋参、人参等30多个品种。目前，全市中药材种植面积为24.6万亩，产量约400万千克，野生中药材产量达600万千克。中药年种植收入达17亿元，带动中药材产业链从业人员30万人。另外，全市有药用动物144种，名贵动物类药材有麝香、灵猫香、全虫等。全市现有中药材国家级品牌品种4个、省级2个，国家地理标志品种5个，中药材"绿色十道地"品种45个。有安徽圣农生物科技股份有限公司、霍山县亿康中药材科技发展有限公司、安徽东方灵芝宝药业有限公司、霍山县黑石渡镇九仙尊石斛基地等中药材龙头企业。

皖西学院石斛产业化开发协同创新中心通过协同创新，有效推进高校基础研究与石斛开发企业应用研究的深度融合，围绕石斛上下游完整产业链的战略发展需求和重大科技任务，集聚整合国内外创新要素，打造具有国内乃至国际影响力的石斛产业化开发核心技术创新研发基地，引领和支撑中国石斛产业发展。协同中心自成立以来所取得的各项成果，包括：霍山石斛新品系"霍山石斛3号""霍山石斛4号"通过安徽省农委审定；"霍山石斛种苗繁育技术规程""霍山石斛栽培技术规程"林业行业标准通过国家林业局审定。协助霍山县政府制定了《霍山县霍山石斛发展规划(2014—2020)》；取得2014年度国家科技进步二等奖一项；启动10000平方米霍山石斛现代化栽培基地建设，并将联网技术应用于石斛栽培等。

(二)安庆市

安庆市地形复杂，土壤各异，适应各种中药材生长，中药材资源蕴藏丰富。地处大别山腹地的岳西县曾被誉为全国中草药资源丰富的六大宝库之一。据统计，全市有药用价值的植物类200多个科1160种，动物类69科102种，矿物类12种，其他类7种。商品药材1017种，占全省的三分之一。年中草药材产量为123650.5吨。全市地道药材有茯苓、天麻、石斛、桔梗、玄胡、蔓京子、厚朴、望春花、瓜蒌、天花粉等，其中大别山茯苓，以其质地优良、产量大、加工工艺精湛而被列入安徽省四大名药之一。珍惜名贵药材有珠参、麝香、灵猫香、祁蛇、穿山甲等14种。大宗药材有200多种，其中每年可产1000吨以上的有茯苓、瓜蒌、葛根、夏枯草、活血藤、香附子、虎杖、菝葜等8种，年产500吨以上的有桔梗、南山楂、金樱子、野菊花、白茅根、断血流、石菖蒲等12种。全市中药材的加工生产具有一定的基础，目前有3家中药制剂生产企业。

(三)信阳市

信阳市具有药用价值的植物有370余种,中药材的品质、产量居河南省之冠。目前全市中药材蕴藏量较大的有银杏、葛根、红豆杉、天麻、百合、杭白菊、桔梗、茯苓、天麻、白术、射干、瓜蒌、猫爪草、麦冬、红栀和半夏等,而道地药材有贝母、息半夏、桔梗、茯苓、前胡、半支莲、猫爪草、五味子、杜仲、灵芝、金银花、天麻、石斛、金樱子、野山楂、八角莲和芡实等。

近几年,信阳市中药材种植面积快速增加,品种较多。全市中药材种植总面积大约6万亩,产量近8000吨(干)。主要种植区域分布在新县、淮滨、商城、息县等地。种植面积达1000亩以上的品种有猫爪草、银杏、桔梗、杭白菊、红豆杉、天麻、百术、茯苓和葛根等,其中猫爪草有2.5万亩、桔梗有0.65万亩、银杏有1000万株。

信阳市中药材呈现产业化发展趋势。制药企业及农业合作社以信阳野生资源、地理优势为依托,相继涌现出了一批科技含量高、驰名中外的制药企业来投资。河南同信生物科技有限公司、豫南葛业公司等和本土的河南羚锐制药有限公司、辅仁药业信阳分公司、信阳三江公司兴嘉农业高科技公司以及一批中药材专业种植合作社。在他们的带动下不仅使野生资源得到充分利用和开发,同时也促进了中药材人工栽培种植事业的发展。

(四)黄冈市

黄冈市是湖北中药材主要产地之一,被誉为"大别山药用植物资源宝库,药用资源极为丰富。李时珍《本草纲目》记载的1892种药材见之于黄冈境内的达1000多种,其中道地药材品种近300种,重点品种达70多种。目前,全市中药材种植面积近70万亩,药材产量达20万吨,总产值为25亿元。

据黄冈市农业局调查的数据显示,黄冈大别山试验区中药材500亩以上连片基地有115个,药材种植专业户达13800个,药材专业村有313个,中药材专业合作社90多家。已先后申报实施了杜仲良种无性系繁殖、营养保健油、中药材GAP种植技术推广、桔梗野生转家种等一批科技项目,攻克了茯苓"上窖"、天麻"有性繁殖"等一些技术难关,开发了回春补酒、梦丝家"四舒"保健制品、"时珍"牌紫苏油、胶囊和"艾神"牌系列产品。全市逐步形成了"企业+基地+农户"、"企业+合作社+农户"等种植模式,部分县市形成了以主导品种为主的中药材种植产业布局,如蕲春以蕲艾、杜仲、栀子、银杏为主;英山以茯苓、苍术、桔梗、天麻为主;罗田以茯苓、金银花、苍术、百合为主;麻城以菊花、天麻、茯苓、灵芝为主。

随着中药材产业的不断发展,黄冈市中药材产业链不断完善,逐步形成了制种—种植—饮片加工—中药制剂(农副产品深加工)等产业链,构建了种植户—专业合作社(供销社)—种植加工企业(批发市场)—大型医药公司等流通体系,形成了李时珍医药集团、黄冈卫尔康医药有限公司等本地骨干企业,吸引了九州通医药集团、北京同仁堂湖北中药材有限公司、国药控股（黄冈）、上海医药集团（黄冈）等大批著名医药企业前来投资。

二、大别山区中药材产业存在的主要问题

（一）种植技术力量较薄弱

一是缺乏必要的技术指导。中药材种植及采收管理一般有较高的技术要求，农民种植因多数不懂技术管理，缺乏必要的专业技术人员指导，种植收益往往达不到预期效果。

二是新技术棚架影响发展中药材种植技术，包括选种、播种、育苗、田间管理、采收加工、病虫害防治等，涉及多学科知识，专业性很强。种植户多在山区，信息不畅通，学习新技术慢。现还在沿用传统的种植方法，没有及时学习和引用最新的种植技术，比如立体种植技术，药材与农作物或其他药材间种的这种新的种植技术，药材产地加工方法还不够标准不够规范等，导致药材品质下降。

（二）深加工不足，产业链条短，利润空间小

一是深加工企业少且发展滞后，生产与市场脱节。深加工企业带动能力弱，客观上影响了中药材产业化的发展，农户与企业之间关系松散，尚未形成规范、完整的技术服务体系。采购中药材数量有限，未建成规范的中药材生产基地，对中药材种植带动效果不够明显，如新县的羚锐制药。

二是产业链条短，利润空间小。深加工企业少，大都以销售原材料为主。比如信阳淮滨县以种植猫爪草为主，是全市种植面积最大的药材品种之一，但全县参与中药材产业化经营的企业数为零，客观上制约了中药材产业化的发展，只能以原材料销售。

三是中药材加工集中度低，市场覆盖率不高。中药材种植分散在千家万户，生产方式原始，技术含量低，基本处于粗放型种植加工阶段。单个中药生产企业规模不大，缺少龙头中药材加工，规模偏小，品牌知名度较低，缺少在国内叫得响的品牌，对中药材种植拉动作用有限。

（三）政府政策引导不到位，中药产业规范化管理薄弱

一是政府政策引导不到位，监管力度不强。有些基地或有些品种，小块基地多、成规模的少，处于零星种植、散户经营状态，啥贵种啥，且容易形成“一缺就上，一上就多，一多就下，一下就缺”的怪圈。在管理方面，野生中药材挖掘严重，一些名贵、稀有品种逐年减少，原产地知识产权保护还有待加强。

二是无本地专业化药材市场。在未能形成本地规模化市场的情况下，等待药材收购人员上门，压价收购后，农民的利益更难以得到保证，以致药材种植的积极性难以提高。

三、大别山区中药材产业发展思路及对策

(一)大别山区中药材产业发展总体思路

以中药材资源为基础,以中药材市场为导向,以提高中药产业的质量和市场竞争力为核心,加快中药材生产基地、龙头企业和市场建设,实施中药 GAP、GMP、GSP,规范中药材深度加工、经营秩序,建立科学完善的质量标准体系、市场信息体系,实施名牌战略和龙头带动战略,实现中药产业化经营的全面、均衡发展,促进农民增收。

(二)政府要积极引导,大力扶持

大别山区各地各级政府要高度重视中药材产业发展,以市场为导向,积极研究制定有效措施,在基础设施建设、科研开发、项目申报、商标注册、保护濒危珍稀药用植物、新产品研制、新技术推广、人才引进和资金投入等方面,进一步加大对中药材产业相关联的企业、合作社、大户的扶持力度。工商、民政、农业、林业等部门,要积极扶持中药材生产加工企业、合作社、种植大户等成立中药材种植合作社或协会,帮助申报项目,加强信息、技术共享,做好产后销售,规避市场风险。

(三)加强生产技术指导和销售服务

首先要联合农业、林业、农科院、研究所、高校等单位,成立中药材生产技术指导专家库,定期组织专业技术人员对药农和加工企业进行技术指导,从种子种苗繁育、栽培技术、水肥施用和病虫害防治等环节,按照不同品种,建立统一的操作技术规程和科学的管理制度,指导中药材规范化生产。同时,要加大对生产加工所需技术的培训、指导力度,切实解决农民、企业技术需求。皖西学院省石斛产业化开发协同创新中心对霍山石斛产业化发展的技术指导,是中药材产业产学研合作的典型案例。其次,各地商务、质量技术监督等部门,要协助创建电商销售平台,实行线上销售和线下销售相结合,培育中药材销售新途径,帮助开辟国内国际市场。

(四)树立品牌意识,发展道地药材

大别山区道地药材虽有悠久的栽培历史,但现在有的却发展得不是很好。要使道地药材做到真正的“地道”,必须根据自然条件、市场需求,选择那些品质好、产量高、市场销量大、效益好的药材品种进行栽培,注重品质,严格按照标准种植加工,加强宣传包装,培育发展出本市优质的地道药材品种来。其次,各地要培育种植大户和中药材加工龙头企业和合作社。要树立以“品牌”求生存,以“品牌”谋发展的意识。各地要挖掘地方历史文化资源,打造特色品牌,力争把大别山区中药材产业打造成品牌产业,用品牌力整合各地中药材资源,拉动中药材产业发展。

第五节 生态旅游业

一、大别山区生态旅游业总体概况

大别山区不仅有特殊的地质地貌，而且红色文化积淀厚实，历史文化底蕴深厚，古城史迹分布广泛，所以旅游资源丰富，风景名胜众多，旅游开发前景十分广阔，具有发展大旅游业得天独厚的条件。因此，大别山区各地应该充分发挥大别山丰富的旅游资源优势，大力发展绿色景观旅游、红色旅游、历史文化旅游，着力提升旅游业综合服务水平，把大别山区建成全国知名的综合独立旅游休闲度假基地。

大别山区生态旅游资源具体包括三大类别十个种类。三大类别旅游资源分别是：自然景观旅游资源、红色旅游资源、历史文化旅游资源；十个种类旅游资源分别为：国家自然保护区、国家森林公园、国家地质公园、国家重点文物保护单位、国家级历史文化名城（镇）、国家级水利风景区、A级以上风景区、国家4A级及以上风景名胜区、全国爱国主义教育基地、国家湿地公园。至2016年底，大别山区共有A级以上风景区186处；4A级风景旅游名胜区42处；5A级风景旅游名胜区3处，分别是六安市金寨天堂寨、六安市舒城万佛湖、安庆市潜山天柱山。2016年，大别山区四市旅游业总收入605.35亿元，占四市GDP总量的11.33%。旅游业已经成为支撑大别山区经济发展的主导产业之一。

（一）自然景观旅游资源

大别山区地质地貌特殊，山区峰峦叠嶂，崇山峻岭；千峰竞奇，万壑藏幽；河流水库广泛分布；雄、奇、灵、秀，浑然一体；自然风景优美，景点景观众多。境内有：集国家级森林公园、国家级自然保护区和国家级地质公园为一体的天堂寨，大别山主峰景区——白马尖，大别山玉带明珠——皖西六大水库，世界地质公园——天柱山，多枝尖山脉——明堂山，避暑度假胜地——鸡公山，豫南明珠——南湾湖，中华长寿山——龟峰山等。至2016年底，大别山区共有国家自然保护区6个，国家地质公园5个，国家森林公园16处，国家水利风景区22处，湿地公园8处（见表5-7所列）。

（二）红色旅游资源

大别山区是我国著名的革命老区，是“将军的摇篮，红军的故乡”。大别山区在我国近代革命中发挥了不可替代的作用,同时也发生了许多可歌可泣的故事。这里是黄麻起义、商南起义、六霍起义的发生地,是中国工农红军第四方面军的诞生地,同时也是解放战争时期刘邓大军千里跃进进行反击的根据地。黄冈市红安县是举世闻名的"中国第一将军县";六安市金寨县是中国工农红军第一县、全国第二大将军县;信阳市新县是著名的革命老区和将军县。大别山区红色旅游资源共有上千处,《2004—2010年全国红色旅游发展规划纲要》将大别山区列为全国十二大重点红色旅游区之一,其红色旅游资源的主题形象是"千里跃进将军故乡"。

大别山区著名的红色旅游景点有金寨县革命烈士陵园、裕安区独山革命旧址群、安庆岳西红军旧址、信阳新县鄂豫皖苏区首府革命博物馆、红安黄麻起义和鄂豫皖苏区革命烈士陵园、麻城烈士纪念园等。这些红色旅游景点是进行爱国主义教育的重要基地。大别山区红色旅游资源的开发,不仅具有较高的经济效益,更主要的是拥有丰富的文化内涵和重要的教育意义。目前随着当地政府对这些红色旅游资源的不断深入开发,如今已经形成了武汉—麻城—红安—新县—信阳以及合肥—六安—金寨—霍山—岳西—安庆线等经典红色旅游路线。

(三)历史文化旅游资源

大别山境内人文鼎盛,历史昌隆。境内四市均是文化底蕴丰厚、人文荟萃之地。

(1)皋陶文化的文明之光从六安播向华夏,传向世界;"成长于江汉,扎根于江淮"的楚文化在六安高度成熟;寿县古城墙是国家级文物重点保护单位,寿县是国家级历史文化名城,楚文化的故乡。

(2)安庆素有"文化之邦""戏剧之乡""禅宗圣地"的美誉;潜山薛家岗文化遗址是国家级文物重点保护单位。

(3)信阳是华夏文明的发祥地之一,有豫楚交融的地域文化;孔子周游列国终点、子路问津、司马光砸缸、亡羊补牢的故事都发生在信阳。

(4)黄冈孕育了中国佛教禅宗四祖道信、五祖弘忍、六祖慧能;宋代活字印刷术发明人毕昇,明代医圣李时珍,现代地质科学巨人李四光,爱国诗人学者闻一多,国学大师黄侃等一大批科学文化巨匠从黄冈走出来的。

境内著名的历史文化景点景观有寿县古城、六安古皋陶墓、大华山、昭庆寺、汉朝六安王刘庆的墓地等;安庆的薛家岗遗址、怀宁孔雀东南飞文化园、太湖五千年文博园等;信阳灵山景区、观音山,横川县新石器时代文化遗址、太子文化遗址等;黄冈有东坡赤壁旅游区、四祖五祖佛教旅游区、大圣寺塔、舍利宝塔等。

表 5-7　大别山区四市主要旅游资源(2016 年底)　　单位:处(个)

大类	主要旅游资源	六安市	安庆市	信阳市	黄冈市	合计
自然类	国家级自然保护区	1	2	1	2	6
	国家森林公园	2	5	5	4	16
	国家地质公园	1	2	1	1	5
人文类	国家重点文物保护单位	11	14	11	12	48
	国家历史文化名城(镇)	2	3	0	1	6
综合类	国家级水利风景区	10	3	6	3	22
	国家湿地公园	1	1	1	5	8
4A 级以及上景区	国家 5A 级旅游景区	2	1	0	0	3
	国家 4A 级旅游景区	19	16	5	12	52
红色旅游资源	全国爱国主义教育基地	2	0	1	4	7
	全国红色旅游经典景区	6	3	4	5	18
总计	—	55	50	35	49	189

资料来源:根据相关资料整理。

二、大别山区四市旅游业发展现状

(一)六安市

六安市山川锦绣,人文荟萃,旅游资源十分丰富,并以其山水兼得、名胜众多而跻身于安徽旅游大市行列,成为全省六大旅游区之一。境内有华东最后一片原始森林—天堂寨风景名胜区,省城后花园—万佛湖风景名胜区,全国爱国主义教育基地—金寨革命烈士博物馆,江北小黄山—铜锣寨,汉武帝敕封“副衡”—小南岳,大别山玉带明珠—皖西六大水库等众多风景旅游名胜区。至 2015 年底,全市共有 2A 级旅游景点(区)48 处,4A 级以上旅游景点 23 处,5A 级旅游景点 2 处。目前,全市已形成 4 条主要旅游线路。

(1)西南线山水观光旅游:天堂寨、燕子河大峡谷、大别山主峰(白马尖)、梅山水库、金寨革命烈士博物馆、胡氏祠、大王庙、铜锣寨、佛子岭水库、小南岳。

(2)东南线休闲娱乐旅游:万佛湖、万佛山、万佛温泉、周瑜城、七门堰、启德文化院。

(3)西北线古文化览胜旅游:寿春古城、八公山、淮南王墓、廉颇墓、珍珠泉、孙公祠、安丰塘、水门公园、临淮岗、李家圩地主庄园。

(4)六安近郊旅游:皖西大裂谷、大别山石窟、大华山、洞天湖、东石笋、昭庆寺、皋陶墓、横排头、九公寨、龙井沟、西古城遗址、皋城双塔、皖西烈士陵园。

2015年，六安市接待海外游客105740人次，增长3.4%；接待国内游客2926.07万人次，增长21.3%。旅游总收入202.7亿元，增长24%。其中，旅游外汇收入7539.3万美元，增长3.5%；国内旅游收入197.8亿元，增长24.4%。2016年是“十三五”开局之年，六安市旅游工作牢固树立“创新、协调、绿色、开放、共享”五大发展理念，大力推进六安由旅游资源大市向旅游产业强市跨越发展。全年接待游客3400万人次，旅游总收入240亿元人民币，同比双增长20%。

(二)安庆市

安庆市旅游资源十分丰富，自然景观和人文景观交织在一起，绚丽多姿，丰富多彩。山、水、岩、洞俱全，名胜古迹甚多(见表5-8所列)。境内有国家5A级风景名胜区天柱山，省级风景名胜浮山、司空山、大龙山、明堂山、花亭湖；国家级自然保护区鹞落坪和国家级森林公园妙道山；历史文化名城安庆、桐城、潜山。

近几年，该市旅游业快速发展。2016年接待海外游客212326人次，增长10.13%；接待国内游客4470.43万人次，增长17.85%。旅游总收入418.26亿元，增长20.13%。其中，旅游外汇收入14286.64万美元，下降15.11%；国内旅游收入409.44亿元，增长21.2%。

表5-8　安庆市旅游资源分类表

主类	亚类	基本类型	景　点
地文景观	综合自然旅游地		安庆灵山石树景区，安庆小龙山景区，安庆巨石山景区，妙道山国家森林公园，安庆大龙山景区，安庆小龙山景区，天柱山景区，小孤山(小姑山)，妙道山龙门峡谷，云峰峡谷，九井沟景区，鲍冲湖景区，天柱山国家地质公园，浮山火山地质公园，石山火山群国家地质公园，明堂山，龙眠山，潜山扎冲生态园，安庆长江外滩，沿江湿地，石莲洞国家森林公园
	沉积与构造		天柱山，浮山，妙道山，石山，巨石山，大龙山，小龙山，安庆市潜山县石生物化石展厅
	地质地貌过程形迹	峰	天柱峰
		岩壁与岩缝	天柱山，司空山，妙道山
		峡谷段落	云峰峡谷，白水湾大峡谷，天柱山大峡谷，龙门峡谷
		堆石洞	大龙山石洞
		岩石洞与岩穴	安庆巨石山，天柱山国家地质公园，浮山火山地质公园，石山火山群国家地质公园，柏子山溶洞群
		岩滩	安庆外淮，沿江湿地
	自然变动遗迹	地震遗迹	大龙山断裂地震遗迹
		火山与熔岩	石山火山群国家地质公园，浮山火山地质公园

(续表)

主类	亚类	基本类型	景点
水域风光	河段	观光游憩河段	石皖河,长江安庆段,潜河,天仙河,莲花洞
		古河道段落	长江安庆段,古皖河
	天然湖泊与沼泽	观光游憩湖区	菜籽湖,炼丹湖,石塘湖,花亭湖,武昌湖,石门湖,食堂湖,破罡湖,雷池湖,龙感湖,连湖公园,菱湖公园
		沼泽与湿地	沿江湿地
		潭池	雷池,白马潭
	瀑布	悬瀑	云峰峡谷瀑布群,牯井园瀑布,九井沟瀑布
生物景观	树木	林地	天柱山林区,妙道山林区,大别山林区,江北丘陵林欧,沿江平原林区,江南山地林区,江南丘陵林区,石莲洞国家森林公园
	花卉地		安庆苗木花卉基地
	野生动物栖息地	水生动物栖息地	大别山区,菜籽湖,炼丹湖,石塘湖,花亭湖,武昌湖,石门湖,食堂湖,破罡湖,雷池湖,龙感湖,长江安庆段
		陆地动物栖息地	鹤落坪国家自然保护区,板仓景区
		鸟类栖息地	沿江湿地

(三)信阳市

信阳市是国家"生态旅游"和"红色旅游"共同发展的典范城市,是国家重点培育的十二个精品红色旅游区之一,是河南省规划发展的10个重点旅游城市之一。境内有避暑胜地鸡公山,有以山林、岛屿为风景内涵的南湾国家森林公园,有众多怪石异洞和温泉的汤泉池,有新县鄂豫皖苏区首府革命博物馆,有富有宗教内涵的光山净居寺景区、商城观音山景区等一大批国家级、省级风景名胜区和自然保护区。至2016年底,信阳市有已审批和备案的景区28家,其中4A级景区5家,3A级景区12家。2016年,来信阳旅游人次达2658.5万人次,比上年增长13.4%。其中,入境游客1.52万人次,增长9.8%;国内游客2657万人次,增长14.3%。旅游总收入163.52亿元,增长21.1%,其中,外汇收入392万美元,增长10.1%。

(四)黄冈市

黄冈物华天宝,人杰地灵,旅游资源十分丰富,发展旅游业基础好、潜力大、特色明显。

一是名人。古称"唯楚有才","而吾黄独当其半"。黄冈自古以来名人辈出,《湖北人物志》所载的名人,黄冈就占了1/3。三代中国佛教禅宗祖师(四祖、五祖、六祖),三位影响中国乃至人类历史发展的大科学家活字印刷术发明人毕昇、《本草纲目》作者李时珍、地质科学巨人李四光、三名出席中共一大代表(董必武、陈潭秋、包惠僧)、两位国家主席(董必武、李先念)和两百多名共和国的开国将帅均诞生黄冈;还有大理学家程颢、程颐,名医庞安时、万密斋,元末红巾军领袖徐寿辉,清代状元刘子壮、陈沆,京剧奠基人余三胜,哲学家熊十力、汤用彤,国画大师黄侃,爱国诗人闻一多等,不胜枚举。此外,历代名人也在黄冈留下了大量名篇胜迹。众多的历史名人,为黄冈旅游开发提供了深厚的文化底蕴和持久的艺术魅力。

二是名寺。"自古名山僧占多"。黄冈宗教旅游资源十分丰富。如黄梅的四祖寺、五祖寺,黄州的安国寺、承天寺,浠水的斗方禅寺、天然寺,罗田的清元寺,蕲春的达城庙、昭化寺,武穴的大藏寺,麻城的五脑山帝主庙,红安的大圣寺塔、桃花塔等。这些寺庙历史悠久,大多因名人、名僧而得名。尤其是黄梅的四祖寺、五祖寺,在中国佛教史上地位之突出,可与少林寺相提并论。佛教六大祖师中的四祖、五祖、六祖均出黄冈。如此集中的名寺,随着综合开发建设,其影响和效益将充分凸显。

三是名遗址。黄梅出土号称"东方第一龙"的卵石摆塑龙,表明这里是中华民族的发祥地之一。还有黄州堵城螺丝山新石器时代遗址、蕲春毛家咀西周早期木构建筑遗址、麻城吴楚柏举大战遗址、黄州禹王城遗址等多处先秦文化遗址。黄冈自秦代设郡治至今已2000多年,汉禾赤壁之战、唐代佛教禅宗衣钵相传、英山毕昇墓、苏轼贬黄州作前后赤壁赋和赤壁怀古词、岳飞抗金、徐寿辉反元建天完国、蕲春李时珍陵园、太平军转战鄂东等历史遗迹,可以使人窥见古老的人类文明的进程和中国历史的风云。中共早期活动驻点、黄麻起义、红四方面军、红十五军成立、新四军中原突围、刘邓大军千里跃进大别山等革命圣迹。黄冈名胜古迹,《中国名胜辞典》载入的就有24处之多。"故国神游",发思古之幽情,仰先辈之高风,是今人也是后人开发瞻仰、教育、考古旅游的极好资源。

四是名山名水。大别山腹地自然风光集雄、奇、险、幽于一体,其间的龙潭河谷有"华中第一谷"之美称。境内坐落于大别山脉的1000米以上的山峰有近100座,有1个国家级和9个省级森林公园。薄刀峰、吴家山、天台山、龟峰山、三角山、大崎山、横岗山等风景名胜,各擅其美。英山、罗田两县还有丰富地热温泉。名山胜水以及1000多种植物和100多种珍稀动物,为黄冈发展生态旅游和休闲观光旅游奠定了物质基础。

2016年全市接待游客2465万人次,实现旅游收入151.2亿元,比上年增长24.3%(见表5-9所列)。创建旅游强县4个、旅游名镇3个、旅游名村14个,

AAAA 级景区达到 16 家，AAA 级景区发展到 29 家，A 级景区总数达到 53 家，星级宾馆（饭店）41 家，其中四星级 7 家、三星级 23 家。

表 5－9　大别山区四市旅游业相关经济指标（2016 年）

名称	国外游客（人次）	国内游客（万人次）	旅游外汇收入（万美元）	旅游总收入（亿元）	旅游总收入占 GDP 比例（%）
六安市	105740	2926.07	7539.30	240.00	21.66
安庆市	212326	4470.43	14286.64	418.26	27.32
信阳市	15200	2657.00	392.00	163.52	8.04
黄冈市	11095	2450.00	227.20	151.00	8.75

资料来源：各市 2016 年统计公报。

三、大别山区生态旅游业发展中存在的问题

尽管大别山区生态旅游资源富集，红色文化资源丰富，历史古迹和文化名城众多，但旅游开发现状不够理想，多数仍处于分散状态下低层次开发，产业化水平不高。红色旅游同井冈山、延安、韶山等地相比，无论是知名度、旅游效益都相差甚远。大别山区旅游资源优势尚未转化为产业优势。究其原因，主要表现在以下方面。

（一）旅游业管理体制不完善，整体竞争优势难以形成

大别山区地跨三省，旅游景点分散，同时旅游资源类型多，有自然景观旅游、红色旅游、历史文化旅游等。政府各个部门分管的类型不同，其中以自然景观为主的景点属于旅游部门、林业部门、水利部门管理，以红色旅游、历史文化旅游为主的景点中烈士陵园类属于民政部门管理，文物类和博物馆、纪念馆类属于文化部门管理。这种“各司其职”的管理体制使得政府部门管理条块分割，往往只从自身利益出发，没有形成良好的合作协调机制。有些行政管理部门旅游市场竞争意识不强，没有按照旅游产业的发展规律把旅游作为一项产业来运作，旅游业市场运作体系没有完全建立起来。在旅游资源开发过程中，由于产权问题、地方利益和部门利益之间的矛盾，导致旅游开发无序竞争，区域之间、部门之间缺少合作沟通，产业链无法形成，区域旅游业整体竞争优势也就难以形成。

（二）旅游资源开发深度不足，景点级别不高

首先，大别山区各类旅游资源丰富，但由于大别山区由于交通不发达、开发资金短缺、政府各自为政等原因，导致对旅游资源开发的深度不足。对于一些以自然风光为主的景区，多数地方也只是进行一些粗放的、低层次的开发，没有与地方历史、文化、风土人情深度融合，旅游也只是以参观旅游为主，对于游客参与性的项目

开发较少，这就导致游客在景点的停留时间较短。其次，红色旅游资源开发起步较晚，旅游始终处于低层次运行之中，多以参观、游览红色遗迹为主，参与体验式的项目少。对于内涵丰富的红色文化和精神缺乏深层次的挖掘。虽然金寨、红安、新县在全国有一定的知名度，但其红色旅游只在当地及周边地区有一定的影响，且由于三省各自为政，缺乏资源整合与区域整合，没有形成一定的整体竞争合力，至今没有形成像延安、井冈山等那样的国家级红色旅游精品。最后，历史文化旅游资源方面，大别山区承载着浓厚的历史和人文文化内涵，但是旅游业对其开发并未深化，内容和形式太过单调、匮乏，缺乏文化感染力和对游客的吸引力。没有将历史人文资源开发与大别山各地的自然生态景观和民俗文化很好地融合，进而发挥出整体优势。因而，历史文化旅游缺乏对游客的强烈吸引力。

（三）三省四市各自为政，缺乏联合开发机制

首先，大别山区地跨三省，地域范围广，这就导致旅游景点分散。三省四市间在旅游开发时各自为政，缺乏联合开发、统一合作的机制，没有能够根据大别山整体情况进行旅游产业规划。鄂豫皖三省的红色旅游资源本来是一个完整的资源体系，是在长期的革命战争中依托大别山区而形成的。但由于缺乏整体观念和统一协调机制，在以地方本位主义为前提的政策导向下，大别山区丰富的红色旅游资源被孤立开发，盲目建设，严重制约了大别山区红色旅游资源的整合开发与长久的发展。其次，许多景点重复建设情况严重，相互竞争。例如，安徽金寨县与湖北英山县、罗田县对其边界地带大别山主峰天堂寨的竞争，在分散了游客的同时也带来了负面影响，限制了天堂寨的长远发展。又比如，同为将军县的红安、金寨、新县，为了争当将军县老大而互不相让，由于缺乏统一的协调机制，几次仅有的合作协议也只是流于形式而仅仅停留在理论层面。最后，旅游资源同质化竞争严重。在大别山红色旅游中，多数特色不鲜明，旅游口号大都为“将军摇篮，红军故乡”或红色摇篮、红色胜地、红色故乡等。表现形式单一，内容雷同，且同质化竞争严重。

（四）旅游业电子商务发展不力，对外宣传力度不足

首先，当今旅游业市场竞争日益激烈。大别山区各地景点要想脱颖而出，不仅要提升景区质量，而且还要提高知名度。对外宣传、营销是提高景区知名度的主要措施。而大别山区旅游景区的宣传力度一直以来总是不足，致使大别山区在外知名度和影响力较弱。其次，当今世界已经全面进入信息化时代，电子商务和移动互联网深刻地改变着社会经济的发展面貌，同样也改变着旅游业的运行方式。可是大别山区旅游业电子商务建设滞后，一些旅游景区在网络运营方面存在欠缺，有些景点网站页面相对简单，只是一些景点的简单介绍，寥寥数语，缺乏形象生动的视频资料，甚至少数旅游景点没有建立专门的网站。因此，游客很难通过网站搜索到景区详细准确的信息资料。这影响了景区的被认知度。最后，大别山区旅游业在

发展过程中，缺乏品牌化经营战略，能够形成品牌效应的知名景点不多。

(五)基础设施建设落后，专业人员素质较低

大别山属于老革命地区，多以山区地形为主，基础设施相对落后，境内缺乏高速公路直达，交通相对不便，可进入性差，也使旅游资源开发难度增大。景区内缺乏星级酒店，现有的酒店卫生、安全条件较差，接待能力有限，影响游客的住宿滞留时间。除硬件设施的缺乏外，大别山区多数景区内的相关工作人员总体文化、专业素质偏低，且服务意识不强，缺乏旅游专业人才。致使当地旅游资源开发难以跟随时代脚步，应时而变，资源开发的层次也难以提升。

四、大别山区生态旅游业发展对策探讨

大别山生态旅游业开发的总体思路是“区域联动、规划带动、形象驱动、投入拉动”，具体对策如下。

(一)坚持规划引领，加强政府主导与市场调节相结合

首先，大别山区各地要坚持高起点规划、高标准设计、高水平管理、高效益运营的原则，对本地旅游资源进行统一规划；要加强顶层设计，注重统筹，构建旅游业发展新格局。各地旅游业发展的思路要清醒、目标要明确、定位要准确；要把过去、现状搞清楚，知道优势，知道不足，知道制约发展的瓶颈问题，知道解决问题的方法举措。其次，各地要协调好政府各部门之间的关系，要遵循“政府搭台，企业唱戏”的旅游业发展模式。要加强政府对旅游业的引导作用、市场对旅游业的调节作用、企业(旅行社等)在旅游业中的主体作用。旅行社作为旅游市场的活跃者，必须依靠其独特的市场活力，在旅游业市场中发挥主体作用。最后，要转变经营观念，在巩固提升现有景区品位和档次的基础上，遵循市场规律，积极引进旅游业市场主体，不断适应市场的发展和需求；开发特色旅游产品，丰富旅游产业链条，提高旅游综合收入，让大别山生态旅游实现由事业接待型向市场产业化发展的大转型。

(二)加强区域联动，整合旅游资源，促进资源融合

首先，大别山区四市要发挥区域联动作用，加大合作力度，制定大别山区旅游发展总体规划。三省四市要在合作宣言和协议基础上，围绕充分发挥区域整体优势的基础上，细化三省六市旅游合作开发方式，加强省与省、县与县、景区与景区之间的无缝衔接。在打破条块分割，加强区域合作的基础上，构建无障碍旅游合作区。在经历了景点竞争、线路竞争、城市竞争三个阶段后，我国各地区之间的旅游竞争已进入第四个阶段——区域竞争时代。大别山区景点较多，如果各景区各自为政，单打独斗，很难把大别山做成在全国乃至全球具有影响力、号召力的品牌。要建立大别山旅游品牌，只有区域合作开发，才能增强区域旅游整体竞争力。其次，要整合区域旅游资源，促进旅游资源融合。推进绿、红、古三色融合发展，将生

态旅游资源、红色旅游资源、历史文化旅游资源以及民俗旅游资源相融合。要充分根据大别山旅游景点分布分散的特点，在积极开拓跨区域、跨省的旅游资源整合与协作的新模式，通过资源共享、线路对接、市场互动、客源互送等合作模式实现“效益共赢、共谋发展”的目标。

(三)深度挖掘地方旅游资源，开发特色旅游品牌线路

首先，大别山区四市不仅生态环境优越，而且历史文化悠久、民俗文化丰富多彩。可以将生态旅游资源、红色旅游资源、历史文化旅游资源以及民俗旅游资源捆绑式开发，开发一批包含生态、红色、历史文化和民俗风情的综合品牌旅游专线，延长旅游产业链，最终推动资源业的多元发展。其次，大别山区各地应该在保持现有的旅游资源优势前提下，因地制宜，因势利导，深度挖掘地方历史文化资源，突出地域特色，提升旅游资源内涵。开发一些以红色文化为主题的公园、建设一些民俗文化村等。在红色旅游和民俗旅游方面，要增强游客的参与性和体验式旅游效果。最后，大别山区各地要打造出适合自身特色的旅游品牌线路。在整合大别山区旅游资源的基础上，具体形成以大别山主峰(天堂寨)景区为主题的绿色生态精品旅游线路；以国家(世界)地质公园为主体的自然景观精品旅游线路；以红安、麻城的黄麻起义、六霍起义、将军故里为核心的红色精品旅游线路；以两位国家主席故里为主体的大别山文化精品旅游线路；以水利风景区为主的绿色生态旅游；以带动老区脱贫为目标开发个性突出的乡村旅游线路。实现大别山区域的旅游协同发展，形成大别山全域旅游的新态势。

(四)加大宣传力度，提高知名度

首先，在旅游业竞争激烈的今天，加大旅游产品的宣传和推广，增强影响力是一项极其重要的任务。大别山区旅游业必须要加大自身宣传力度，增强影响力，提高知名度。一是要利用各种旅游推介会、各种旅游节，加大对外宣传和推广的力度；二是加强与日报社、电视台、新浪网、中安在线等媒体合作，加强宣传营销，全面提升大别山区旅游形象；三是拍摄新版旅游宣传片，以“山、水、人文”为三大板块，覆盖辖区内所有 3A 级以上景区，编印新版旅游宣传手册、旅游招商项目册等，多角度介绍大别山区旅游形象。其次，积极主动融入互联网时代，大力发展旅游电子商务。当今世界全面进入信息化时代，互联网、移动互联网、大数据深刻地改变着世界的面貌，同样也深刻地改变着旅游业的运行方式。因此，大别山区旅游业应该积极主动地融入互联网时代，大力发展旅游电子商务。一是各市县的旅游局网站应当升级改造，完善对各个景区的介绍，并添加一些视频资料，这样访客可以一目了然地了解各个景点的基本情况及其游览价值，既形象生动又方便快捷；二是各个旅游景区也应当建立自己的网站，并链接到旅游局网站；三是旅游局网站和各个景区的网站可以设立微信公众平台，并开展有奖问答活动，吸引公众参与，扩大影

响力。

（五）加强基础设施建设，提升专业服务水平

首先，针对大别山地理的特殊情况、可进入性差的状况，大别山区各地必须加强交通的建设，以确保山区交通的正常通行。大别山区旅游配套基础设施落后和缺少，应该加强对旅游景区的基础设施的建设和相应的旅游配备设施，为旅游业的发展创造更好的环境，增强该地的可进入性。其次，在基础设施和运营资金投入方面，可多方融资，积极争取国家旅游局设立的中国旅游产业发展基金，同时地方政府也要加大对红色旅游的扶持力度和专项资金投入。引入市场机制，拓展旅游融资渠道。鼓励实力雄厚的企业采取上市、发行企业债券等现代融资方式融资。降低市场准入门槛，允许民间资本参与红色旅游发展。再次，大力推动智慧旅游——大数据监控平台建设。应该在全部 4A 级以上景区、部分 3A 级以上景区、三星级以上旅游饭店、旅游集散中心等主要旅游场所，多数实现免费无线宽带网络全覆盖，保障旅游信息畅通。最后，除了硬件设施建设，还应加强对旅游专业人才的引进和培养，引进优秀旅游人才，同时加强对服务人员的培训，提高整个从业者的素质，提升旅游业整体服务水平。

第六节　生态工业

生态工业（简称 ECO）是通过模拟自然系统建立工业系统中的“生产者—消费者—分解者”的循环途径，以低消耗、低（或无）污染、工业发展与生态环境协调为目标，建立互利共生的工业生态网，利用废物交换、循环利用和清洁生产等手段，实现物质闭路循环和能量多级利用，达到物质和能量的最大利用以及对外废物的零排放。工业的进步与发展，在给人类带来了更多产品和更好的服务的同时，也对环境产生了越来越大的影响。为了解决工业系统与自然环境之间的相互矛盾，出现了生态工业，发展生态工业是实现可持续发展的必由之路。大别山区是典型的山区、老区，肩负着生态环境保护的重任，要在资源、环境承载的范围内较快速的发展，缩小与发达地区的差距，就必须结合自身优势，走生态工业化之路，实现经济可持续发展。

近年来，大别山区各市立足自身资源优势和产业基础，坚持用生态理念引领工业经济发展，走生态工业发展之路，推动工业由资源型向加工型、粗放型向集约型、耗能型向节约型、污染型向环保型、单一型向循环型转变，实现工业经济的转型升级，工业基础条件明显改善，各市都基本形成以绿色工业为主体的各具特色的工业体系。

一、大别山区四市生态工业发展现状

(一)六安市

近年来,六安市坚定不移地坚持以绿色振兴推动工业经济发展,着力引导工业企业围绕智能化、绿色化、节约化方向转型,加快传统产业改造升级,引领新兴产业高起点发展,着力增强工业企业绿色发展的新动能,主动适应经济发展新常态。目前,全市上下形成了浓厚的绿色发展氛围,"生态、高效、可持续"绿色发展理念,已成为全市工业发展的新引擎。2015 年全市高新技术产业增加值增长 35.3%,增幅居全省第一,战略性新兴产业企业新增 72 家,达到 93 家,产值年均增长 42.7%,增幅居全省前列。六安市 GDP 年均增长 9.2%,总量突破 1000 亿元,规模以上工业增加值年均增速 13.5%。全市规模以上工业企业达到 1079 户,其中,产值过亿企业 457 户,10 亿元企业 19 户,50 亿元以上企业 1 户。

1. 推动工业企业循环、低碳发展

六安市积极引导企业加强资源节约,大力推进清洁生产示范工程,广泛推广先进适用的节能低碳技术和装备,鼓励企业使用清洁能源和原料,加快改进流程设计和管理,切实降低能源、原材料等物料消耗,减少污染物排放,推动工业企业循环、清洁、低碳发展。鼓励企业研发绿色产品,深入实施增品种、提品质、创品牌"三品"战略,提升企业综合智能化水平,深化"互联网+制造"理念,,深化互联网在制造领域的应用,开展制造业与互联网融合试点示范工作,建设一批智能工厂、数字化车间。通过加快人机智能交互、工业机器人、智能物流管理、增材制造等技术和装备在生产过程中的应用。瞄准新能源、新材料、节能环保、电子信息、生物科技等产业,加快石斛产业园、中视在线、载丰新材料、世龙生物医药等项目建设,形成年产值 100 亿元的新兴产业板块,增强经济实力和发展后劲。

2. 孕育特色鲜明的生态工业产业集群

青山绿水是六安最大的资源,绿色是六安优势所在。六安孕育了自己特色产业,形成了装备制造、绿色食品、电子信息、生物健康、新能源、新材料等六大主导产业,围绕"产业—集群—龙头企业—重点产品"的发展构架,形成了以应流集团为代表的高端装备制造业集群,以星瑞齿轮为代表的齿轮变速箱集群,以江淮电机为代表的机电集群,以迎驾集团为代表的绿色食品集群,以胜利精密为代表的电子信息集群,以九仙尊为代表的生物健康集群,以金寨光伏为代表的新能源集群,以中植新能源为代表的新能源汽车集群,以中至信家居为代表的家居集群,以霍邱铁矿为代表的铁基新材料集群。特色鲜明的主导产业和集群,成为六安新时期生态工业经济的名片。另外,借助合肥都市圈区域品牌,围绕省会合肥发展产业配套和资源集聚,六安市培育了电子信息、新能源、新能源汽车等高新技术产业,成为六安工业

新的增长点。

金寨县，一个国家重点贫困县，主动求变，走出了革命老区产业扶贫的特色之路，2015 年获批创建国家首个高比例可再生能源示范县，已建成光伏发电近 200 万千瓦，形成了以光伏发电和光伏组件生产为主，抽水蓄能、风能、生物质能以及垃圾发电为一体的新能源集群，金寨先进光伏制造纳入省级战略性新兴产业重大试验工程。

3. 加快调转促，锻造合六叶工业走廊

打造合六叶工业走廊是推进六安绿色振兴的重要平台，是六安实现东西双向开放发展的脊梁，是一条核心轴、工业主轴、发展龙脊。通过这条主轴，带动全市融入合肥都市圈，承接长三角，同时开拓西向通道，形成首尾呼应、区域联动的成效。合六叶工业走廊上现有 9 大工业园区，工业园区有规模以上工业企业 364 家，其中高新技术企业 63 家，战略性新兴产业企业 44 家。这些园区已经形成装备制造、汽车零部件、机电家电、新能源、木竹加工及家具制造等具有一定规模的产业集群。园区内亿元企业突破 250 家，占全市总数的 60%，集聚效应初步显现。

4. 打造未来工业绿色振兴的新时代

未来，六安市生态工业发展将围绕装备制造、汽车零部件、机电家电、新能源、木竹加工几大产业发展，力争让六安的战略性新兴产业产值占比提高到 30%以上，亿元企业达到 400 家，10 亿元企业达到 20 家，培育 2—3 家百亿企业，形成一批百亿级的产业集群。“十三五”期间，六安市将以绿色发展为中心，做大做强六大主导产业，重点培育六安电机、六安齿轮、六安绿色食品、衡山高端装备制造、杭埠电子信息、金寨生物健康、霍山生物健康、叶集家居制造、霍邱铁基新材料等几大特色集群，建成一批百亿级的产业集群。按照“一条主轴、两个组团、三个节点”的总体布局，围绕“一心一廊一谷一带”绿色发展主平台，着力打造工业绿色振兴的新时代。

(二)安庆市

2016 年安庆市计划投资绿色节能环保产业项目 126 个，年度完成项目 15 个。截至 2017 年 2 月底，全市绿色发展项目总数达到 133 个(新增项目 22 个，净增项目数为 7 个)，其中列入重点示范项目数为 26 个。在这些项目中，节能项目共 55 个，资源循环利用项目 39 个，节能环保技术与装备产业项目 39 个。到 2020 年，全市绿色制造水平明显提升，绿色制造体系初步建立，绿色环保制造产业产值由“十二五”末的 48 亿元增加到 650 亿元。

未来安庆市生态工业发展方向是：加快发展壮大新能源汽车、高端装备制造、新材料、新一代信息技术和信息经济，着力打造安庆筑梦新区。

1. 新能源汽车

以纯电动汽车和插电式混合动力汽车聚集发展为目标，带动零部件产业发展，重点推进电池、电控、电机和车身结构轻量化等关键技术产业化，重点开展高比能动力电池新材料、新体系以及新结构、新工艺研究，加速布局汽车零部件企业，形成国内领先的新能源汽车产业链。到2020年，新能源汽车整车生产能力超过30万辆、汽车零部件市内配套率60%以上，产值突破500亿元。

2. 高端装备制造业

重点发展数控机床、工业机器人、海工装备、轨道交通装备、专用设备制造等，形成产业链。依托富士康等企业，形成2万台数控机床及关键零部件生产能力；依托晨讯机器人等项目，推进伺服电机等主要功能部件和关键应用软件产业化，形成2万台机器人生产能力；以中船柴油机等企业为龙头，建设船舶(海工)配套产业基地；引进全国知名轨道交通装备制造企业，建设轨道交通生产基地。到2020年，高端装备制造产值突破500亿元。

3. 新材料产业

围绕丙烯深加工、氰化物深加工、LPG深加工、乙烯深加工产业链，引进国内外一流企业，打造全国重要的化工新材料产业集聚发展基地。积极发展无机非金属材料，有机高分子材料、高性能复合材料，重点突破新型膜材料、电子功能材料等新型功能材料。到2020年，产值超10亿元企业10家以上，产值超50亿元企业5家以上。

4. 新一代信息技术

加快发展电子通讯产业，引进深圳邦华等品牌企业，加快宝捷讯、卡为、酷米等企业发展，尽快形成百亿元产业集群。推进新型显示及关键材料产业发展，形成光电子产业集群。引进国内外龙头企业，发展集成电路封装测试产业。力争到2020年，产值超亿元电子信息企业100家，10亿元企业10家。

5. 信息经济

以“互联网+”行动为抓手，加强网络基础设施建设，加快发展电子商务、云计算、数字创意等新兴产业。深化与阿里巴巴、京东等合作，培育和引进第三方电子商务平台，推动重点行业与骨干企业电子商务应用。围绕“四新经济”，在云计算、大数据、物联网、数字创意等方面，积极引进一批行业领军企业，大力培育安庆智慧产业园，逐步发展形成总部经济集聚地。到2020年，信息经济产业总产值突破200亿元。

6. 筑梦新区

以新产业、新技术、新模式、新业态为主攻方向，以科技孵化、业态孵化、总部孵化、金融孵化为手段，广聚创新资源，引领产业升级，形成“可复制、可推广、可持续”的模式，力争使筑梦新区成为创新创业新平台、产业引导新基地、经济发展新引擎，成为中西部地区创新发展示范区。

(三)信阳市

信阳生态工业是从电子信息产业着手的。这几年无中生有,由小及大,基本形成以高新区电子产业园为主体,罗山电子产业园、南湾榕基软件产业园和北斗产业园为支撑的产业空间布局,还有新型建材、绿色食品、现代家居、商贸物流等主导产业都有长足的发展。

信阳电子产业园是信阳市生态工业的缩影,建设面积达 1.6 平方千米,厂房面积超百万平方米,已有 25 家企业入驻信阳电子产业园。预计园区企业全部入驻投产后,产值可达 800 亿元,企业利税 120 亿元,解决 7 万人就业,创造良好的经济效益和社会效益,带动全市经济社会跨越发展。

(四)黄冈市

2016 年,黄冈市食品饮料、纺织服装、医药化工、建筑建材、机械电子等五大支柱生态产业,共完成产值 1628.09 亿元,比上年增长 7.4%,占规模工业总产值 81.06%,拉动工业产值增长 7.8 个百分点,贡献率达到 90%。

1. 食品饮料

218 家规模企业,完成产值 368.14 亿元,比上年增长 0.34%,其中农副食品加工 257.85 亿元,下降 1.95%;食品制造 55.05 亿元,增长 0.79%;酒、饮料和精制茶制造业 55.23 亿元,增长 12.06%。

2. 纺织服装

209 家规模企业,完成产值 253.36 亿元,比上年下降 0.09%,其中纺织 171.2 亿元,下降 1.86%;服装 69.6 亿元,增长 1.33%;皮革毛皮制品 12.56 亿元,增长 20.25%。

3. 医药化工

136 家规模企业,完成产值 310.59 亿元,比上年增长 14.57%,其中医药制造 129.07 亿元,增长 13.1%;化学原料和化学制品 181.53 亿元,增长 15.64%。

4. 建筑建材

373 家规模企业,完成产值 460.9 亿元,比上年增长 11.43%,其中非金属矿采选 53.93 亿元,增长 8.72%;非金属矿物制品 406.97 亿元,增 11.8%。

5. 机械电子

259 家规模企业,完成产值 222.3 亿元,比上年增长 4%,其中通用设备制造 47 亿元,增长 12%;专用设备制造 32.4 亿元,增长 3.89%;汽车制造 56.81 亿元,增长 20.04%,铁路船舶及其他运输设备制造 29.97 亿元,增长 5.82%;电气机械器材制造 45.69 亿元,增长 20.07%;计算机通讯和电子设备制造 12.03 亿元,增长 6.08%;仪器仪表制造 11.19 亿元,下降 16.97%

2017 年 3 月,黄冈市举行招商项目签约仪式,包括星晖新能源智能汽车、黄冈绿宇环保再生面料、启迪桑德静脉产业园、软通动力信息产业基地等 12 个项目落户黄冈，总投资 541.2 亿元，涵盖新能源、高端制造、节能环保、信息服务和生物医药等领域。其中黄冈绿宇环保再生面料项目由长江经济带产业基金引进，总投资 135 亿元，将建设 100 万吨环保再生面料产业园。

二、大别山区生态工业发展存在的问题

（一）传统工业比重偏高，节能减排压力较大

大别山区四市主导行业以高耗能行业为主且集中度高，2016 年在四市内 39 个工业大类行业中处于前五位中高耗能行业占比较大，如石油加工、化学原料及化学制品、非金属矿物制品等。能源无论是生产结构还是消费结构，煤炭占比仍然较大。今后几年，大别山区四市仍将保持快速发展的势头，各种污染排放仍将增加，对环境的压力也在不断增大，特别是随着排放基数的下降和高污染存量经济的逐步退出，通过实现经济增长和生态环境保护的难度将加大。

（二）产业结构趋同，产业处于较低水平

大别山区四市产业以原材料和中间产业为主的占据一定比例，高耗能和高污染行业所占比重偏高，传统发展模式和惯性大，横向关联度和增值效益偏低，具备完整产业链的新兴产业企业少，整体经济格局还未得到有效改善，结构性耗能矛盾突出。同时还存在重复建设、恶性竞争等现象，容易造成产能过剩，资源浪费，不利于整体产业整合的可持续发展。

（三）生态技术发展相对落后，生态产业模式尚未建立

生态工业园区主要遵行“减量化、再利用、再循环”的原则，侧重于企业的节能减排和产业生态补链项目的引进，其主体还是对现有企业的生态化改造，建立起“企业内部的小循环、企业之间的中循环和社会层面的大循环”三个层次的循环体系。而现阶段大别山区四市的工业园区技术离市场化、实用化的目标还有不少距离，生态补链的项目还较为缺乏。

（四）循环不经济，园区不集群

循环经济不仅要求资源是循环的，而且是经济节约的。但目前大别山区各市工业园区技术水平条件有限，还很难做到既走循环发展之路又能节约高效。目前，大别山区大多县市均有工业园区，工业项目绝大多数也集中在工业园区，但工业园区普遍规模偏小，企业数量偏少，企业之间的关联度还比较低，较难模拟生态系统来设计工业园区的物质流和能量流，达到资源利用最大化和废弃物排放最小化。

三、大别山区生态工业发展对策探讨

（一）确定区域定位，着力发展绿色工业

(1)优化产业结构。对大别山区各地矿业、建材等传统重工业进行改造，提高

技术装备水平，延伸产业链，推动转型升级；把战略性新兴产业作为调整产业结构的战略重点，大力发展高端装备制造、生物医药、有机食品、新能源、节能环保等产业；加大补链招商力度，重点引进知名企业投资建设生产基地，高起点、高标准发展支柱产业，推动产业优化升级。

(2)发展绿色能源。大力推进生物质能、风能、太阳能等清洁及可再生能源产业化。如六安市加快响洪甸、佛子岭抽水蓄能电站建设，加大垃圾焚烧发电和秸秆生物质能发电等项目建设并尽快运营，逐步实现我市能源结构向低碳化、洁净化、生态化转变和发展。

(3)强化节能降耗。继续落实节能减排责任制、“两高”和产能过剩行业项目审核管理制，重点推动矿业、建材等行业节能减排，实施锅炉窑炉改造、电机系统节能、能量系统优化、余热余压利用等重点节能改造工程。完善投资项目节能评估和审查制度，严把准入关口。

(4)实施工业清洁生产。对规模以上工业企业全面推行清洁生产技术和清洁生产审核制度；对有色金属选冶、化工、能源、食品加工等行业实施强制性清洁生产审核，鼓励其他行业企业自愿进行清洁生产审核；大力推广产品生态设计，减少生产和使用过程中的污染物排放。

(5)开展资源综合利用。积极发展绿色矿业，大力推动共伴生、低品位和尾矿的开发利用；以铁矿、铅锌矿等企业为重点，开展绿色矿山创建工作；鼓励对生产过程中产生的废渣、废水、废气、余热余压等进行回收和资源化利用，重点推进林业、铁矿采选等行业废渣的综合利用和废水循环利用。

(二)积极推广生态工业园区建设

园区具有产业集聚发展、企业集中布局、土地集约利用、能量梯级使用、污染集中处理和废弃物循环利用的功能，是发展生态工业的重要载体。首先，生态工业园区是发展生态工业的载体，大别山区各地应积极推广生态工业园区建设。在建设生态工业园区时应该重点考虑立足当地资源优势；充分考虑山区自身特点，发展资源的综合利用和深加工体系，完成工业结构转型；积极进行环境治理和生态恢复，使资源得到充分利用；发展生态工业、休闲观光和工业旅游等项目，最终建成山区生态工业园区的示范点。其次，推进原有工业园区实现生态化改造。对现有经济开发区、工业园区或高新技术园区进行生态化改造，对园区内企业的技术经济联系按照工业生态学原则进行重新整合或引进若干能够建立工业共生关系的企业，将现有工业区改造成为生态工业园。一是分类规划示范园区。通过编制生态工业园区建设规划，实施分类指导和管理，进行不同类型的生态工业示范区建设试点；二是完善生态工业园创建标准，修订、完善生态工业园创建标准；三是加强生态工业园管理，着力提升园区发展水平。科学编制发展的总体规划，引导重大项目入园集中布局建设。

(三)从企业、产业集群和园区三个层面对工业园区进行生态化建设与管理

1. 企业层面

科技是低碳产业发展的重要因素,针对园区现有企业,搭建企业联合共建的研发平台,提升自主科技创新能力,积极开发以绿色技术为核心的清洁生产关键技术;拓展低碳产业的发展领域,提高生产效率和资源能源利用效率,减少废弃物产生量,积极开发废弃物资源化利用技术。鼓励企业优化产业结构,加强技术改造,推行节约能源、物质循环利用的清洁技术,完成由污染治理向污染预防的转变。

2. 产业集群层面

以龙头企业做引领,依托构建“园中园”发展模式是现阶段生态工业示范园区发展过程中重要的途径,通过产业集聚,提高生产效率和区域产业竞争力。以龙头企业为核心带动产业集聚发展的模式对园区经济发展具有重要贡献。在未来发展过程中,要加强龙头企业及配套项目的共同引进,形成“葡萄串”式产业集聚。建设循环产业链条,限制和淘汰落后工艺、技术设备、产品,关闭高污染、高消耗、低效率的产业,重点加强工业废水处理设施的建设和食品、石化、冶金、建材、轻纺、有色金属六大行业的技术改造和污染治理。

3. 园区层面

建设生态工业园区,注重园区产业链和物质循环链的关联性、互补性,以“链式发展”和产业优势推动生态优势。设定园区项目准入条件,在招商、融资、税收、土地利用、人才引进、技术与环境管理等方面全方位渗透循环化技术经济和环境政策;严格执行招商项目节能评估、环保准入制度,对能源资源消耗高、污染物排放量大、环境风险高的项目实施“一票否决”。重点完善基础设施,在园区逐步建立公共服务平台,加强信息平台等软件建设。从项目初期就进行清洁生产审核,甚至是全生命周期管理,会使得园区在整个工业发展过程对环境、生态扰动最小化。通过完善资源再生加工、建成集废弃物全方位收集运输、再生加工利用、无害化处置、科技研发的综合管理服务体系。加强环境管理能力建设,有利于生态工业园建设的可持续发展。

(四)大力发展新兴工业和循环经济

首先,在调整产业结构的同时,坚持走新型工业化道路,发展新兴产业,加快发展资源消耗低、环境污染小、附加值高的新型工业。支持高科技、高附加值、高起点的企业发展。依靠先进技术,推行清洁生产。着力打造新型建材、农产品深加工、中药材精深加工等产业。其次,把发展循环经济作为推进大别山区生态工业发展的重要举措,以提高资源利用率和降低废弃物排放量为目标,以科技创新和制度创新为动力,以循环项目和循环产业链建设为抓手,在资源节约、清洁生产、废物利用

和环境保护等方面取得重大突破，努力实现生产清洁化、生态良性化的发展目标。积极争取国家鼓励发展循环经济的政策和资金支持，推广循环发展新模式，大力推行企业小循环、产业中循环和区域(园区)大循环的模式。最后，加强节能减排科技创新，加快从线形经济向循环经济转变，开发和推广节约、替代、循环利用资源和治理污染技术，发展技术创新型和生态环保型工业，培育战略新兴产业。政府需加大对节能减排技术和产品的支持力度，加大对节能减排技术开发的投入和奖励，将节能减排产品列入政府采购清单。

(五)加强产业联动，发挥后发优势

大别山区各地在发展生态工业时，要注重各个产业间的联动，利用山区经济发展起步慢、发展层次较低的后发优势，积极发挥劳动力成本、土地成本、生态环境优势，利用具备更强的生产力集聚布局的客观要求，利用各方面资金、技术、人才来完善大别山区生态工业的发展。继续强化“政府创造环境，企业创造财富”的意识，突出生态资源集聚，切实把生态资源转化为发展生态工业的优势。

(六)强化科技人才支撑

1. 强化科技支持力度

通过资金扶持、政策优惠等方式，鼓励企业充分利用现代信息技术改造提升传统产业，引进先进生产工艺，提高产品科技含量、提升经营管理水平、扩大生产经营规模。采取政府牵头、企业参与、联合高等院校、科研院所的方式，建立企业科研信息化服务平台，支持企业应用现代信息技术开展电子商务、提高企业信息化建设水平和科技创新能力，增强企业核心竞争力。

2. 强化人才支撑力度

健全完善人才激励机制，加大引进国内外环保产业、环保技术领域专业人才的力度；积极与相关院校合作，建立合作培养人才的新机制。依托职业教育培训学校，加强对专业技术人员的专业技术培训，努力提高员工的专业技能；邀请省内外优秀企业家、专家学者对企业经营管理人员开展针对性的专题辅导讲座，提高经营管理水平；根据项目建设需求，以最优的待遇，引进一批高端管理和专业技术人才，促进项目发展，满足企业需求。形成一支懂技术、善管理的专业化环保人才队伍，为生态工业的发展提供强有力的智力保障。

第六章 大别山区生态经济区规划

第一节 生态经济区规划建设的影响因素和基本原则

生态经济区是将一定范围的区域作为一个生态系统来规划建设，使生态环境与社会经济实现协调发展，各个领域达到了当代可持续发展目标要求的区域。它的主要标志是：生态环境良好并且不断趋向更高水平的平衡，自然资源得到合理保护和利用，以生态或绿色经济为特色的经济高度发展，结构合理，总体竞争力强，现代生态文化形成并得到发展。

国内外有关生态经济区规划建设的理论探索比较多，主要有可持续发展理论、循环经济理论、生态经济理论、清洁生产理论、生态承载力理论、生态服务补偿理论、外部性和产权理论等，但系统化研究比较少。我国在实践上有关生态经济区在地域上的构想比较多，但以国家政策层面的规划建设仍然比较少。目前经国家发改委批准的仅有鄱阳湖生态经济区和黄河三角洲高效生态经济区，积极建设的有三峡库区生态经济区和洞庭湖生态经济区，其他地区多停留在学者或官员的呼吁层面。2015 年 6 月 1 日，国务院正式批复《大别山革命老区振兴发展规划》，将大别山革命老区振兴发展战略上升为国家战略。《规划》指出，“要努力把大别山革命老区建设成为长江中下游地区重要的生态安全屏障”。可以说，未来大别山生态经济区规划建设有了国家层面的政策依据。

一、生态经济区规划建设的主要影响因素

生态经济区的建设就是以可持续发展理论为基础，运用生态经济学和系统工程的原理与方法，对全区域社会、经济和生态环境复合系统进行结构改善和功能强化；遵循生态规律和经济规律，在恢复和保持良好的生态环境、保护与合理利用各类自然资源的前提下，促进国民经济和社会健康、持续、稳定与协调发展。自然可能性、经济可行性、政策可容性是生态经济区规划建设的前提。影响生态经济区建

设的因素有如下特点:第一,自然可能性表现在生态承载力和生态环境外部性上,生态环境外部性强,对外围区域影响大是生态经济区建设的自然基础,而生态承载力或高或低,以生态脆弱区居多,且都留有很深的政府主导痕迹;第二,经济可行性表现在经济发展水平和是否有重要经济区依托,经济发展水平不高,急需提升经济是生态经济区建设的主要诉求点,而位于重要经济区板块格局内,是具借力发展的主要支撑;第三,国家明确的"两型社会"和"生态文明示范区"建设,及愈加严格的环境保护法律、法规,使破坏生态环境的发展方式和生产模式缺少了生存的政策可容性,是生态经济区建设的主要驱动力,而政策在操作层面的措施缺失、缺位,成为生态经济区建设的制度障碍。

二、生态经济区规划建设的基本原则

生态经济区在规划和建设过程中,应该遵循的原则如下。

(1)协调发展的原则。充分考虑区域社会、经济与资源、环境的协调发展,统筹城乡发展,促进人与自然和谐,实现经济、社会和环境效益的"共赢"。

(2)因地制宜的原则。从实际出发,发挥资源、环境、区位优势,突出地方特色。生态经济区建设既要吸收国内外有益的、成功的经验,并结合经济社会发展现状、自然资源及区域生态环境的实际,因地制宜地稳步推进生态经济区建设。

(3)重指标更要重过程的原则。创建生态经济区是实现全面的、高水平小康社会的具体体现,是实现区域可持续发展的重要内容,是一项长期的系统工程,既要重视具体建设指标,更要注重在过程中实现全面发展。

(4)遵循保护与开发并重的原则。坚持预防为主,在保护中开发,在开发中保护,在搞好环境保护和生态建设的同时,合理利用资源环境优势,积极发展生态产业,推动经济快速发展,在发展中解决生态环境问题。

第二节　大别山区生态产业集中发展区

根据《全国主体功能区规划》和大别山实际情况,大别山区整体为限制开发区域。在大别山区内,依据点状开发、有序发展的原则,进一步细化划分为生态功能保护区、生态产业集中发展区、生态经济综合配套区。生态功能保护区包括水源涵养保护区、各类自然保护区、国家地质公园、国家森林公园、国家水利风景区、风景名胜区等重要生态功能区(详见第三章、第四章),是禁止开发的核心保护区,但可以适当发展生态旅游业。生态产业集中发展区突出生态建设与环境保护,可以适当发展生态旅游业、生态种植养殖业等,限制大规模工业化、城镇化开发活动。

一、大别山区生态产业集中发展区范围

生态产业集中发展区是指大别山区限制发展区、优先发展生态产业的区域。具体范围为国家级生态示范区名单中的安徽省金寨县、霍山县、岳西县以及未被列入的潜山县、太湖县，国家级生态示范区名单中的河南省商城县、新县、光山县、罗山县，还包括没有列入国家级生态示范区名单的湖北省红安县、麻城市、罗田县、英山县、大悟县，共 14 个县范围内除禁止开发的核心保护区以外的区域（如图 6－1 所示）。生态产业集中发展区实行保护性开发，可以优先适当发展生态旅游业、生态种植养殖业、生态林业、中药材种植加工、农产品深加工等生态工业，限制大规模工业化、城镇化开发活动。在生态产业集中发展区内，不以 GDP 总量来衡量区域发展，而是以绿色 GDP 和生态、经济、社会综合效益来衡量区域发展。

（1）金寨县境内有天马国家级自然保护区、大别山（六安）国家地质公园（天堂寨园区、燕子河大峡谷园区、红石谷园区）、天堂寨国家森林公园、梅山水库风景区、响洪甸水库和金寨县革命烈士陵园等属于核心保护区，除此之外的范围属于生态产业集中发展区。

（2）霍山县境内有大别山（六安）国家地质公园（白马尖园区、铜锣寨园区）、佛子岭水库、磨子潭水库、白莲崖水库、佛子岭森林生态保护区铜锣寨风景区、白马尖风景区、南岳山风景区等属于核心保护区，除此之外的范围属于生态产业集中发展区。

（3）岳西县有鹞落坪国家级自然保护区、枯井园国家级自然保护区、明堂山风景区、天峡风景区、妙道山风景区（国家森林公园）、大别山彩虹瀑布风景区、司空山风景区、桃花溪景区等属于核心保护区，此外范围属于生态产业集中发展区。

（4）潜山县有天柱山国家地质公园、天柱山 5A 级风景区、白马潭风景区、潜山山谷流泉文化园、天龙关景区、薛家岗遗址公园、潜山板仓森林生态保护区等属于核心保护区，此外范围属于生态产业集中发展区。

（5）太湖县有花亭湖风景区、太湖五千年文博园、泊湖、赵朴初文化公园、狮子山二祖禅堂、佛图寺、海会寺、西风禅寺属于核心保护区，此外范围属于生态产业集中发展区。

（6）商城县有鸡公山国家自然保护区（风景区）、黄柏山国家森林公园、金刚台国家地质公园、金刚台森林生态保护区、鲇鱼山水库、鲇鱼山内陆湿地、铁佛寺水库、大石桥水库等属于核心保护区，此外范围属于生态产业集中发展区。

（7）新县有黄缘闭壳龟野生动物保护区、金兰山国家森林公园、连康山自然保护区、鄂豫皖苏区首府革命博物馆、各类水库 128 座等属于核心保护区，此外范围属于生态产业集中发展区。

(8)光山县有大苏山国家森林公园、净居寺名胜风景区、龙山湖风景区、泼河湖风景区、五岳湖风景区等属于核心保护区,此外范围属于生态产业集中发展区。

(9)罗山县有灵山寺风景区、董寨国家级鸟类自然保护区、九里落雁湖、龙池、石山湖景区等属于核心保护区,此外范围属于生态产业集中发展区。

(10)红安县有天台山国家森林公园(风景区)、红安黄麻起义和鄂豫皖苏区革命烈士陵园、李先念故居纪念园、董必武同志旧居、黄安县苏维埃政府、九焰山风景区、老君山风景区、五云山风景区、似马重峦、七里坪革命遗址群及 96 处重点文物保护单位等属于核心保护区,此外范围属于生态产业集中发展区。

(11)麻城市有龟峰山风景区、九龙山风景区、麻城烈士纪念园、杏花村、五脑山国家森林公园等属于核心保护区,此外范围属于生态产业集中发展区。

(12)罗田县有湖北大别山国家级自然保护区、(罗田)天堂寨风景区、(黄冈)大别山国家森林公园、三里畈温泉度假区、白莲河水库、薄刀峰风景区、天堂湖风景区、青苔关风景区、九资河风景区以及全县 132 座水库等属于核心保护区,此外范围属于生态产业集中发展区。

(13)英山县有吴家山国家森林公园、吴家山风景区、桃花冲风景区、小岐岭楚长城、南武当、秋醉桃花溪、娄子石风光、毕昇湖属于核心保护区,此外范围属于生态产业集中发展区。

(14)大悟县有三里茶叶公园、四姑红叶观光园、双桥花山、刘集铁寨、夏店装八寨、芳畈龙潭湖、宣化九女潭、大顶山风景区、悟峰山风景区、永宗寺、十八潭、八字沟等风景区属于核心保护区,此外范围属于生态产业集中发展区。

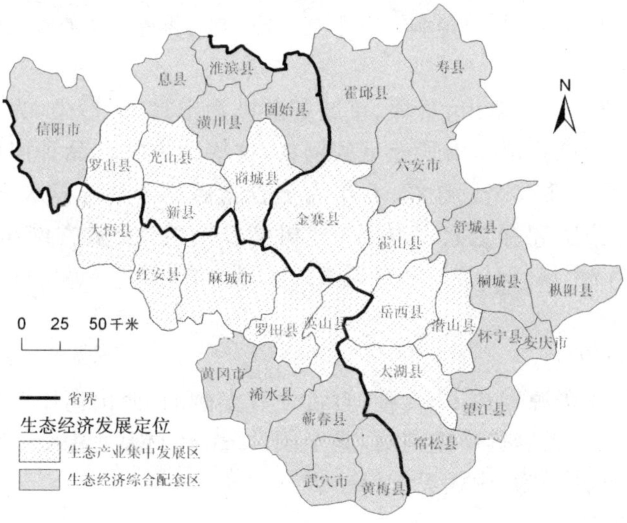

图 6-1 大别山区生态经济区规划图

二、生态产业集中发展区生态产业发展情况

生态产业集中发展区又可细分为农产品主产区和产业重点发展区。农产品主产区主要包括河谷地、丘陵地等，具有较好的农业生产条件和较强的农产品生产和供给能力，承担着发展特色农业、推进农业现代化的主要任务。产业重点发展区主要包括城镇规划区域和矿产资源开采区，产业基础条件较好，适宜点状开发，是人口和产业集中的区域，承担着推进工业化、城镇化的主要功能和带动片区经济社会协调发展的重要任务。产业集中发展区各地生态产业发展情况如下。

（一）金寨县

1. 农业资源

（1）板栗。金寨县是全国板栗生产重点县，现有板栗种植面积 50 万亩，年产板栗 3 万吨，产量居全国第一，被国家林业局命名为“全国经济林板栗之乡”。金寨县板栗品种资源丰富，是长江流域板栗品种群集中分布区之一。现已形成了以早栗子、处暑红、大腰栗、九月寒、迟栗子、紫油栗为代表的 10 余个早、中、晚熟优良品种。

（2）茶叶。金寨是全国首批 20 个无公害茶叶生产示范基地之一，是中国十大历史名茶六安瓜片的原产地和主产地，是全国重点产茶县之一，是国务院办公用茶定点生产县。金寨翠眉为六安五大名茶之一。全县现有茶园 14.2 万亩，年产干茶 4200 吨，系列产值 1.15 亿元。

（3）高山蔬菜。全县建立了以四季豆、辣椒、番茄、生姜、高山茭白、菜用百合等为主导品种的生产基地 6.8 万亩，年产量达 7.5 万吨。此外，可年产野生绿色食品山竹笋 5000 吨、野生葛粉 1000 吨、珍珠菜 4000 吨、将军菜（苦菜、天香菜）800 吨、蕨菜 1000 吨。

（4）特色养殖。境内草山、草坪、草坡资源极为丰富，无污染，为大别山黄牛、山羊、土猪、土鸡等特色养殖提供了充足的饲料，这些地方特色品种肉质细嫩，味道鲜美，属纯绿色食品。桑茧产量连续 30 年为全省之冠。全县可养水面 12 万亩，养殖的鱼产品通过无公害和绿色食品认证，槐树湾乡誉为“安徽省网箱养鱼第一乡”。2016 年末生猪存栏 158810 头，牛存栏 32810 头，羊存栏 46690 只，水产品产量达 13100 吨。

2. 中药材资源

金寨县中药材资源多达 1363 种，自古便有安徽的“西山药库”之称。这里盛产西洋参、茯苓、灵芝、天麻等贵重药材，是全国 22 个药材基地县、6 个茯苓基地县之一，境内的沙河乡被誉为“中国灵芝第一乡”。

3. 经济林资源

全县森林覆盖率为 72.75％，林业用地面积为 441 万亩，拥有用材林 196 万亩，

县内竹林面积为30万亩，其中毛竹面积为20万亩，年可产毛竹500万根。全县已建立杉木、板栗、油茶、山核桃、竹材、木本中药材等六大高效经济林业基地，形成了以板栗、山核桃、灵芝、天麻、西洋参、木耳、葛粉、茶油、松脂等林副产品为主的林业产业链条。2015年林业完成增加值23813.0万元。

4. 清波碧水

金寨季风气候明显，雨量充沛，平均年降水量在1300毫米左右，为淠河、史河两大河流发源地，梅山、响洪甸水库总蓄水为50亿立方米，均是优Ⅱ类以上卫生饮用水，天堂寨、马鬃岭等处的水为净水、Ⅰ类卫生饮用水，已探明并经检测含高铝、高偏硅酸复合型矿泉水有10余处，为白酒、山泉水、饮料等生产加工基础上提供了丰富的优质水源，为工业生产提供了高质量的工业用水和工业自备用水，大大降低了工业成本。

5. 旅游资源

金寨县旅游资源丰富，有华东最后一片原始森林5A级景区天堂寨、皖西大峡谷、梅山水库风景区等。2016年全县接待游客654.1万人次，创综合收入26.2亿元，分别较同期增长30.7%和15.0%；旅游收入占地区生产总值的比重达29.5%。

6. 电力能源

全县水电站总装机27万千瓦时，年正常发电7亿千瓦时，盈余电力3亿千瓦时，省供电部门给金寨的优惠政策是：优先保障金寨自用，富裕部分输出。

(二)霍山县

霍山县自然资源丰富，生态环境优美，森林覆盖率达75.1%，素有“金山药岭名茶地、竹海桑园水电乡”之称。

(1)霍山是药材之乡，现有药园5万亩，为全国中医中药试点县，有“软黄金”之称的霍山石斛和断血流、天麻、茯苓、杜仲等名贵中药材。2016年药材产量38083吨。

(2)霍山是茶叶之乡，现有茶园13万亩，霍山黄芽早在唐朝就被奉为御用贡茶。2016年全县茶叶产量6797吨。

(3)霍山是毛竹之乡，现有竹园45万亩，立竹量8000万株，年产毛竹1000万根。为江北毛竹第一大县，被国家林业局授予“中国竹子之乡”称号。

(4)霍山是蚕桑之乡，现有桑园5万亩，是全省十大蚕桑基地县之一。年产蚕种8万张，产鲜茧2000吨，白厂丝350吨，等级平均达到4A+50，行业总产值达1.5亿元。2016年蚕茧产量2055吨。

(5)霍山是水电之乡，水能资源蕴藏量22万千瓦，是全国农村电气化县，建有佛子岭、磨子潭、白莲崖三座大型水库和73座小水电站，年均发电量4亿千瓦时。

(6)霍山还是旅游资源大县，境内有“亚洲第一坝”佛子岭水库大坝、江北“小黄山”铜锣寨和大别山主峰白马尖(海拔为1777米)、汉武帝敕封的小南岳和明代文庙等众多自然与人文景观。其中,佛子岭景区、大别山主峰景区和南岳山景区被评为国家AAAA级旅游景区。2016年,荣获“国家全域旅游示范区”首批创建单位,全年实现旅游总收入37亿元,增长5.7%。

2015年,全县粮食总产量为91849吨,油料产量为3686吨,棉花产量155吨,高山蔬菜产量为209369吨;畜牧业全年肉类总产量为17953吨,禽蛋产量为2312吨;水产品产量为1200吨。生态旅游日益繁荣。全年接待游客820万人次,增长15.5%。生态旅游持续升温,天悦湾养生度假区4A创建通过验收,司空禅峡、大别山玫瑰博览园、大明山旅游开发等项目序时推进,司空山旅游综合开发项目成功签约,大别山滑雪乐园试运营。

(三)岳西县

岳西县境内山清水秀,森林覆盖率达73%,生物资源极为丰富,被专家称为“是一座生态保存发育完好的天然花园”。

(1)中药材基地县。全县药材现有植物类1024种,动物类79种,矿物类33种,总蕴藏量7.5万吨,其中茯苓、天麻、杜仲、麝香、石斛等30余种名贵药材在国内外久负盛名。

(2)是安徽茶叶、板栗、猕猴桃、高山反季节无公害蔬菜的主产县和基地县。特色农产品商品率达95%,其中岳西翠兰、薇菜、香菇、木耳、高山蔬菜等产品在国内外市场闻名遐迩。

(3)皖西南旅游重点开发县,是集“山、水、石、泉、寺、林、瀑布、峡谷、石刻、山寨、革命纪念地”于一体的综合性旅游资源大县。著名旅游景区20多处,大小景点180多个,有“中华禅宗第一山”司空山、“华东第一方塔”法云寺塔、“安徽第一漂”天仙河。

(4)国家水电农村电气化建设县。县内雨量充沛,河道落差大,水能理论蕴藏量24.09万千瓦,已开发9万千瓦,在安徽省县级小水电建设中位居第一。

(四)潜山县

潜山县物产丰富,境内属国家保护的珍稀树种12种、珍稀动物26种,有药用价值的植物达957种,是全国粮食大县和安徽省十大药材基地县。舒席、雪湖贡藕、胡萝卜、石耳、生姜、天柱剑毫、野葫芦籽等名优特产闻名遐迩。2015年,全县油料产量13697吨,茶叶产量34657吨、蚕茧产量18507吨、水产品产量4750吨,出栏生猪272579头。2015年,全年来潜山的国内旅游人数560万人次,比上年增长9.88%,实现旅游总收入47.38亿元,比上年增长13.02%,创外汇收入2310.18万美元,增长20%。

(五)太湖县

太湖县是安徽省茶叶、板栗、蚕桑、油茶、生猪、肉鸡、龙虾重点生产县,拥有有机食品6个，绿色食品5个，无公害食品17个，省名牌农产品6个。太湖县林业用地面积为158.33万亩，有林地面积为118.94万亩，其中用材林115.01万亩，活立木总蓄积量为52.99万立方米。太湖县是全省茶叶、生漆、板栗的重点生产县，药用植物有百合、香附子、茯苓、白术、蔓荆子等，蔓荆子产量居全省之冠。太湖是全国商品牛和瘦肉型猪的生产基地之一。2015年，全县生猪出栏56.0万头，年末存栏29.1万头；家禽出栏2131万只，其中肉鸡1920万只，增长8.4%；水产品养殖面积为13736公顷，总产量为34310吨。2015年，农业产值为137265万元，增长3.8%；生态林业产值为49637万元，增长2.5%；牧业产值为176907万元，增长2.0%；渔业产值为58069万元；旅游总收入达159501万元。

（六）商城县

2015年全县粮食作物种植面积为46573公顷。其中，水稻31967公顷，小麦11880公顷；油料作物种植面积为21887公顷，总产量为60291吨；蔬菜种植面积为6906公顷，总产量为198041吨，比上年增长3.5%；茶叶种植面积为8567公顷，总产量为4765吨，比上年增长9.1%；肉类总产量为44152吨；禽蛋产量为22192吨；水产品养殖面积为6850公顷，产量为33000吨。2015年全县接待境外旅游人数380万人次，比上年增长24.6%；实现旅游总收入达24.7亿元，增长24.7%，金刚台西河景区的峡谷漂流项目成为旅游热点。年末共有A级旅游景区4处，其中4A级景区2处，3A级景区2处。

（七）新县

新县板栗、银杏、茶叶、油茶品质、产量均居河南省之冠；花岗石、石英石、金红石、钼、钨矿储量大、品位高。新县为富水区，境内有长江、淮河流域两大水系，流域面积为1574平方千米，有大小河流92条，河网密度为0.6千米/平方千米，各类水库128座，万方大塘近千个，蓄水量为9.71亿立方。2015年全县共接待游客254.8万人次，实现旅游综合收入12.18亿元。

（八）光山县

光山县是国家级生态示范区、全国林业先进县、全国油料百强县、全国产茶重点县，全县已初步形成羽绒服装、粮油食品、茶叶、花卉苗木、纺织器材等五大产业。2015全县特色农业不断壮大，新建标准化茶园1.1万亩，茶园面积稳定在22.8万亩；新发展油茶面积为5万亩，油茶种植面积达到16.7万亩；建成年产3万吨的蓝天茶油加工厂1座；新发展苗木花卉1.8万亩，苗木花卉面积达到9.2万亩；新发展蔬菜基地600亩。农业产业化水平不断提升，农民专业合作社新增160家，达到831家；家庭农场新增27家，达到197家，其中省级示范农场1家。粮食、油茶、茶叶、畜禽四大生态产业集群成为市级农业产业化集群。2016年，夏粮总产量76215吨，油菜籽产量71101吨。

(九)罗山县

罗山县已经形成茶叶、高山蔬菜、植物油、畜禽养殖、水产品养殖、花卉苗木等优势生态产业集群。

(1)茶叶。以申林茶业、灵山茶叶、亿峰生态林业、皇城山茶叶等企业为龙头，以南部九个乡镇的茶叶合作社为依托，建成茶产业基地。灵山茶叶公司新打造万亩生态茶叶种植基地，成功申报灵山茶产业集群为省级龙头产业集群。目前，全县建成25万亩的高标准茶叶生产基地，各类“信阳毛尖”绿茶生产能力达到100万千克，信阳红茶生产能力达到120万千克，茶产品产值超过30亿元。2016年，茶叶总产为424.9万千克。

(2)高山蔬菜。以金土地蔬菜、丰润生态农业等企业为龙头，以尤店、高店、周党、龙山等乡镇的蔬菜合作社为依托，建成蔬菜产业集群。打造1000亩以上蔬菜连片种植基地8个、万亩基地1个，发展蔬菜合作社21个。全县蔬菜基地面积发展到10.7万亩，年总产50万吨，总产值超10亿元。

(3)植物油。全县油菜种植面积稳定在45万亩以上，总产稳定在8万吨以上。组建食用油加工龙头企业——信阳埃得尔实业公司落户罗山工业园区。目前，全县加工油料作物达到5万吨，实现销售收入10亿元。

(4)畜禽养殖。以万林种猪、豫鸣公司等企业为龙头，以周党、楠杆、莽张等养殖合作社为依托，发展生猪养殖和猪肉制品等畜牧加工业；以俊莲养殖场、弘园农业开发公司为龙头，以县内36家“华英鸭”富民工程基地为依托，带动一批家禽养殖合作社，发展禽类生产、加工。目前，全县肉蛋奶总量达25万吨，畜牧业产值达25亿元，占农业总产值的比重达到40%以上。

(5)水产品养殖。以石山口兴强渔业、弘园农业、小龙山鱼类繁育场为龙头，培育各类水产品养殖、加工合作社，打造全县16万亩水产品基地。目前，全县渔业产业养殖和增殖面积发展到18万亩，全部达到国家规定的规模水产养殖标准；水产品产量达到5万吨，渔业产值超10亿元。

(6)花卉苗木。以县城周边和灵山镇为核心区，以盛林公司、现代园林公司为龙头，大力扶持、培育苗木花卉、杨木种植专业合作社，发展花卉苗木产业，重点建设“一个中心三个片区”:现代园林公司为中心，总规划面积为1800亩，实现总产值10亿元，辐射带动周边发展苗木花卉达到1万亩；环城高档园林绿化观赏苗木主产区，总规模1万亩；优质用材林苗木、绿化苗木主产区，集中在楠杆、尤店、彭新等乡镇，总规模达1万亩；四是盆景园区，集中在龙山邵洼、周党杨冲等地，规模在1000亩左右。目前，全县规模以上苗木花卉龙头企业增加到6家以上。

(十)红安县

生态种植业以稻谷、小麦、花生为大宗，茶叶、油菜、棉花占有相当比例，主要有用材树种、经济树种、园林绿化树种、竹类、中草药、牧草等，优势的树种有松、杉、木乐等；中药材盛产桔梗、金银花、夏枯球、白术等；成片草场25万余亩。花生、红苕为红安县特色农产品。2016农林牧渔业现价总产值40.4亿元，粮食总产量20.49万吨，棉花产量991吨，油料产量11.2万吨，蔬菜产量20.56万吨，水果产量3512吨。2016年，畜牧业总产值1.57亿元，禽蛋产量11479吨，生猪出栏60万头，牛出栏38301头，羊出栏35780万只，家禽出笼183万只；渔业总产值0.16亿元，水产品产量16594吨。2016年，全县接待游客618.28万人次，比上年增长21.5%；实现旅游综合收入37.76亿元，增长23.7%。

(十一)麻城市

麻城市有耕地123万亩、林地282.6万亩、草地198.4万亩。板栗、茶叶、天麻、花生、蚕茧、菊花、桐子、木梓、柿子、油菜、百合、蜂蜜等都是大宗产品，可供系列深度开发；葛粉、菱藕、白花菜、香菇可开发为无公害食品。麻城是“中国花岗石之乡”。特色农业已形成中国菊花之乡、中国油茶之乡、中国板栗之乡及蔬菜、畜牧、桑茶药产业等“三乡三业”，福白菊、黑山羊、绿壳蛋、野茶油茶名品畅销海内外。麻城茶叶，主要有龟山岩绿、三峰毛尖、护山雾毫三大系列产品。，2015年全县经济作物播种面积为84.2千公顷，花生产量为42490吨，油菜籽产量为55275吨，棉花产量为7489吨，蔬菜总产量达到685500吨，实现油茶籽产量为15000吨，板栗产量为24300吨，茶叶产量为3095吨。2016年，生猪出栏达到85.77万头，牛、羊出栏分别为19.56万头和19.65万只；猪肉产量为6.43万吨，牛肉产量为2.93万吨，羊肉产量为4890吨；渔业养殖面积为9866公顷，水产品产量为34732吨。2015年全县实现农、林、牧、渔业分别实现产值45.84亿、1.74亿、35.01亿和6.7亿元。2016年全县国内旅游人数480万人，增长33.3%，实现国内旅游综合收入32.3亿元，增长35.7%。

(十二)罗田县

罗田县是中国知名的“板栗之乡”“桑蚕之乡”“甜柿之乡”“茯苓之乡”。2016年，全县实现农林牧渔业总产值43.95亿元，比上年增长4.2%。2016年，全县生猪出栏19.2万头，牛出栏4.19万头，山羊出栏23.28万只，家禽出笼1158万只；蚕茧产量为490吨；肉类总产量为5.34万吨；水产品产量为7764吨。2016年，全县农林牧渔业增加值为26.11亿元，增长4.3%，其中：种植业为18.21亿元，林业为0.7亿元，牧业为6.66亿元，渔业为0.52亿元，农林牧渔服务业为1.01亿元，分别增长4.2%、4.3%、5.1%、4.4%和4.5%。2016年，全县有旅游景点75处，其中AAA级以上景点(区)5处。全年接待国内旅游人数535万人次，比上年增长15.1%；国内旅游综合收入29.6亿元，增长20.8%。

(十三)英山县

英山县拥有名泉(地热温泉)、名产(茶叶、丝绸、药材、板栗)，是中国温泉之乡、茶丝之乡、药材之乡。全县茶园面积已超过22.3万亩，是全国重点产茶县、全国无公害茶叶生产基地示范县，湖北第一茶业大县；“英山云雾”茶被认定为“大别山生态名茶”和“湖北十大名茶”。英山丝绸产品享誉海内外，是国家“东桑西移”重点项目区和大别山最大的蚕桑生产基地，“梦丝家”牌蚕丝被荣膺“中国名牌产品”“国家免检产品”。2016年，全县茶叶产量为27396吨，药材实有面积为11.54千公顷，药材产量为39118吨；蔬菜产量达到16.97万吨，板栗产量为4887吨，蚕桑产量为522吨；生猪存栏20.73万头，生猪出栏17.57万头，山羊出栏131162只，家禽出笼144.59万只，水产品产量为6431吨。2016年，全县共计接待各类游客450万人次，比上年增长25.0%；实现旅游综合收入27.29亿元，比上年增长28.5%。

(十四)大悟县

大悟县是中国名茶之乡、国家首批绿色能源示范县、“华中风电之都”，国家经济林建设示范县。建以板栗、茶叶、乌桕、药材为主的经济林基地104.3万亩，其中板栗80.2万亩、茶叶11.3万亩、药材1万亩、乌桕10万亩，其他经济林1万亩。乌桕是大悟县特产，全县共有乌桕420余万株(折合面积近20万亩)，年乌桕籽最高产量为8000吨，居全国县级乌桕籽年产量之首。全县油茶面积初步统计约2.2万亩，年产量(鲜果)3000～3500吨。全县有油桐树约17.4万株，产量540吨，油茶、油桐是生产生物柴油重要原料。去年经济林总产值达2.96亿元，占农业总产值的18.7%。经济林已成为农民脱贫致富的主导产业。2016年，全县风电场为13个，装机容量超过60万千瓦，形成华中地区最大的山地风电场。

第三节　大别山区生态经济综合配套区

一、大别山区生态经济综合配套区范围

在区域总体功能定位上，将大别山区打造成中部地区生态产业集中区(形成自然生态系统、人工生态系统、产业生态系统之间共生的网络体系)、现代特色农业示范区和中东部旅游休闲度假区等。大别山区生态经济综合配套区是区域总体功能定位规划的重要组成部分。

大别山区生态经济综合配套区是指大别山区优化开发区域，依靠开放引资、承接产业转移、集聚资本等要素，走集约化发展之路的区域。具体范围包括安徽省六安市的金安区、裕安区、寿县(现划归淮南)、霍邱、舒城县，安徽省安庆市区及望江、宿松、怀宁县、桐城市和枞阳县(现划归铜陵)，河南信阳市区及息县、固始县、潢川县、淮滨县，湖北省黄冈市区及浠水县、蕲春县、武穴市、黄梅县，共4个中心市城区

和19个县(市)范围内除核心生态保护区以外的区域。生态经济综合配套区也不是单纯地强调经济增长观,要从经济发展、生态城镇建设、园林城市建设、社会发展、城乡关系、土地开发和环境保护等多个领域推进改革,形成相互配套的管理体制和运行机制。

二、大别山区生态经济综合配套区建设——以六安市为例

“十二五”期间,六安市委、市政府创新提出六安茶谷和淠河生态经济带建设,并逐步完善、延伸,形成了以六安中心城区、合六叶工业走廊、六安茶谷和淠河生态经济带等“一心一廊”“一谷一带”四大绿色发展区,着力培育装备制造、绿色食品加工、新能源、生物医药、电子信息、采矿冶金及新材料等六大主导产业,支持发展特色林产业、中药材以及养殖业,大力发展电子商务,推动形成实体市场与网上市场融合发展的格局。

为了实现做大做强中心城市,实现城乡共同发展,全面脱贫致富奔小康是六安既定的发展目标。按照建设大别山区域中心城市、合肥经济圈副中心城市、长三角城市群节点城市定位,六安加大区域中心城市的建设力度,进一步优化城镇发展空间布局和形态。六安大力开展“六城同创”,将六安建设成全省优质水资源、大别山转型发展示范区以及全国绿色发展和生态文明建设先行区。

G312工业走廊是六安实现东西双向开放发展的脊梁,是一条核心轴、工业主轴、发展龙脊。通过这条主轴,带动全市融入合肥经济圈,承接长三角,同时开拓西向通道,形成首尾呼应、区域联动的成效。通过推动合六叶工业走廊交通、能源、公共服务等一体化建设,围绕装备制造、汽车零部件、机电家电、新能源、木竹加工,打造一批百亿级产业集群。G312工业走廊上现有9大工业园区,按照发展规划,这条工业走廊将发展成工业经济的增长极、绿色工业的示范区、特色产业的集聚区。

三、淠河生态经济带——大别山区生态经济综合配套区范本

2014年11月,为贯彻落实党的十八大关于生态文明建设的战略部署,六安市委、市政府发布《关于加快绿色发展建设生态文明的意见》,提出充分发挥六安市生态资源优势,坚持绿色、低碳、循环发展道路,着力优化空间布局,发展绿色产业,节约利用资源,加强环境保护,建设幸福六安;在《六安市国民经济和社会发展第十三个五年规划纲要》中,明确提出着力构建南北呼应、平衡发展、全面推进的“一心一廊一谷一带”绿色发展新格局。市委、市政府提出将淠河生态经济带打造为全市绿色发展的重要平台。

淠河生态经济带建设是六安市全面推进的“一心一廊一谷一带”绿色发展新格局的重要内容。对于保障区域生态安全、实现绿色发展,发挥自身优势、实现产业

转型升级，促进区域协调发展、实现合作共赢，推动扶贫开发、普惠经济发展成果具有重要意义。

淠河生态经济带规划范围包括霍邱县的彭塔乡、冯瓴乡、潘集镇、孟集镇、花园镇，金安区的城北乡、木厂镇、淠东乡、马头镇、三里桥街道、清水河街道，裕安区的青山乡、西河口乡、苏埠镇、石板冲乡、独山镇、狮子岗乡、韩摆渡镇、分路口镇、城南镇、徐集镇、平桥乡、新安镇、顺河镇、单王乡、西市街道、鼓楼街道，霍山县的佛子岭镇、黑石渡镇、衡山镇、下符桥镇（如图 6 - 2 所示）。

在经济新常态的大背景下，全面落实六安市生态文明建设总体规划中各项决策部署，以推进与六安茶谷联动发展和区域协同发展为主线，以生态环境保护为前提，以全面深化改革开放为动力，坚持基础设施先行，着力打造综合交通通道；坚持绿色发展，着力建设淠河生态廊道；坚持产业优化升级，着力构建现代产业体系；坚持统筹协调，着力推进新型城镇化；坚持民生优先，着力提高公共服务水平。

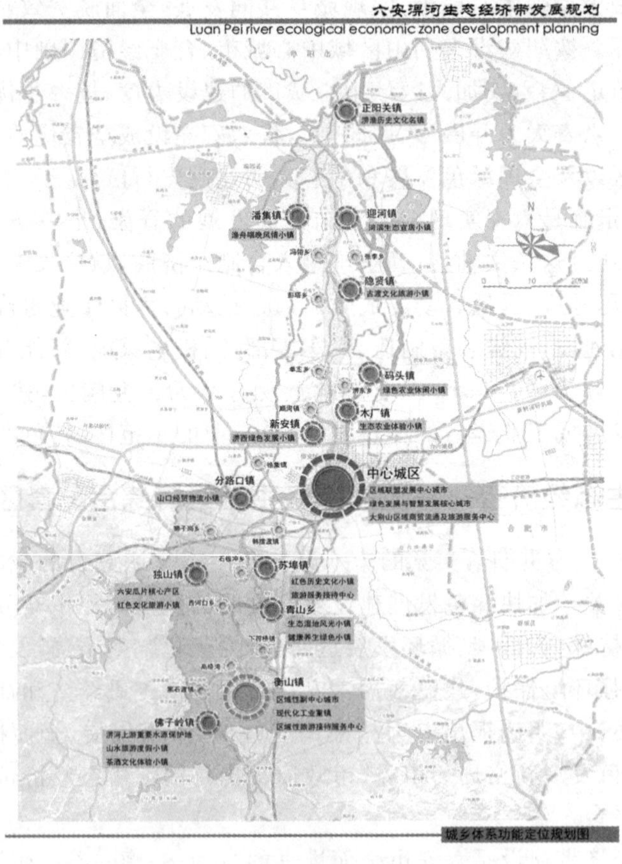

图 6 - 2　淠河生态经济带规划图

淠河生态经济带建设坚持水利与交通并行，产业与生态并举，扶贫与开发并重，将基础设施建设与生态保护、产业发展融为一体，开展淠河流域治理，做到调蓄兼筹，实现汛期蓄水、常年利用、长期安澜。以淠河绿色长廊为重点，推进全流域生态建设与环境保护；以农副产品基地为依托，发展以绿色"菜篮子"工程为主导的现代农业；以百里河堤为主干，推进旅游文化产业发展，全力打造水害根治、交通畅通便捷、产业高效优质、生态有效保护、景观优美怡人、农民增收富裕的生态经济带。把淠河生态经济带打造成国家级山水湿地生态保护区、国家级水利治理开发样板区、国家级绿色"菜篮子"工程示范区。努力把淠河生态经济带建设成安全带、产业带、生态带、观光带、富民带(如图 6－3 所示)。

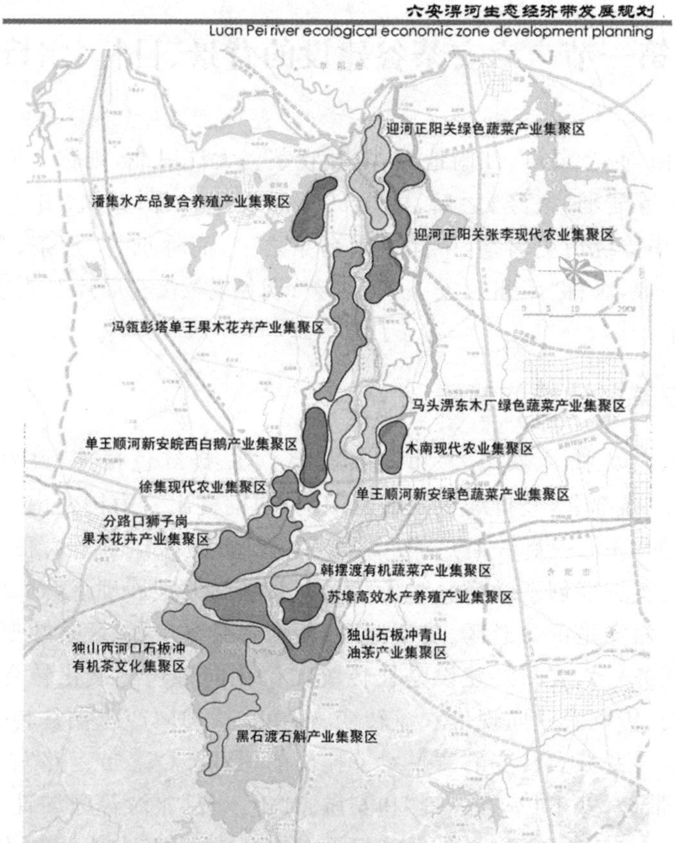

图 6－3　淠河生态经济带生态农业规划图

第七章　六安茶谷

——大别山区生态产业集中发展区的典范

第一节　六安茶谷建设的背景、目标、宗旨

“天下名山，必产灵草，江南地暖，故独宜茶。大江以北，则称六安”。这是明朝茶学家许次纾继陆羽《茶经》之后，中国又一部茶叶名著《茶疏》开卷的第一段话。六安瓜片，中华传统历史名茶，中国十大名茶之一，简称瓜片、片茶，产自安徽省六安市大别山一带，唐称“庐州六安茶”为名茶；明始称“六安瓜片”，为上品、极品茶；清为朝廷贡茶。

一、六安茶谷建设的背景

党的十八大以来，六安市委、市政府提出了“弘扬红色精神、致力绿色发展、放飞金色梦想”战略部署，坚持绿色发展总取向，明确提出着力构建南北呼应、平衡发展、全面推进的“一心一廊一谷一带”绿色发展新格局。党的十八届五中全会提出牢固树立并切实贯彻创新、协调、绿色、开放、共享五大发展理念，到2020年全面建成小康社会。六安是革命老区、贫困地区，面临着振兴发展、脱贫攻坚、生态保护三大异常艰巨任务。六安茶谷建设是在传统城镇化向特色城镇化转变、工业文明向生态文明转变、传统农业向现代农业转变、输血式扶贫向产业扶贫转变以及传统观光向休闲度假转变五大转变的背景之下提出的，是国家“一带一路”、大别山精准扶贫、长江经济带、六安市“一谷一带”和安徽省“十三五”旅游等区域性发展战略的重要组成部分。六安市茶谷建设是经济发展进入新常态、转方式调结构以及融入“万里茶道”，彰显茶叶特色的需要；是六安市委、市政府实施绿色发展战略的具体抓手和重要阵地。

为了彰显六安茶叶特色的需要，以六安瓜片为产业基础，全面反映六安茶产业的特色，将六安瓜片、霍山黄芽、金寨翠眉、舒城小兰花、华山银毫原产地和主产区

全部纳入茶谷，“500 里茶谷孕育五朵金花”，可以客观全面地反映茶产业的鲜明特色。为了顺应群众期盼的需要，六安市人大代表、政协委员通过议案、建议、提案等形式，建议将茶谷面积拓展至市内各县区。同时，原茶谷范围以外的群众对融入茶谷呼声很高，希望借力茶谷建设，提高茶叶收入、发展农家旅游，推进转型升级的需要。茶谷面积拓展以后，涉及金安、裕安、霍山、金寨、舒城 5 县区，区域内生态保护良好，自然人文景观秀美，农副产品特点鲜明，是未来经济发展的增长极。与此同时，茶谷地处大别山深山区、库区和革命老区，是扶贫开发的主战场。把六安茶谷建设作为区域性发展和产业转型升级的切入点。

二、六安茶谷建设的目标

六安茶谷建设围绕“生态增绿、旅游添景、农民增收”的发展目标，坚持高起点规划、高标准设计、高品位建设，大力发展绿色经济、低碳经济；以茶为媒，将茶叶、毛竹、石斛、油茶、有机鱼等产业发展与生态保护、休闲旅游、文化创意、健康养生融为一体，把茶谷建设成产业谷、生态谷、旅游谷、养生谷、富民谷；以重大项目为支撑，建好节点，以点连线，以线带面，着力打造全国最大现代生态农业综合体，全面推进区域统筹发展。

按照“完善路网、打造支点、丰富内涵”的要求，唱响六安“五朵金花”，建设五百里六安茶谷，融入中蒙俄万里茶道。力争茶谷项目，一年打基础，三年见成效，计划用 5～8 年时间把“六安茶谷”打造成世界最好的绿茶源产地、大别山国家风景道、大别山湖群国家旅游区、国家知名品牌示范区、绿色发展试验区。

三、六安茶谷建设的宗旨

六安茶谷建设的宗旨是将茶谷打造成产业谷、生态谷、旅游谷、养生谷、富民谷。

(一)打造绿色生态谷

结合实施全国主体功能区规划和建设巢湖生态文明先行示范区，大力推进大别山区生态建设，加快实施千万亩森林增长工程，切实增强大别山区生态环境承载力。加强大别山区水源地保护和水土保持，加大沿湖湿地恢复治理力度，深入推进江淮分水岭生态脆弱区治理，优化饮用水源地周边环境，确保六大水库等重要水源地水质均在Ⅱ类水以上。保护生物多样性，强化大别山区重要生态功能区生物多样性保护，实施物种种群及其栖息地恢复示范工程。

(二)打造特色产业谷

一是突出茶业主题。实施六安茶产业振兴工程，扶持重点茶业企业，着力打响六安瓜片、霍山黄芽、舒城小兰花、金寨翠眉、华山银毫六安茶叶“五朵金花”品牌；

立足基地建设，推广茶叶科技，夯实产业基础，壮大发展规模；突出茶主题，做足茶文章，开发茶新品，创新茶营销，兴建茶市场，繁荣茶商贸，融入中蒙俄万里茶道，搭建茶业发展平台。进一步拓展茶产业范围，发展茶旅游、茶休闲、茶科技、茶文化、茶养生等产业，开发茶多酚、茶饮料、茶酒等茶衍生产品。重点建设环响洪甸水库的六安瓜片茶产业集中区（如图 7－1 所示），环佛子岭水库的霍山黄芽茶产业集中区，环万佛湖的舒城小兰花茶产业集中区。

图 7－1　六安茶谷茶园

二是统筹发展毛竹、石斛、油茶等特色产业。立足资源优势，统筹发展毛竹、石斛、油茶、赤灵芝、板栗、中药材、高山蔬菜、经济林果、生态养殖、生态水产等特色产业，大力发展茶谷沿线生态农业和休闲观光农业。鼓励农业产业化龙头企业从事农特产品深度开发、生产加工和品牌营销，拉长茶谷农业产业化链条，提升农产品附加值。精准定位，重点打造霍山毛竹、石斛，舒城油茶，裕安、金安、金寨经济林果，库区生态渔业等产业集中区。

三是瞄准未来绿色发展高端和热点，发展会议经济。以举办绿色资源和绿色产业等各类高端会议和国际论坛，为茶谷聚焦，树茶谷品牌，形成以会促商，以商促产，以产促谷，以谷促城的互动发展局面。重点依托独山茶公园打造中蒙俄万里茶道论坛；依托佛子岭水库打造跨国绿色发展论坛；依托华润低碳循环水养殖及土门店渔村打造现代渔业论坛；依托霍山石斛打造卧龙滩中国石斛论坛；依托诸佛庵大别山第一竹海打造国际竹藤论坛；依托金安城郊区位优势打造乡村旅游发展论坛；依托万佛湖等大别山湖群，打造生态库钓论坛等。

（三）打造旅游休闲谷

提升六安 A 级景区实力，抓好区域内现有景区基础设施建设水平，提高城市公交服务网络逐步延伸覆盖周边主要景区和乡村旅游景点，支持主要旅游场所实现无线宽带网络全覆盖，提高游客接待服务水平，全面推动“六安人游茶谷”活动。

创新旅游休闲新业态，规划建设以响洪甸、佛子岭、万佛湖等大别山湖群为核心的休闲旅游区，重点培育大别山北坡自驾车旅游国家风景道等特色旅游线路，重点支持大别山徒步、六大水库垂钓等运动休闲品牌建设，加快发展休闲旅游、自驾旅游、智慧旅游、摄影旅游、探险旅游、登山旅游、水上旅游、科考旅游等新业态。强力推进文化与旅游融合，重点建设独山苏维埃城等若干个红色旅游小镇，挖掘整理六安特色文化，传承和展示六安瓜片、霍山石斛、大别山民歌等非物质文化遗产，打造一批以山水文化旅游节为代表的文化节庆活动品牌。提升发展乡村旅游，统筹实施旅游强县、旅游乡镇、乡村旅游示范村和农家乐四级联创工程，推进乡村旅游休闲集聚区建设(如图 7－2 所示)。推进旅游标准化建设，加快推进旅游驿站和旅游集散中心体系建设，制定茶谷旅游服务标准，重点推进公共服务设施、餐饮、文化演出、购物旅行社、导游服务等方面标准化建设，积极开展农家乐星级评定和六安美食评选活动。500 多里的茶谷沿线拥有国家 4A 级以上景区 16 个、驿站 20 多个、农家乐 150 多个，去年接待游客 1500 万次，茶谷沿线 23 万贫困人口去年人均增收 1200 元。

图 7－2　六安茶谷核心区

(四)打造养生疗养谷

发挥六安茶谷生态环境优势，加强空气质量和水环境资源保护，实施森林碳汇重点生态工程，建设各个级别的疗养、养生、避暑服务中心，引进远程医疗、高端休闲服务，做好基础和配套建设。打响金寨长寿之乡品牌，重点打造环响洪甸水库、佛子岭水库、毛坦厂—东河口、晓天—万佛山健康养生疗养功能区。

(五)打造扶贫富民谷

坚持产业富民，根据茶谷区域实际和特点，量身谋划和打造一批基础设施、景点开发、生态利用、产业扶持项目用于支持重点贫困村发展，引导贫困人口通过发展生态和旅游产业参与茶谷建设。继续加强对农业产业化龙头企业和专业大户的支持力度，强化龙头企业对农户的带动作用。扎实开展茶谷内贫困村和贫困人口建档立卡工作，稳步实施整村推进扶贫工程，着力推进精准扶贫，确保到 2020 年实现六安茶谷区域与全国、全省同步进入全面小康社会。

第二节　六安茶谷的范围、茶旅线路、茶谷节点

一、六安茶谷范围

六安茶谷规划面积约 6144 平方千米，人口约 160 万人，主干线长约 260 千米，建设范围涉及 5 个县区、48 个乡镇、2 个风景区、5 个水库的区域。具体包括：裕安区分路口镇、狮子岗乡、独山镇（将军镇）、石婆店镇、石板冲乡、苏埠镇、青山乡、西河口乡、城南镇；金寨县麻埠镇、油坊店乡、青山镇、张冲乡；霍山县诸佛庵镇、落儿岭镇、黑石渡镇、佛子岭镇、大化坪镇、磨子潭镇、单龙寺镇、东西溪乡、下符桥镇、但家庙镇、与儿街镇、衡山镇、漫水河镇、上土市镇、太平畈乡、太阳乡、佛子岭风景区；舒城县晓天镇、山七镇、高峰乡、河棚镇、汤池镇、南港镇、阙店乡、春秋乡、舒茶镇、万佛湖镇、五显镇、庐镇乡、万佛湖风景区；金安区毛坦厂镇、东河口镇、张店镇、横塘岗乡、中店乡。六安茶谷示意图及茶旅线路如图 7-3 所示。

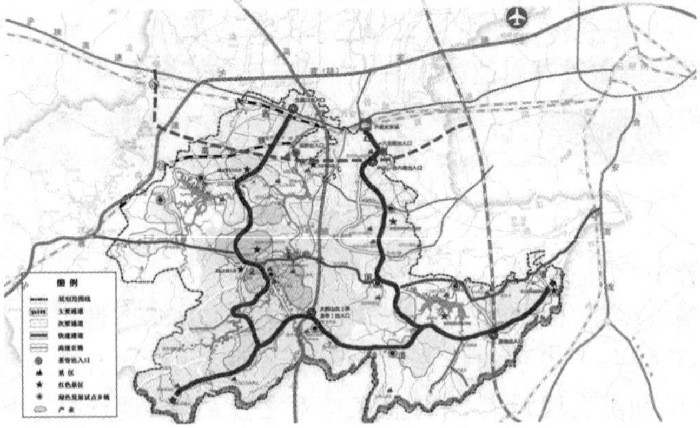

图 7-3　六安茶谷范围图

二、茶谷茶旅线路

大循环线路：六安—分路口—独山—响洪甸—诸佛庵—黑石渡—佛子岭—单

龙寺镇—东西溪—晓天—山七—五显—毛坦厂—张店—六安。设立汤池、单龙寺（大别山东）、分路口、中店等 4 个茶谷通道入口，预留戚家桥入口。

中循环线路如下。

(1)环响洪甸水库：独山毛岔河—龙井沟—鲜花岭—马店—油坊店乡—青山镇—张冲乡—诸佛庵—西河口（循环至麻埠镇响洪甸）；

(2)环佛子岭水库：黑石渡—落儿岭镇—大化坪镇—龙井冲—水路（循环至佛子岭）；

(3)山七镇—高峰乡—河棚镇—汤池—舒茶—南港—春秋—阙店—万佛湖—五显；

(4)东河口—横塘岗—张店。

支线乡镇：城南镇、下符桥镇、但家庙镇、与儿街镇、衡山镇、漫水河镇、上土市镇、太平畈乡、太阳乡、庐镇乡。

三、六安茶谷节点

(一)大别山茶心：茶麻古镇文化创意产业区

产业基础：茶产业。

旅游资源：蝙蝠洞、茶麻古镇、百家冲茶博园等。

功能定位：六安茶谷空间组织的中心区。

茶麻古镇（现金寨县麻埠镇）位于金寨县东北部，地处金寨、霍山、裕安三县区交界处，响洪甸水库中下游。镇内鲜马（鲜花岭至马店）公路与合武铁路相连接，镇政府所在地距金寨火车站 15 千米，距县城 35 千米，距六安市 60 千米，向南 120 千米可达天堂寨国家森林公园和马鬃岭国家级自然保护区，水路可达响洪甸库区周边乡镇。麻埠镇总面积为 133.8 平方千米，辖 5 个行政村和 1 个街道居委会。2014 年底，全镇总人口为 16065 人，农民人均纯收入达 8551 元。

麻埠镇历史悠久，响洪甸水库修建以前，是一座繁华的古老集镇，是皖西革命的根据地，是红 25 军的诞生地，是早期县委县政府所在地（金寨县委、县政府于 1949 年 9 月由麻埠迁驻金家寨）。2010 年 6 月村级区划调整，麻埠镇原 12 个村民组 2 个街道居委会合并为 5 个村民组 1 个街道居委会。

麻埠镇水陆交通便利，商贸繁荣，以鲜花岭、响洪甸为起点，每天往返合肥、六安、梅山的客车 20 多班次，水运船舶 1000 余艘。境内茶叶、毛竹、木材、水产、野生绿色食品、矿产资源十分丰富，是中国十大名茶“六安瓜片”原产地和主产区，现有名优茶基地 10000 多亩，茶叶专业合作社 50 多家，镇内出产的齐山牌“六安瓜片”在 2001 年中国芜湖（国际）茶博会上获“茶王”称号。2013 年麻埠镇被省政府和省经信委批准为“六安瓜片”省级现代农业示范园区和“六安瓜片”产业集聚镇。先后有福驾茶叶、一笑堂、谢裕大等大型招商引资企业入驻麻埠镇，同时该镇还充分利用当地桂花资源，开发出“六安桂花瓜片”和“六安桂花红茶”等新产品，并在合肥新产品推介会参展。

2014年，六安市委市政府启动了“六安茶谷”建设项目，麻埠镇成为“六安茶谷”建设的核心区域。县委、县政府先后投入财政资金3000多万元，整合各种项目资金8000万元打造金寨“六安茶谷”，谢裕大茶博园、亲水步道、农民文化广场、齐山观景平台等一批项目陆续建设完工，金寨优美、休闲、养心茶谷已显雏形。

麻埠镇旅游资源十分丰富，自然景观、历史古迹、神话传说融为一体。不仅有以防洪灌溉为主，结合发电、城市供水、航运、水产养殖等综合利用的大型水利枢纽工程响洪甸水库，有装机容量4万千瓦的响洪甸水电站和装机容量8万千瓦的二级蓄能电站，还有红石谷国家地质公园、将军湖（响洪甸水库）景区以及千年古树“桂花王”，景区周围奇峰怪石，绝壁溶洞，龙潭瀑布自成一体，库区周围群山环抱，山中有湖，湖中有山，湖光山色，景观独特，气候宜人，是一个具备发展旅游、观光、度假、避暑、休闲、游乐、商贸和茶文化为一体的生态旅游乡镇（如图7-4所示）。

图7-4　茶麻古镇文化创意产业区

（二）大别山茶谷第一门户：独山茶文化综合体

功能与目标：大别山茶谷第一门户和第一形象区；集交通集散、信息集散、观光体验、美食购物、主题住宿等功能为一体的旅游综合集散中心；中国首家茶园房车度假营地。

项目可行性：景观要素丰富，资源组合较好；交通区位便利，利用基础较好；资源禀赋较高，改造提升便利。

项目策划思路：

（1）整合优势资源，实现门户功能。把徽六综合体及其西面茶园、大别山苏维埃城整合在一起，满足综合接待集散的功能需要，又提升了茶谷门户的景观质量，丰富游客体验；

（2）“一心三区”结构，差异功能布局。整体功能布局为一心三区：红街休闲集散中心、徽六茶体验区、乡野漫画茶园观光区、红色文化体验区。

项目建设内容：红街休闲集散中心；红色文化体验区；茶主题公园区；徽六茶体

验区，茶山房车度假营地；茶山户外游憩区；横排头—虎头潭水上互动体验区；茶山原乡文化体验区与展示区(如图 7-5 所示)。

图 7-5　独山茶文化综合体

安徽省六安瓜片茶业股份有限公司投资 2.5 亿元在裕安区独山镇长生桥村建设六安瓜片茶叶综合体。一期重点打造 2000 亩核心园区；二期通过核心园区向周围辐射，拟建立 5000 亩茶树良种化种植生产示范园，将园区建成集茶树良种繁育、生态农业示范、标准化生产、茶叶科技开发与推广普及、茶相关产业开发等为一体的现代茶叶示范园区，成为安徽省乃至全国茶业科技的新亮点，现已完成智能化茶叶良种繁育基地和现代化六安瓜片生产加工中心两项工程建设。

该公司建成 1000 平方米文洛式玻璃育苗温室，内部利用现今国内顶尖的计算机和生物技术相结合的非试管快繁技术，快速繁育良种六安瓜片茶苗，该技术以安徽农业大学为技术依托，目前已取得阶段性成果。位于园区的 10000 平方米现代化六安瓜片生产加工中心是一所大型、高品质茶叶专业化生产厂房，集标准化、规范化、艺术化、科技化于一体，是六安市现代化茶叶加工厂房标致性的亮点工程，也是六安市目前为止最具规模的现代化六安瓜片专业加工中心。

茶文化体验馆坐落于六安市裕安区独山镇独山茶场，生态园规划总面积近千亩，绿化覆盖率达 86%以上。现已规划投建以茶历史文化广场为中心，以文化、产业、景观三大主题为轴线，集茶业生态园、徽六瓜片科技园、茶叶贸易、生态农业观光、休闲度假于一体，具有高水平的经济效益、生态效益和社会效益的综合茶产业园区。园内涵盖茶文化景观园、茶树种植园、茶文化博物馆、DIY 茶叶加工基地、商务接待区等多块功能区域。馆内景观成秀，绿意盎然，游客不仅能了解茶的文化历史(如图 7-6 所示),观赏茶道,领略品茶过程的美好意境,商务休闲、度假修身,还能参观独山特有的六安瓜片适种茶树树种、茶叶加工的整个过程等。

图 7-6 独山茶场茶文化体验馆

(三)大别山第一道茶养心村:油坊店道茶养生养老产业区

产业基础:茶产业。

旅游资源:面冲茶园、洪道观、莲花山、朱堂茶叶市场等。

功能定位:西茶谷入口门户和接待中心。

油坊店乡地处金寨县东南部、响洪甸水库上游西岸,距县城梅山 35 千米,是天堂寨旅游黄金专线的必经之地。总面积为 198 平方千米,辖 18 个村、210 个村民组,6800 户,2.6 万余人,山场 73 万亩,耕地 8000 亩,茶园 1.5 万亩,板栗 1.8 万亩,毛竹 1.1 万亩,是一个集库区、山区于一体的全县农业重点乡镇。境内风景优美、民风淳朴、物产丰富。

产业优势突出:基地规模化、经营产业化的格局已初步形成。全乡拥有优质良种茶园面积 1000 公顷,其中无公害茶园达 633 公顷,绿色茶园 130 公顷(如图 7-7 所示),通过瑞士 IMO 认证的有机茶园 110 公顷;栗园面积 1300 公顷;高山反季节蔬菜、毛元竹、菌药、蚕桑、养殖业等生产基地均在进一步扩张中。拥有茶叶初制厂 71 家,名优茶制作机械 300 台(套)。境内的皖西朱堂茶叶市场地 2 万平方米,经营门店 200 余家,年交易额逾 5000 万元,已成为皖西地区最大的茶叶交易市场。

旅游资源丰富:集自然风光与人文景观于一体,蕴古典文明与宗教文化于一身;境内莲花山树奇石怪、飞瀑云海,八大景点(莲石晴霞、孟山啸虎、香乳流泉、狮岩仙茶、百幢听莺、龙潭宿雾、鹿桥夜月、锦屏叠翠)闻名古今;洪道观松涛竹影、古朴典雅，宗教传说影响久远；响洪甸水库湖光山色、水天相连，建筑风格驰名中外；刘晓松烈士墓弘扬时代精神，是爱国主义教育的好去处。其中诸多景点有待于进一步开发。

交通、通讯便捷：水陆交通便利，9 个行政村位于库区一线，208 省道贯穿全境，公路通村率达 100%、通组率超 60%。建移动通讯基站 3 处，安装程控电话交换机 5 处、程控电话 3000 门。

发展前景看好：近年来，乡党委、政府紧紧围绕“加快发展、富民强乡”这个中心，坚持“打生态牌，走特色路，做茶文章，推集镇化，兴二三产，改农村貌”的发展思路，不断优化发展环境，加大招商引资力度，全力调整农村经济结构，切实增加农民收入。

图 7-7　大别山第一道茶养心村

（四）樱花溪畔

“樱花溪畔”位于六安市裕安区独山镇双峰村，依傍国家 4A 级景区——龙井沟，坐落于黄巢尖脚下，周边青山环抱、绿水环绕、名茶遍山野、空谷生幽兰、四季绿竹海。景区占地面积为 1100 亩，以种植欧洲车厘子为主，建设樱桃田园、智耕生活、艺隅山谷、山居岁月、竹林人家、农禅养生、山野怡情、梅林学堂八大主题功能区，预期实现种植、加工、旅游服务等多产融合、多效互动，打造以樱桃为主题的现代农业精品庄园（如图 7-8 所示）。

（五）大地彩绘引景空间：分路口花木产业区

产业基础：花木产业。

旅游资源：万亩桃园、花卉基地、古窑、武陟山等。

图 7－8　独山镇“樱花溪畔”

功能定位：大别山多彩农业综合体。

绿树花海迎宾长廊起于分路口镇，终于独山，全长约 13 千米，总占地面积为 20000 亩左右。根据六安茶谷裕安段规划，整段道路实施绿化提升工程，沿途两侧栽植景观苗木；周边建立花卉、苗木、园林基地，配套农业休闲设施，打造 20 个左右以苗木花卉果树种植、销售及婚纱摄影基地为主的生态观光园区，修建连接通道、灌溉及排污等配套设施，建成绿色生态经济总部园区。沿线已有卓奥友园林科技公司、龙摄影基地、两个桂花苗木基地及万亩桃园生产基地（如图 7－9 所示）。

图 7－9　分路口花木产业区

武陟山庄位于大别山余脉武陟山，区位优势明显。离六安市城中心约 15 千米，离六安西出口 5 千米，东接合肥 75 千米，西接武汉、河南，文化底蕴深厚。武陟山庄位于六安古八景“武陟积雪”所在地武陟山。“武陟山，在州西三十里，汉武帝南巡登封霍岳驻跸于此”；宋代在武陟山上建有“武陟书院”，建炎年间文、武两位状元焦氏兄弟曾于此结庐读书，遂有“武陟书院”及“焦状元读书台”遗迹。

武陟山庄坚持生态健康、绿色发展的理念，积极融入六安茶谷东谷建设项目之中，致力于让更多的人吃上绿色健康的食品，保障顾客舌尖上的安全和快乐。目前主要业务有：无公害种植、生态养殖和绿色苗木栽培。武陟山庄将逐步打造书院文化、农耕体验文化，使之与金山禅寺的宗教文化完美融合，励志让武陟山成为六安人休闲、度假、扩展、养生、亲子、科普及活动的世外桃源。

(六)大别山霍山黄芽茶文化地标区：大化坪茶文化体验区

产业基础：黄茶产业。

旅游资源：黄茶基地、现代茶叶加工贸易区等。

功能定位：东茶谷南入口门户。

大化坪镇茶文化休闲体验区分为茶文化主题公园、滨河景观等内容。

大化坪镇茶文化主题公园占地 200 亩，滨河景观沿岸绿化达 2000 平方米。在流经集镇的辉阳河及其支流乐康河打造分级拦水坝培育水面。实施 3.5 千米集镇道路“白改黑”工程，既达到环保、防尘、降噪又增添行车舒适性，有效改善了环境，提升了集镇的宜居品质(如图 7 - 10 所示)。

图 7 - 10　大化坪茶文化体验区

2017 年，为了迎接即将开幕的全市第三届开茶节，大化坪镇各项工程以及附属设施建设都在紧锣密鼓推进中。该镇围绕“徽韵茶风”主题，全力打造具有山区建筑特色的徽派茶香特色小镇，采用传统的“青砖、徽瓦、马头墙”的徽派建筑风格，保持与历史一脉相承的地方文化，力求建设风貌与地域自然环境特色相协调。

大化坪镇以办好开茶节为契机，以打造美丽乡镇为目的，在集镇建设这一块总共开工建设13个重点项目，累计投入4000多万元，建设茶文化主题公园、万株映山红广场等公益设施，打造河岸观光、亲水休闲平台，结合“全景霍山、全域旅游”建设，大力发展本地红色文化、茶文化等旅游资源，将集镇建设与旅游发展结合起来，通过人物雕塑、音乐喷泉、亲水座椅、茗茶文化墙，使“茶香小镇”特色不断彰显。

(七)大别山第一竹海：诸佛庵竹产业集聚区

产业基础：竹产业。

旅游资源：竹海、茅山原始森林、桃源河等。

功能定位：集观光、养生、体验和文化创意为一体的竹文化产业集聚区。

诸佛庵镇地处霍山县西北部，距县城18千米，全镇总面积为179.4平方千米，辖1个社区，12个行政村，总人口约3.5万，是全国重点镇、全国环境优美镇，2010年11月被安徽省经信委认定为竹加工产业集群专业镇，2012年11月被中国竹产业协会、国家林业局授予“中国竹制品名镇”称号。

诸佛庵镇拥有毛竹园面积约15万亩，蓄积量为3000万根，年采伐量达600万根，是“安徽竹子之乡”和“江北毛竹第一镇”，毛竹面积占全县的三分之一(如图7-11所示)。诸佛庵镇党委、政府依托毛竹资源优势，大力发展培育竹产业，紧紧抓住“学习浙江安吉，围绕毛竹产业，统筹推进第一、二、三产业”发展战略。2010年编制了霍山县毛竹加工园区规划，启动了181.64公顷的霍山县毛竹加工园区建设，五年来累计投资了近10亿元，新入驻企业16家，重点有安徽至信竹业科技有限公司、安徽强森竹业有限公司、霍山县金园竹艺有限公司、霍山县富辰林产科技有限公司等。截止2014年底，诸佛庵镇实现工业总产值28.6亿元，其中毛竹工业总产值达24.4亿元，占工业总产值的85.3%。全镇现有私营企业124家，其中竹加工企业87家，占企业数的70%，毛竹半成品加工作坊300余家。主要竹产品有竹集成材、竹地板、竹木复合板、竹车厢板、竹建筑模板、竹拉丝、竹筷、竹签、竹生物质颗粒燃料、竹炭、竹纤维粉、竹食品和竹工艺品等5大系列100多个品种。年产竹集成材3万吨，竹胶合板5万立方米，竹拉丝、竹签5万吨，竹炭1.5万吨。年加工毛竹2000万根，辐射带动霍山县6乡镇及金寨县、裕安区4个乡镇的毛竹销售，成为区域毛竹销售价格的风向标。

2014年六安市茶谷项目在诸佛庵镇实施，为诸佛庵镇竹产业发展提供了新的发展思路，竹旅游在诸佛庵镇成为热门项目。诸佛庵镇通过招商，引进了江苏华强公司拟投资5亿元开发“大别山第一竹海”旅游；引进合肥全景公司投资2000万元开发竹海漂流；引进合肥茂峰园林公司投资2000万元，建设竹舍休闲项目。在上级领导的关怀下，在全镇上下的共同努力下，诸佛庵镇的竹产业发展一定会再上新台阶。

图 7-11　诸佛庵竹海

(八)中国最美酒乡：佛子岭白酒产业体验区

产业基础：白酒产业。

旅游资源：迎驾酒厂、佛子岭水库等。

功能定位：国家 5A 级旅游景区。

为加快景区 5A 创建步伐，安徽霍山县佛子岭镇突出生态、产业、文脉、功能“四要素”建设，努力打造“文化酒镇、生态靓镇、宜居美镇、旅游名镇”。

规划建设以安徽迎驾酒业为中心的迎驾工业园区(南部)和以绿色工业为主导的集镇生态工业小区(北部)。集镇重点发展旅游三产和休闲娱乐业，农村重点发展现代农业和生态产业，工业方面围绕迎驾促发展，服务迎驾抓招商。同时，把集镇建设成农产品加工和销售中心，交易信息和技术服务中心，落户于集镇周边的毛竹、茶叶加工等项目相继投产，有了这些雄厚的产业做基础，集镇人气不断旺盛，城镇发展动力迅速积聚。

以汉文化为背景推进集镇建设，让得天独厚的自然旅游景观与丰富的历史人文资源浑然天成，所有建设项目的规划、设计和建设均融入丰富的“汉韵徽风”文化元素。以汉武南巡、迎驾酒和千年九龙寺为切入口，努力做好汉文化、酒文化和佛文化三篇文章。建成了投资近亿元全国最大的酒文化博物馆和酒文化中心，用于传承悠久的酒文化、汉文化和悠久的霍山地域特色文化，九龙寺重建规划全面完成，列入县重点招商项目。对被列为文物的有佛子岭大坝、大坝上的郭沫若题词、刘海粟碑、电站大门楼、和尚坟等，结合集镇建设和旅游开发，进一步加大宣传力度，做好保护工作。对于迎驾贡酒酿造工艺、乌米尖黄芽贡茶、大林根艺等非物质文化遗产，结合创5A活动，以开发打造特色旅游特色产品的方式，进一步加强保护和传承。以茶文化体验、酒文化和佛文化为切入点，以丰富景区文化生活为基础组织推动各项文体活动，集镇的食、住、行、游、购、娱功能要件日渐丰满（如图7-12所示）。

图7-12 佛子岭白酒产业体验区

（九）中国石斛第一镇：黑石渡石斛产业区

产业基础：石斛产业。

旅游资源：石斛基地、六万寨潭等。

功能定位：国家级石斛特色生物产业基地。

黑石渡镇位于霍山县西北部，东淠河西岸，佛子岭水库下游，距县城9千米，面积为111平方千米。这里山清水秀，四季皆景。境内有狮山睡美人、黑石代渡、六万寨、西峰禅寺等绮丽秀美的自然名景。

镇内有着丰富的物产资源，这里的六万寨是"软黄金"——霍山石斛的唯一野生原产地，且已拥有原产地地理标志保护产品，是濒临灭绝的国家珍稀名贵中药材，属国家二级保护物种。道家经典《道藏》曾把霍山石斛、天山雪莲、三两人参、百二十年首乌、花甲茯苁、深山灵芝、海底珍珠、冬虫夏草等列为中华"九大仙草"，而霍山石斛名列之首，又称九仙尊。2012年，时任全国人大常委会委员长吴邦国来六安视察时题词："霍山石斛、中华瑰宝"。可谓霍山石斛，天下独有（如图7-13所示）。

黑石渡镇为了发展霍山石斛，镇党委政府高度重视，在镇政府的引导下，成立了霍山地道石斛专业合作社及石斛生产发展办。截至目前，全镇已流转土地2000亩，已建成石斛基地1500亩。现已有九仙尊、益生园、鹏泽、宝正、润生堂、醉山、六万寨、斛生记、草之灵、地道合作社、高崖、宝信园、黑石农业科技有限公司等10多家品牌企业入驻，该镇石斛种植规模现已占整个霍山石斛半壁江山，2015年6月被安徽省经济和信息化委员会标准为省级石斛产业集群专业镇。

黑石渡镇最大石斛生产基地由上市控股安徽圣农生物科技有限公司投资建设，该公司仅在黑石渡镇就规划流转土地1400亩，发展霍山石斛GAP基地，现已建成生产基地 1000 亩，完成投资 2 亿元。2015 年将全面完成余下 400 亩基地建设。圣农公司在该镇种植的霍山米斛面积居全国第一，另该公司现正积极筹建集生产、科研、加工、参观、体验为一体的霍山石斛文化谷项目。

下一步，黑石渡镇在巩固好现有石斛种植企业大户的基础上，并结合六安市“茶谷”项目，将积极建设清潭沟石斛风景区、朱家畈石斛村、卧龙滩石斛文化谷三大工程。将黑石渡镇建设成名副其实的安徽省特色石斛产业集群镇，为霍山石斛的产业发展和美好乡村建设做出贡献。

图 7-13　黑石渡石斛产业区

(十)大别山将军楼群：石婆店生态旅游区

产业基础：茶产业、板栗。

旅游资源：大别山将军楼群、高山茶园、石婆湖等。

功能定位：集观光、疗养、体验、文化为一体的大别山养生小镇。

秀美石婆店——石婆店镇地处大别山腹地，西汲河源头，全境总面积为 152.3 平方千米，有山场 12 万亩，自然资源丰富完整，是中国十大名茶六安瓜片的主产区和原产地(如图 7-14 所示)。

水韵石婆店——石婆湖：石婆湖位于石婆店镇资圣寺村，有罗鲜路穿过，北与 312 国道紧邻。水域源头是金寨县梅山水库。现有水面约 1200 亩，四周山场 2400 亩、中心岛屿一座。项目区内有天然松林、竹海、茶园、花卉等参差不一。石婆湖天然去雕饰，未经工业与生活污染，有良好的生态系统、蓬勃发展的生态产业、洁净的空气水源与一流的环境，为休闲健身、水上娱乐佳地。

生态石婆店——三仙山：三仙山位于石婆店镇沙家湾村，与金寨县交界，周边环境优美，自然资源保存完整，奇峰怪石，溪水穿涧，为六安西汲河发源地。峰顶有庙宇一座，称三仙庙，香火鼎盛，香客如织，相传百姓每年在此祈福，预祝水土平安。

红色石婆店——将军楼：将军楼基地位于六安市裕安区石婆店镇白云村境内，始建于1966年初期，前身原为南京军区八〇二部、一二六医院驻地，因开国元勋许世友将军曾居住而得名。将军楼群背靠三仙山，面临西汲河，左倚白马寨，右踞壁宝山。基地内遍布雪松、水杉、玉兰、桂木、法梧，更有十里松涛万亩竹海，绿荫掩映，小桥流水，自然景观迤逦多姿。先保存有各类建筑共45栋，其中将军楼（别墅型）10栋，3层楼房8栋，2层楼房11栋，平房16栋。

图7-14　石婆店凤凰山油茶基地

(十一)大别山茶学院：青山国际茶研学旅游区

产业基础：茶产业、养殖产业、农业。

旅游资源：高山黑猪、蔬菜基地、茶园、烈士纪念碑等。

功能定位：国家级茶研学旅游示范区。

第三节　六安茶谷特色产业、产业规模、经营模式及品牌创新

一、六安茶谷特色产业产品

(一)六安瓜片

六安瓜片，中华传统历史名茶，中国十大名茶之一，简称瓜片、片茶，产自安徽省六安市大别山一带，唐称“庐州六安茶”，为名茶；明始称“六安瓜片”，为上品、极

品茶；清为朝廷贡茶。

六安瓜片，为绿茶特种茶类。“具有悠久的历史底蕴和丰厚的文化内涵。在世界所有茶叶中，六安瓜片是唯一无芽无梗的茶叶，由单片生叶制成（如图 7－15 所示）。去芽不仅保持单片形体，且无青草味；梗在制作过程中已木质化，剔除后，可确保茶味浓而不苦，香而不涩。六安瓜片每逢谷雨前后十天之内采摘，采摘时取二三叶，求“壮”不求“嫩”。

发展历史：“六安瓜片”茶诞生于“六安茶”之中，是清朝名茶中之精华。根据六安史志记载和清代乾隆年间诗人袁枚所著《随园食单》所列名品，以及民间传说，六安瓜片于清代中叶从六安茶中的“齐山云雾”演变而来，当地人流传“齐山云雾，东起蟒蛇洞，西至蝙蝠洞，南达金盆照月，北连水晶庵”的说法。六安瓜片原产地在齐头山周围山区，清朝列为名品入贡，并畅销江淮之间和长江中下游一带、京津地区，曾远销中国港、澳、台地区及东南亚、欧、美市场。

图 7－15　六安瓜片由单片生叶制成

1856 年，慈禧生同治皇帝后，方有资格每月享受十四两六安瓜片茶的待遇。老一辈革命家对六安瓜片多有情钟，一代伟人周恩来与叶挺将军曾有一段与六安瓜片的不解情缘。

新中国成立后，六安瓜片一直被中央军委作为特贡茶。

1971 年 7 月时任美国国务卿的基辛格博士首次访华，六安瓜片被作为国品礼茶馈赠，促进了中美关系的发展，被传为佳话。“六安瓜片”不愧为六安人民宝贵的历史文化遗产。

1997 年，六安市裕安区独山镇开始以试点的方式，进行恢复六安瓜片传统工艺的工作，以独山镇冷水冲、磨剑冲、柳树冲三村作为试点。

主要产地：主产地是金寨县和裕安区两地处大别山北麓以及金寨、霍山两县之毗邻山区和低山丘陵，其中以蝙蝠洞茶场产的瓜片最为正宗，分内山瓜片和外山瓜片两个产区。内山瓜片产地:金寨县的齐山村(黄石冲)响洪甸、鲜花岭、龚店;裕安区独山双峰、龙门冲、石婆店镇三岔村、沙家湾村,霍山县的诸佛庵一带。外山瓜片产地:六安市裕安区的石板冲、石婆店街道半径5千米范围、狮子岗、骆家庵一带。

(二)霍山黄芽

霍山黄芽产于安徽省霍山县大化坪镇、太阳乡金竹坪,为中国名茶之一。该茶外形条直微展,匀齐成朵,形似雀舌,嫩绿披毫,香气清香持久,滋味鲜醇浓厚回甘,汤色黄绿清澈明亮,叶底嫩黄明亮(如图7-16所示)。

图7-16　霍山黄芽

霍山黄芽的香气成分共有46种之多,同时还富含氨基酸、茶多酚、咖啡等生化成分,具有降脂减肥、护齿明目、改善肠胃、增强免疫力等功效。2006年4月,国家质检总局批准对霍山黄芽实施地理标志产品保护。

历史渊源:霍山黄芽自明代列为贡品。六安州志载:明时六安贡茶制定于未分霍山县之前原额茶二百袋,霍山办茶一百七十五袋。霍山县志载明人曹琥“注黄芽茶疏”中说:臣查得本府额贡茶岁不过二十斤,祖宗以来圣贤相承不闻以为不足……宁府正德十年之贡(1515年)取去芽茶一千二百斤,细茶六千斤,不知实贡朝廷几何……芽茶一斤,卖银一两,犹恐不得。清乾隆四十一年(1776年)《霍山县志》卷之三《贡赋志》载:“产地六安茶,六安茶六安与霍山所并产也,其以六安名者,当霍未建县，已有贡额，从其朔也。天启志谓以六安寨得名以，似凿（六安寨，本名六石寨，俗误称六安）。顾霍邑山多硗确，六地既广且饶，产茶实浮于霍，而贡额，州不县之什二……产茶之地，惟东山最早，而东山皆属州境，每年大府荐新及本县贡品，率皆州民于雨前，赴县售卖。霍产悉出西南，迟在雨后，帮不及入贡，则茶之专名六安，亦纪实也。今为详著其地此霍被六大较可睹矣。东山……贡茶岁居其八九（东山 25 处属县境的有磨子潭、与儿街、但家庙、单龙寺、东西溪等 21 处）。又据《霍山县志》载："光绪年间，以南乡雾迷尖（即乌米尖），挂龙尖二山所产为一邑最采制既精，价亦倍于各乡"。

产地分布：霍山黄芽现产于霍山县西南大别山腹地的大化坪镇以及佛子岭水库上游大化坪、姚家畈、太阳河一带，其中以大化坪的金鸡山，太阳的金竹坪，诸佛庵的金家湾，姚家畈的乌米尖，即"三金一乌"所产的黄芽品质最佳。黄芽产区位于大别山北麓，地处县境西南的深山区，可谓"山中山"。这一带峰峦绵延，重岩叠嶂，山高林密，泉多溪长，三河（太阳河、漫水河、石羊河）蜿蜒，二水（佛子岭水库、磨子潭水库）浩渺。年平均温度为 15℃，年平均降水量为 1400 毫升，生态环境优越。霍山黄芽鲜叶细嫩，因山高地寒，开采期一般在谷雨前 3～5 天，采摘标准一芽一叶、一芽二叶初展。黄芽要求鲜叶新鲜度好，采回鲜叶应薄摊散失表面水分，一般上午采下午制，下午采当晚制完。

（三）舒城兰花

舒城兰花为历史名茶，创制于明末清初。外形条索细卷呈弯钩状，芽叶成朵，色泽翠绿匀润，毫锋显露；内质香气成兰花香型，鲜爽持久，滋味甘醇，汤色嫩绿明净，叶底匀整，呈黄绿色，属绿茶类。

茶名的说法，兰花茶名有两种说法：一是芽叶相连于枝上，形似一枚兰早花（如图 7－17 所示）；二是采制时正值山中兰花盛开，茶叶吸附兰花香，故而得名。其为历史名茶，创制于明末清初。手工制兰花茶分杀青、烘焙作业。杀青由生锅、熟锅相连，熟锅炒揉做形。烘焙分初烘、复烘、足烘。机制兰花增加一道揉念工序。

品质特征：冲泡后如兰花开放，枝枝直立杯中，有特有的兰花清香，俗称"热气上冒一支香"；汤色绿亮明净，滋味浓醇回甘，叶底成朵，呈嫩黄绿色。

主要产地：安徽舒城、桐城、庐江、岳西一带生产兰花茶。早在清代以前，当地就有兰花茶生产。主产区有舒城、庐江、桐城、岳西等。以舒城产量最多，品质最好。舒城县的白桑园、磨子园兰花茶最为著名，小麦岭、古吉寨、天子寨、滴水岩兰花茶也很有名气。舒城、庐江交界处的沟儿口、果树一带所产兰花茶也久负盛名。桐城龙眠山所产称桐城小（兰）花，品质优异，独树一帜，然而制法和品质特点也大同小异。

图 7－17　舒城兰花

(四)金寨翠眉

金寨翠眉产于安徽省金寨县，为中国名茶之一。该茶是生长在国家级生态示范区——金寨山区，那里山高林密，云雾弥漫，空气湿度大，年降雨量充足，具备了良好的产茶自然环境。更为奇特的是，蝙蝠洞的周围，整年有成千上万的蝙蝠云集在这里，排撒的粪便富含磷质，利于茶树生长，因此，它不但具备一般茶区气候温润、土壤松软等自然条件，而且还有山高谷深云如海、溪间边湿度不大、岩翘坡陡日照短、林不葱茏水土好等特点。加之茶区果竹花木相间，多种植物共生，漫射光充足，形成了茶叶的独特品质。

金寨翠眉是以充分成熟的单芽为原料，经过特殊制作和精选加工而成，其外形纤细、眉状、色泽翠绿、白毫显露、汤色清澈、香气高雅持久、滋味醇厚鲜爽、叶底幼嫩明亮，冲泡时嫩芽在杯中三浮三沉，犹如万笋林立，令人浮想联翩，心旷神怡，风味别具一格(如图 7－18 所示)。

图 7－18　金寨翠眉

“金寨翠眉”其特点形状匀齐，碧绿显毫，泡开后如秀眉竖立杯中，汤色清澈绿明，饮之甘甜爽口，特有浓香馥郁持久，具有提神健胃、清热解毒，减肥抗衰老之功效，诚居家旅行，馈赠亲友之佳品。

“金寨翠眉”经检测符合无农药污染“天净”产品质量标准。纯天然、无污染。因山高气寒受云雾之滋润，集天地之精华，其汤色清澈、色泽鲜美、滋味醇厚、香气醉人。

(五)华山银毫

华山银毫产于安徽省六安市大别山区的华山，外形极为细秀，全由芽芯组成，此茶采制工艺未见透露过，比较保密。从品质特点上分析，估计该茶是选用小叶种茶树的细嫩芽叶为原料，采用半烘半炒的初制工艺制成毛茶，再经筛选抽心(提取细小芽芯)精制而成。

华山银毫茶的由来：华山银毫属新创名茶，1993 年创制成功，产于安徽省六安市东河口镇的佛教圣地大华山和东石笋一带。

生态环境：大华山位于六安市南部，与舒城、霍山接壤处，属大别山脉东北麓山区。年平均气温为 15.2℃，1 月份平均气温为 2.8℃，7 月份平均气温为 27.3℃，极端最低温度为－9.8℃，极端最高温度为 39.5℃。无霜期 256 天，年降水量 1200～1500 毫米，相对湿度为 79%，日照率为 40%。茶园土壤以黄棕壤为主，有机质含量为 2.64%～4.30%，土壤 pH 值为 5～6.5。自然环境适宜茶树生育。

在海拔 743 米高的三尖寨以北的东石笋，山高谷深、地广人稀，自然植被保护良好，石岩下荒野茶资源非常丰富，许多茶树生长在石壁缝隙和碎石夹杂的乌沙土中，树势茂盛。茶山不需要施化肥、农药，生态环境质量非常优良。据考证，黄棕壤上生产的茶叶汤色清澈、香气高雅、滋味鲜爽、醇和甘甜，属绿茶之上乘。例如，苏州的碧螺春，安徽的六安瓜片，黄山毛峰，湖北的恩施玉露，宜昌的碧涧茶等，都出自黄棕壤之土。

品质特征：华山银毫外形细嫩紧结、显露苗锋、色泽绿润、汤色明亮、嫩香持久、滋味醇爽、叶底嫩绿明亮、嫩芽完整(如图 7－19 所示)。冲泡时，杯中如万龙飞舞，片刻徐徐下沉，似云雨连绵，芽心如金似玉，香气纯真，饮时甘醇爽口、回味无穷。该成果已达到国内同类研究的先进水平，在国内评奖中连获殊荣，其样品已被国家农业部作为名茶备案，其芽头之多被评为世界吉尼斯之最。

图 7－19　华山银毫

(六)六安篮茶

六安篮茶(又称安茶、篮茶等),属于黑茶,为历史名茶,至今已有300多年历史。创制于明末清初,出产于安徽省六安地区,与“六安瓜片”并驾齐驱。紧压后以竹篮盛装,故称六安篮茶,在香港、粤东、东南亚颇负盛名,常年供应王公贵族和南洋富商,内销两广香港,外销东南亚诸国,当地尊为“圣茶”。

六安篮茶选料精致,做工讲究,属于黑茶中的贵族茶品,成品色泽黑亮,汤浓红润,口感浓醇甘爽(如图7-20所示);抗战期间停产,20世纪80年代恢复生产。

六安篮茶一般分为3个等级:贡尖、毛尖、花香。六安篮茶制成后需陈化3年以上饮用为佳,其贵在一个“陈”字,它陈而不霉不烂,越陈茶味越醇。因六安篮茶的诸多保健功能、神奇功效,使它从古至今广赢中外青睐。

图7-20 六安篮茶

(七)油茶

油茶的食用价值:茶油的不饱和脂肪酸含量高达90%,远远高于菜油、花生油和豆油,与橄榄油比维生素E含量高一倍,并含有山茶甙等特定生理活性物质,具有极高的营养价值(如图7-21所示)。茶壳还是一种良好的食用菌培养基。研究表明,油茶皂素还有抑菌和抗氧化作用。

油茶的经济价值:油茶种子含油30%以上,供食用及润发、调药,可制蜡烛和肥皂,也可作机油的代用品。油茶与油棕、油橄榄和椰子并称为世界四大木本食用油料植物。油茶具有很高的综合利用价值,茶籽粕中含有茶皂素、茶籽多糖、茶籽蛋白等,它们都是化工、轻工、食品、饲料工业产品等的原料,茶籽壳还可制成糠醛、活性炭等,茶树的灰洗头可杀死虱子包括虫卵。茶子树木质细、密、重,拿在手里沉甸甸的,很硬,是做陀螺、弹弓的最好材料,并且由于其有茶树天然的纹理,也是制作高档木纽扣的高级材料。

油茶的环境价值:油茶还是优良的冬季蜜粉源植物,花期正值少花季节,10月上旬至12月,蜜粉极其丰富。在生物质能源中油茶也有很高的应用价值。同时,油茶又是一个抗污染能力极强的树种，对二氧化硫抗性强，抗氟和吸氯能力也很强。因此科学经营油茶林具有保持水土、涵养水源、调节气候的生态效益。

油茶的药用价值：功能主治为清热解毒，活血散瘀，止痛。根可用于急性咽喉炎，胃痛，扭挫伤。茶子饼外用可治皮肤瘙痒，浸出液灭钉螺、杀蝇蛆。

图 7－21　茶谷油茶树

中国野茶油是“国宝”：经中国疾控中心营养与食品安全所检测，“润心”野茶油所含单不饱和脂肪酸达 79％，比橄榄油还高，为所有食用油之冠；维生素 E 含量比橄榄油多 1 倍（27.04 毫克）。最难得的是它含的欧咪伽 3 亚麻酸和欧咪伽 6 亚油酸之比接近 1∶4。而且，有研究表明，在烹饪过程中，野茶油的单不饱和脂肪酸更不易损失（如图 7－22 所示）。另外，野茶油的售价仅为进口橄榄油的一半不到，适合我国居民的经济生活水平。

图 7－22　大别山野茶油

(八)皖西白鹅

皖西白鹅的产地及分布:皖西白鹅原产于安徽西部丘陵山区及河南省固始一带。主要分布在皖西的霍邱、金安、裕安、寿县以及河南的固始等县,尤以六安地区饲养量最多,六安市每年的饲养量达1000万只左右。

皖西白鹅的品种特征:皖西白鹅体态高昂,体型中等,细致紧凑,颈长呈弓形,胸深广,背宽平。全身羽毛洁白,头顶有肉瘤,圆而光滑无皱褶,呈橘黄色。喙橘黄色,喙端色较淡,虹彩灰蓝色。颈和蹼橘红色,爪白色,约6%鹅颌下带有咽袋,公鹅肉瘤大而突出,颈粗长有力;母鹅颈较细短,腹部轻微下垂。少数个体头顶后部生有球形羽束,称为"顶心毛"。成年公鹅体重5.5～6.5千克,母鹅5～6千克(如图7-23所示)。

图7-23　皖西白鹅

皖西白鹅的生长性能:皖西白鹅早期生长快、耐粗饲、肉质好,适于加工腊鹅,羽绒质量好。

(1)肉用性能。早期生长发育较快,初生重90克左右,在农村粗放饲养条件下,30日龄平均体重达1.5千克,60日龄为3.0～3.5千克,90日龄为4.5千克左右。8月龄放牧不肥育成年鹅,屠宰半净膛率和全净膛率分别为79.0%和72.8%。肉用仔鹅75日龄上市、屠宰较好。

(2)繁殖性能。皖西白鹅繁殖季节性强,产蛋多集中在1月份和4月份,3、5月份分别为出雏高峰,公鹅4月龄性成熟,母鹅6月龄可开产,公母比一般为1∶5～1∶4,种鹅利用年限,公3～4年,母4～5年。母鹅就巢性强,占92.1%,产蛋量较低,年产蛋25枚左右,如不懒抱窝可产30～50枚。蛋壳白色,平均蛋重142克,蛋形指数为1.47。种蛋受精率平均达88.7%,采用自然孵化,受精蛋孵化率为91.1%。雏鹅生活力和抗病力强,30日龄平均成活率在95%以上。

(3)产绒性能。皖西白鹅的产绒性能极好,羽绒洁白,尤以绒朵大而著名,为地理标志证明商标。3～4月龄仔鹅平均每只产羽绒270～280克,其中纯绒16～20克,8～9月龄每只产羽绒350～400克,其中纯绒40～50克。目前产区出口绒占全国出口量的10%,位居全国首位,占世界羽绒贸易量的3.3%。

(九)金寨天麻

金寨县位于大别山腹地,自然环境适宜天麻生产,野生天麻历史悠久。20世纪90年代引进天麻有性繁殖生产技术后,生产规模迅速扩大,现年产量达5000多吨,成为安徽省天麻生产大县。

天麻又名赤箭、定风草,是金寨县传统的名贵中药材,群众一向把天麻说成"神麻",野生天麻主要分布在海拔300米以上的阔叶林地带,当地农民在春季采挖天麻(如图7-24所示)。

图7-24　金寨天麻

(十)金寨茯苓

金寨县自然环境适宜茯苓生长,境内茯苓生产已有200多年历史,1958年毛泽东主席在安徽省博物馆观赏的72千克特大茯苓就是金寨县桃岭公社社员陈义荣亲手培育的。在刘华轩主编的《全国中药材资源分布》一书中,金寨茯苓被列为质优产品,1983年9月9日,金寨县被列为全国6个茯苓生产基地县之一。

据《本草纲目》等药书记载,久服茯苓可以"除百病、润肌肤、益寿延年"。长期以来,茯苓被誉为"除湿之圣药""仙药之上品",名列"八珍"之一。除药理作用外,尚含有蛋白质、卵磷脂、矿物质、茯苓酸、层孔酸、去氢层孔酸、齿孔酸、去氢齿孔酸、茯苓新三萜酸、组氨酸等营养成分。近年来,发现从茯苓中提出的多糖体对某些癌症有明显抑制作用,更引起人们的重视,被加工成糕、饼、粥等保健、美容食品,畅销国内外市场。

金寨茯苓人工种植技术不断提高,从土引到接种再到代料栽培,种植规模不断扩大，现年产量千余吨，欢迎各界人士来金寨县发展茯苓加工企业。

(十一)金寨红茶

金寨红茶是安徽省六安市金寨县的特产。金寨红茶外形紧细乌润显金毫，汤色铜红明亮有琥珀金圈，香气火香带甜，滋味鲜醇回甘，叶底红匀明亮。

金寨是极品名茶之乡，宜茶环境得天独厚；群峰环抱、茂林修竹；梅山、响洪甸两大水库，高峡平湖、绿岛葱茏。境内天堂寨、燕子河大峡谷、红石谷等自然景区，怪石清泉、自然幽静。

金寨产茶历史悠久。早在唐代，茶圣陆羽的《茶经》就有“庐州六安(茶)”之说；《文献通考》记载，公元965年(宋太祖乾德三年)金寨县境内就设有官办茶站；明代徐光启在其《农政全书》中称“六安州之片茶，为茶之极品”。20世纪50年代，安徽农业大学茶业系的前身——复旦大学茶叶专修科组织专家指导金寨生产红茶，所产红茶品质卓越。

金寨红茶性温和，长期饮用可壮骨固齿、减肥健美、强心防病、抗辐防癌，健康身心。2013年，金寨县茶叶发展办公室申报的“金寨红茶”通过农业部农产品质量安全中心审查和组织专家评审，实施国家农产品地理标志登记保护。

金寨红茶划定的产地地域保护范围：金寨县梅山镇、麻埠镇、油坊店乡、青山镇、张冲乡、全军乡、桃岭乡、铁冲乡、燕子河镇、天堂寨镇、古碑镇、吴家店镇、花石乡、白塔畈镇等23个乡镇。

(十二)金寨西洋参

西洋参原产北美洲，性凉、甘苦、微甜，对冠心病、贫血、神经官能症等病症有确切疗效。常服有抗癌、抗疲劳、抗辐射、抗衰老等多种功能，是滋补强身、延年益寿、无病健身的珍品(如图7-25所示)。

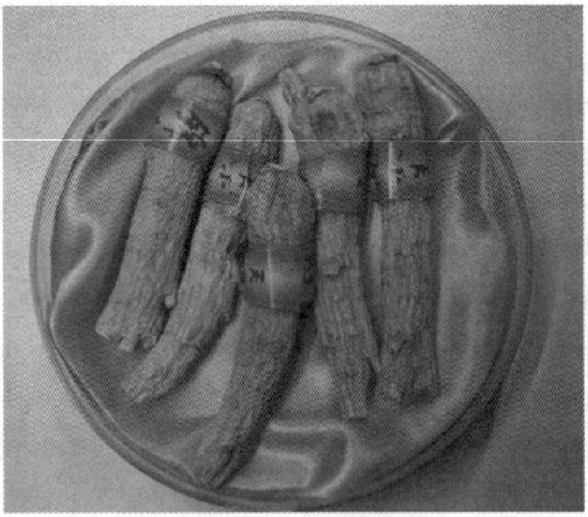

图7-25　金寨西洋参

金寨县引种西洋参始于1986年，1989年获省科技进步二等奖。1993年开始推广，并很快成为华东西洋参主产区，2004年，在地绿色面积达20万平方米，每年可产鲜参20吨，即原皮参6吨。

金寨西洋参种植区平均海拔700米以上，生态气候条件与原产地基本相同，自然条件得天独厚。采用了先进的种植和加工技术，产品大、形好、质优。历年来产品经北京、上海、吉林、合肥等权威药检部门多次检验，其总皂甙含量高于进口参达6.8%～11%，氨基酸及糖类含量与进口参类同，并富含多种有益人体的微量元素。1992年获卫生部颁发的生产许可证，同意金寨西洋参与进口参同供药用。1994年获林业部的名优新产品博览会银奖。1995年获第二届中国农业博览会金奖。

(十三)霍山石斛

霍山石斛俗称米斛，是兰科石斛属的草本植物。茎直立，肉质，不分枝，具3～7节，淡黄绿色，有时带淡紫红色斑点，干后淡黄色。叶革质，2～3枚互生于茎的上部，斜出，舌状长圆形(如图7-26所示)。总状花序1～3个，从落了叶的老茎上部发出，具1～2朵花；花淡黄绿色，开展；花瓣卵状长圆形，先端钝，具5条脉；唇瓣近菱形，长和宽约相等，花期5月。

霍山石斛是中国国家地理标志产品。主产于大别山区的安徽省霍山县，大多生长在云雾缭绕的悬崖峭壁崖石缝隙间和参天古树上，生于山地林中树干上和山谷岩石上。霍山石斛能大幅度提高人体内SOD(延缓衰老的主要物质)水平，对经常熬夜、用脑、烟酒过度，体虚乏力的人群非常适宜。霍山石斛有明目作用，也能调和阴阳、壮阳补肾、养颜驻容，从而达到保健益寿的功效。

霍山石斛俗称米斛，霍山石斛一名，最早见载于清代赵学敏《本草纲目拾遗》，距今有200年以上历史。该书记载称："霍石斛出江淮霍山，形似钗斛细小，色黄而形曲不直，有成球者，彼土人以代茶茗，霍石斛嚼之微有浆、黏齿、味甘、微咸，形缩为真。"该书引用年希尧集经验方曰："长生丹用甜石斛，即霍山石斛也。"该书又引用其弟赵学楷《百草镜》语曰："石斛近时有一种形短衹寸许，细如灯芯，色青黄、咀之味甘，微有滑涎，系出六安及颍州府霍山是名霍山石斛，最佳……"

中国药典会委员，石斛属研究专家包雪声教授在《中华仙草之最——霍山石斛》一书前言开篇语中就说道："如果说世界上确有什么仙草的话，这种仙草应当是霍山石斛。"

道家经典《道藏》曾把霍山石斛、天山雪莲、三两人参、百二十年首乌、花甲茯苁、深山灵芝、海底珍珠、冬虫夏草等列为中华"九大仙草"，且霍山石斛名列之首。霍山石斛又名龙头凤尾草、皇帝草。主产于大别山安徽霍山，生长于崇山峻岭之峭壁上，秉山川之天然灵气，滋生出名贵之瑞草，常代茶茗冲饮服用。

霍山石斛历史上一直贵为皇室专用，皇帝们为了长生不老而用霍山石斛炼制长生丹。也成为新贵们争先到原产地抢购的养生保健佳品。霍山石斛历史上被誉为“中华九大仙草之首”，“救命仙草”，现代人尊称为“中华仙草之最”、“健康软黄金”，用霍山石斛加工的饮品——枫斗，被称为“枫斗之王”。

根据《地理标志产品保护规定》，国家质量监督检验检疫总局组织了对霍山石斛地理标志产品保护申请的审查。经审查合格，批准自2007年9月3日起对霍山石斛实施地理标志产品保护。专用标志使用：霍山石斛地理标志产品保护范围内的生产者，可向安徽省霍山县质量技术监督局提出使用“地理标志产品专用标志”的申请，由国家质检总局公告批准。2012年6月，吴邦国委员长来安徽六安视察时，在参观霍山石斛产业基地后，欣然题字：“霍山石斛，中华瑰宝”（如图7-26所示）。

图7-26　霍山石斛（米斛）

（十四）霍山灵芝

李时珍的《本草纲目》和宋朝唐慎薇撰写的《重修政合经书证类备用本草》均对六种灵芝所处地理环境有详细记载。有“赤芝生霍山，青芝生泰山，黄芝生嵩山，白芝生华山，黑芝生常山，紫芝生高山夏峪”的说法。

霍山灵芝是担子果一年生，有柄，木栓质到木质。菌盖近扇形或半圆形，基部渐狭形成柄基，上表面淡红褐色或淡黄褐色，具漆样光泽，边缘钝，完整，厚0.5～2.0厘米菌管长5～12毫米，粗3.5～5.5厘米，菌丝系统三体型：生殖菌丝透明，薄壁，直径为3.5～5微米，通常宽6～7微米，长25～30微米。菌丝系统三体型：生殖菌丝透明，薄壁，直径4～5微米；骨架菌丝厚壁到实心，近无色到淡黄褐色，树状分枝，骨架干直径4～5微米，分枝末端形成鞭毛状无色缠绕菌丝；缠绕菌丝无色，厚壁，分枝，直径1～1.6微米。担孢子卵圆形或长卵圆形，有时顶端平截，双层壁，外壁无色透明，平滑，内壁浅黄褐色到浅褐色，孢子稀少，卵圆形或截形，淡褐色或褐色，双层壁，外壁透明，内壁小刺明显，(8.0～9.5)×(5～7)微米。霍山灵芝的分布在安徽大别山霍山地区。故此，霍山县——是古代李时珍所指的赤芝发源地。

(十五)漫水河百合

霍山县漫水河镇地处大别山腹地深山区,素有"百合之乡"的美誉。当地人民在长期的生产实践中创造出众多的有地方特色的土特名优产品,名闻遐迩,漫水河百合又以其独特的栽培环境,已形成同类产品之精品,2005 年被省农委批准为绿色食品,成为大别山里一颗奇葩展现在世人面前,其产品色白、肉嫩、个大、纯天然、无污染,内含丰富的蛋白质、淀粉、果胶、维生素和微量生物碱。其具有润肺止咳、清热安神之功效,对咳嗽咯血、慢性支气管炎、神经衰弱、睡眠不宁等症有辅助疗效,食用为清补保健之佳品(如图 7-27 所示)。

图 7-27 霍山县漫水河百合

(十六)龙舒贡席

龙舒贡席,是传统竹编工艺品,为皖西历史传统名特产品。其特点凉爽消汗,不腐不蛀,经久耐用,携带方便。舒席不但是有实用价值的夏令佳品,也是精湛的手工艺品,凡古今字画,翎毛花卉均可编织得惟妙惟肖。龙舒贡席畅销世界各地,享有盛誉(如图 7-28 所示)。

龙舒贡席的名称由来:安徽舒城、潜山、怀宁等县盛产水竹,蔑工巧匠甚多,自古有"竹席之乡"的美誉。潜山古称"舒州",舒城历史上称"舒国",因古产于安徽六安舒城和安庆潜山,为了同湖南益阳、郴县,四川绵阳、南充等地产的竹席加以区别,故名"舒席"。

龙舒贡席的加工工艺:篾纹细致,柔软光滑,色泽鲜艳,凉爽洧汗,坚韧耐磨,不腐不蚀,折卷不断。舒席加工工艺十分精细考究,选用的原料是一种纤维细、拉力强、节平而稀、质地柔软的专用水竹,又以小叶水竹最佳,必须是没有风头、罗尾,暴节、伤痕、发叉的,为防虫蛀,采伐水竹的时间一般都在当年 11 月至次年 2 月。采伐回的竹子要经过认真筛选,将那些风头、罗尾、暴节、伤痕、发叉的竹子全都剔除。从选竹到成席要经过裁料、开竹、破条、切头、划条、起黄、匀撕、蒸煮、染色、刮篾、绘图、制样、编织、收边、检验等 15 道工序,才能加工成成品。在编制过程中还能将古今字画、山水人物、花草鱼虫等编进席中,编出的图案的层次分明、颜色的浓淡适宜,具有极高的艺术性。

龙舒贡席的规格种类:有睡席、枕席、座席、桌席、屏风、壁幛、榻榻米等;新品种还有踏踏米席、童席、坐垫席、沙发套席、人物字画席、壁画席、茶几垫席等,仅睡席等就十几种规格。

龙舒贡席的产品价值:不但是一种有实用价值的夏令佳品,而且是优美典雅的手工艺品。凡古今字画,不论山水人物、流云花卉、飞禽走兽、神话故事,或楷书行草、横幅条屏,均能编织入席间。席面的景物远近相宜,浓淡对比鲜明,空间层次清晰,形成了舒席工艺的独特风格。

图 7-28　龙舒贡席

除了上述特色产业产品之外,六安茶谷还有板栗、蘑菇、木耳、竹笋、绿芦笋、竹编制品、竹制家具、腊鹅系列、鹅绒、瓦虾、银鱼、草鱼、甲鱼、金寨鳜鱼、金寨小河鱼、鳙鱼、竹地板、黄颡鱼、淮王鱼等特色产品。

二、六安茶谷产业规模(茶产业)

茶产业是六安茶谷的主体产业。截至 2016 年底,六安茶谷茶园面积为 56.5 万亩,可采茶园面积为 47.1 万亩,茶叶总产 2.12 万吨,产值 16.6 亿元,综合产值 52.3 亿元,分别较上年同期增长 5%、10%、11%,其中名优茶产量为 0.7 万吨,产值为 11.66 亿元。目前,六安有 985 家名优茶精初制加工厂和生产企业。以六安瓜片茶业股份公司为龙头,在六安各县区建立了多个茶叶加工企业,共有 15 家企业已按照有机茶加工卫生标准进行改建和扩建,已经涌现出“一笑堂”“徽六”“金六”“雨佳”“舒绿”等一批较为健全的组织机构和加工、销售网络,在六安茶产业实施品牌战略中,起着龙头作用。目前,有市级龙头企业 50 家,增长 61.3%,茶叶专业合作社达 456 家,增长 270.7%。知名的茶企有六安瓜片茶业股份公司、一笑堂茶业公司、金寨金龙玉珠茶业公司、安徽蝠牌生态茶业公司、金寨县安态特色农产品公司、金寨福驾茶业公司、谢裕大(六安)茶叶加工厂区、金安区毛坦厂镇东石笋茶厂、霍山县茗雨商贸有限公司、霍山县圣茗茶叶公司、霍山县茗翠生态农业公司、霍山县九华山茶业公司、霍山抱儿钟秀茶业公司、霍山汉唐清茗茶叶公司、舒绿茶业有限公司等。茶企规模稳步壮大,促进了六安市茶叶产业集群的进一步发展和集聚效应的显现。

三、六安茶谷经营模式

茶谷内的茶叶企业在经营过程中,采取有效措施,积极转变经营模式,调整产业结构,促进茶产业的转型升级。一是采取“返租倒包”经营模式。茶企与农户合同期 20 年不变,茶农按公司的要求统一耕作、修剪、施药、病虫害防治;茶园生产资料投入品农药、肥料由公司统一采购;茶农出售鲜叶、按质论价、公司统一收购加工。二是发展“公司＋合作社＋农户”的经营模式。如“六安瓜片”龙头企业“徽六”公司牵头成立了“六安瓜片茶叶专业合作社”,通过自办、联办、股份投资、土地流转集中等形式,按企业行为运作,直接服务农民,可以减少茶叶流通环节的费用,增加经济效益。三是“茶园阶段性流转”经营模式。如金寨县麻埠镇,通过茶叶加工厂、合作社、村集体、能人大户、农技人员带领创建经营性农业劳务服务组织,与农户紧密合作,创造性地进行茶园阶段性流转。春茶期间,茶园由农户自己管理采摘,所得收益归农户;5 月 1 日后,夏秋茶季,茶园交给服务公司管理,茶农以资源换收益,由服务公司负责机采、修剪等管理,所得收益服务公司和农户对半分成,茶农还可选择在服务公司做工。

四、六安茶谷茶产业品牌创新

品牌化经营战略是塑造六安茶产业形象,扩大其市场知名度和美誉度的重要形式。品牌化经营有利于六安茶产业实现生产规模与经济效益的统一。截至 2016 年 6 月底,六安茶谷茶产业品牌共有 98 个,其中驰名商标 3 个,地理标志著名商标 5 个,地理标志保护产品 3 个,著名商标 30 个,安徽名牌 7 个,六安市知名商标 30 个,六安名牌 20 个。分县区看,金寨县共有 21 个,霍山县共有 23 个,舒城县共有 12 个,金安区共有 8 个,裕安区共有 32 个,开发区 1 个,市直 1 个。

2015 年,六安茶谷全国知名品牌示范区报送的六安瓜片区域品牌强度得分 708,在全部 119 个园区(其中农业园区 23 个)中位居第 7 和农业园区第 2,品牌价值 219 亿元,取得了优异成绩。六安茶谷全国知名品牌示范区以茶谷六安瓜片茶产业为基础申报,已于 2015 年正式通过国家质检总局批准筹建,是我省唯一一个农业园区申报筹建单位。全国知名品牌创建示范区工作是国家质检总局自 2011 年开展的一项工作,旨在推动自主品牌建设,提升品牌价值和效应,获此称号的地区或园区，将在质量管理、技术检测平台建设、检验检疫、许可审批、标准制定等方面获得国家政策扶持。目前，六安茶谷全国知名品牌示范区创建工作正在全面展开。“2016 年度全国茶乡之旅特色路线”和首批十条“2016 年度全国茶旅游精品路线”进行了颁奖，其中“六安(金寨)茶文化、红色文化、山水民俗精品旅游线路”被推选为“2016 年度全国茶乡之旅特色路线”。

第四节　六安茶谷建设取得的成果及建设策略探讨

六安茶谷自 2014 年 8 月开始启动建设以来，项目建设顺利推进，使六安市绿色发展新空间不断拓展，为六安市生态增绿、旅游添景、农民增收发挥了重要作用，也在安徽省内外产生积极影响。六安茶谷建设取得了初步成果。

一、六安茶谷建设取得的成果

(一)绿色发展新空间不断拓展

坚持创新发展，不断拓展绿色发展新空间。作为六安市加快实施绿色发展战略主要平台和具体抓手，六安茶谷建设始终坚持创新发展的建设思路，发展空间不断拓展，发展境界不断提升。努力把六安茶谷打造成绿色生态谷、特色产业谷、旅游养生谷、科技文化谷、扶贫富民谷。通过六安茶谷建设，六安绿色发展的平台越做越大，六安茶谷从 2014 年建设之初的 3 县区 13 个乡镇 1600 平方千米，扩展到现在的覆盖 5 县区 48 个乡镇、5 大水库共 6100 平方千米。

与此同时，六安绿色发展的地位越来越突出，作为全市绿色发展的 4 大平台重要组成部分，六安茶谷建设规划体系最全，建设目标最明确，任务最具体，推进措施最有力。2016 年 2 月，六安市委、市政府出台了《全面推进六安茶谷和淠河生态经济带建设的实施意见》(如图 7 - 29 所示)，力争通过一年打基础、三年见成效、五年大发展，把六安茶谷打造成世界最好绿茶源产地、大别山湖群国家旅游休闲区、国家级绿色发展示范区。

(二)培育绿色振兴的新引擎

六安茶谷建设两年来，已完成各类项目建设 400 多个，总投资近 40 亿元，通过茶谷建设平台，谋划和申报的各类项目达 600 多个，这些项目不仅为加快全市绿色发展提供了支撑，也为六安大别山革命老区振兴发展培育了新引擎，注入了新动力。六安茶谷建设让六安抢抓了政策机遇，让中央促进中部崛起、皖江城市带承接产业转移示范区建设、大别山片区扶贫开发和省委、省政府构建合肥经济圈、加快皖北及沿淮部分市县发展、《大别山革命老区振兴规划》等多项政策在六安落地生根；“一谷一带”建设为绿色发展提供了工作抓手，通过一年一组目标，一年一批项目，一年一批任务，一层一层踩实，一项一项抓实，一年一年推进，一步一个台阶。实现了绿色发展理念到绿色发展平台、绿色发展举措、绿色发展目标任务的一步步迈进。

六安茶谷建设体现全要素融合发展的基本思路。六安茶谷坚持高起点规划、高标准设计、高品位建设，统筹了山水、物产、文化大力发展绿色经济；以茶为媒，将茶叶、毛竹、石斛、油茶、有机鱼等产业发展与生态保护、休闲旅游、文化创意、健康养生融为一体，把茶谷建设成绿色生态谷、特色产业谷、旅游养生谷、科技文化谷、扶贫富民谷；以重大项目为支撑，建好节点，以点连线，以线带面，全面推进区域统筹发展。六安茶谷建设充分整合了美好乡村、淠河综合治理、《三线三边》环境整治、地域文化、乡村旅游、休闲农业、水资源等生态环境保护各方面建设发展要素，让生态文明建设成果进一步提升和利用。可以说是茶谷建设激活了全市绿色发展一盘棋。

(三)迎来绿色发展的无限生机

为了宣传茶谷、推介茶谷，六安市委、市政府努力做响做亮茶谷品牌，2015、2016、2017 年成功举办了三届六安茶谷开茶节，各县区也精心谋划，举办了一系列宣传推介活动。2016 年 2 月，国家质检总局、中国质量认证中心对 2015 年全国 119 个知名品牌示范区品牌价值进行评价，六安茶谷品牌价值 219 亿元，位居第 7，在 23 个农业园区中位居第二。

六安茶谷建设取得的成效，受到社会各界上下一致好评，赢得了群众的真心拥护，展现了无限发展生机。特别是 2016 年 4 月，习近平总书记在视察六安时看到老区生态保护、绿色发展的蓬勃态势，十分高兴，给予了充分肯定，这是对六安的巨大鼓舞。

坚持共享发展，让广大群众获得了更多新实惠。六安茶谷建设还极大地改善了沿线生产生活条件，让广大群众特别是沿线 30 多万贫困群众脱贫致富信心倍增。随着一大批生态保护、景观打造、道路绿化、立面改造、村庄整治等工程实施，茶谷沿线环境面貌变化巨大，天更蓝了、山更绿了、水更清了、村庄更美了、集镇更靓了。休闲农业和乡村旅游逐渐升温，广大群众发展生产、增收致富的路子越走越宽，今年茶谷沿线群众人均实现增收 1000 元以上。

(四)提升跨越改革创新

未来三年，是六安茶谷建设“见成效、大发展”、提升跨越的关键时期，六安市将以改革创新的精神，绿色发展的思维，坚持政府主导，企业主体，坚持高起点规划，高标准设计，高品位建设，着力实施重点突破，建立和完善工作机制，坚持洼地政策，优化发展环境，锲而不舍，实现各项工作再上新台阶，再达新水平。

抓好规划编制、管理和监督。制订“一谷一带”建设实施规划和控制规划，突出保护生态,防止破坏性建设,维护茶谷规划的权威指导性,实现多规合一。一是出台茶谷规划实施的指导意见,明确市、县规划的管理层级和主次。二是加快推进环响洪甸集镇周边等重要节点和重大项目规划编制,发挥淠河湿地规划、淠河生态经济带规划在茶谷建设中的补充作用。

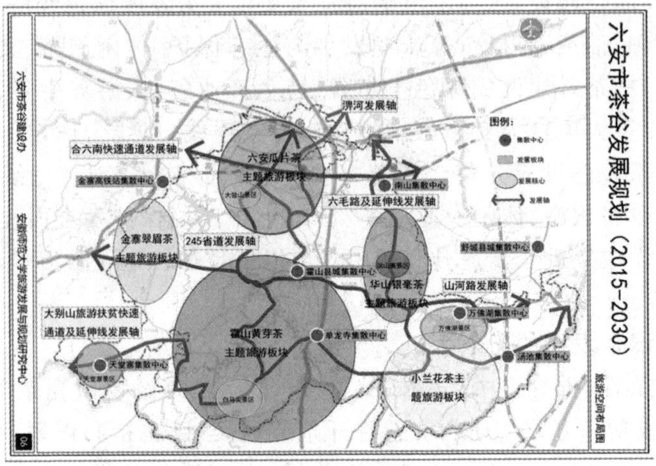

图 7-29　六安市茶谷发展规划图

抓好项目谋划和申报。抓住国家"十三五"规划、加快大别山革命老区振兴发展规划、习总书记提出的"六个精准"扶贫等重大战略机遇,督促各部门对照政策,对口谋划,对口申报茶谷项目,全力加大项目争取力度,主动对接,集中编制、储备一批项目;积极做好列入安徽省现代生态农业产业化示范市建设,做好六安茶谷项目的对接与建设,实施村、户光伏扶贫工程。

二、六安茶谷建设策略探讨

(一)强化领导机制、推进机制和考评机制

1. 强化领导机制

六安茶谷建设是六安全市推进绿色发展的"一号工程",实行"一把手负责制"。调整充实六安市茶谷建设指挥部,领导全市茶谷建设工作,指挥部下设工作指导组。各工作指导组组长由市级领导同志担任,牵头单位主要负责同志亲自抓、分管负责领导具体抓,制定具体工作方案和实施细则。成立六安市茶谷管理委员会,统筹协调茶谷建设日常工作。茶谷管理委员会内设工委和管委,下设综合、产业发展运营管理、规划建设环境保护、项目推介招商服务、宣传策划纪检监察等办公室,由市组织人事部门调配人员30左右,各司其职。各相关县区要成立相应的领导机构和办事机构,并强化对乡镇茶谷建设工作的领导和指导。

2. 强化推进机制

六安茶谷范围重大基础设施列入六安市重点工程建设计划，六安市茶谷建设管理委员会和相关县区以项目建设为抓手，加大项目谋划、编制、申报、实施力度，把茶谷建设任务落实到具体项目上，制定项目清单，明确茶谷建设时间表、路线图。推行项目精细化管理，按照“一个项目、一个专班、一套方案、一笔经费、一抓到底”的要求，挂图作战，盘点销号，确保工作有力有序有效推进。

3. 强化考评机制

制定六安茶谷建设考核评价细则，纳入党政领导班子年度考核和政府目标管理考核，并强化考核结果运用。市茶谷管委会要加大督查检查力度，并建立项目建设“周通报、月调度、季观摩”制度，季度观摩得分计入对相关县区茶谷建设年度总评。市委督查室、市政府督办室要定期开展重点督查活动，对工作推进慢、效果不理想的责任单位和个人进行通报。

(二)强化项目机制，加速基础设施建设

1. 强化项目机制

按照一谷一带建设“项目化”工作要求，六安市直有关部门和相关县区根据六安茶谷建设总体规划，抓好项目谋划，积极争取上级项目和资金支持。精准对接国家和安徽省六安市“十三五”规划、脱贫攻坚、大别山革命老区振兴发展规划等重大政策，围绕交通、水利、旅游和产业等主要方面，谋划一批牵动一谷一带建设全局的大项目、好项目。抓好项目编报，建立一谷一带建设项目库，实行一谷一带建设集中储备，建立和完善项目谋划、对接、共享、整合工作机制，实现项目有力推进，有序实施。

2. 加速基础设施建设

建设互联互通交通网络。围绕“三横三纵、一个主循环、四个次循环”的水陆交通网，按照“统一规划、分步实施，市级指导、县区实施”的基本原则，加快提高六安茶谷区域内公路等级，实现到 2020 年末，主循环路达到二级或以上沥青混凝土公路标准，次循环路达到三级或以上公路标准。重点建设东接环巢大道、西抵大别山腹地(金寨古碑)的山湖全景旅游大道。以“三线三边”环境整治为工作抓手，大力实施六安茶谷精神文明创建工程，突出治理城乡“十乱”。

3. 实施茶谷小镇、小站、小院建设工程

全面推进茶谷特色小镇、茶谷小站、茶谷小院建设。按照“布局合理、规模适中、功能完善、统筹兼顾”的要求，通过创建示范，率先起步，打造一批功能完备、环境优美、乡风文明、宜居宜业的茶谷示范小镇。突出重点，逐批推进。首批抓好金寨响洪甸、霍山单龙寺、佛子岭、舒城晓天、裕安独山、金安张店、霍邱冯瓴等特色小镇建设，实行一镇一韵；建设 20～30 个茶谷小站，实行一站一品；建设 80～100 个茶谷小院，实行一院一味。实行小镇、小站、小院改造提升和融合建设（如图7－30所示）。

图7－30　茶谷特色小镇

（三）强化投入保障机制

1. 资金投入计划

(1)加大六安茶谷预算投入力度，六安市本级财政每年安排不少于5000万元、相关县(区)财政每年安排不少于2000万元的茶谷建设专项资金，并建立正常增长机制，增幅要高于同级财政收入的增幅。

(2)加大资金整合力度，出台关于六安茶谷建设投入和项目资金整合管理配套政策，将茶产业发展、大别山区水环境生态补偿、交通基础设施建设、农业综合开发、美好乡村建设、民生工程等项目资金加以整合，集中30%用于茶谷建设。市直有关单位和相关县区新争取上级项目资金，要优先支持茶谷建设。

(3)要加大投融资创新力度，建立茶谷建设基金，鼓励金融机构进一步放宽对六安茶谷建设的信贷政策和融资渠道。市及各相关县区要制定统一的优惠政策，建设用地指标定向优先用于茶谷建设，六安市里每年安排茶谷建设用地指标600亩，由市国土局、市茶谷管理委员会共同管理使用。

(4)引导社会资本投入。以招商引资为手段，吸引社会资本参与六安茶谷建设，同时探索运用政府和社会资本合作(PPP)模式，选择部分公益性项目进行试点。通过财政奖补、价格补贴、贷款贴息等方式，增强社会资本参与六安茶谷建设的积极性。

2. 资金投入情况

2015年，六安市本级通过预算安排、资金整合等方式，投入5290万元用于“一谷一带”建设，重点支持茶产业、特色农业、基础设施建设、淠河治理等。茶谷建设启动以来，全市已向省财政争取现代农业发展资金6725万元，实施项目7个。上级财政安排的项目 101 个，涉及资金 5.03 亿元，充分发挥财政资金的规模效益。2015 今年以来，舒城县共谋划茶谷建设项目 56 个，其中续建项目 10 个，新建项目 46 个，计划总投资 42.36 亿元，当年计划投资 15.39 亿元，项目涵盖产业发展、基础设施、环境提升、文化旅游等方面。建立了茶谷项目台账，围绕茶谷大通道，打造节点，辐射带动。截至目前，已完成投资 13.2 亿元，30 个项目基本完工，26 个项目正在加快建设。自 2015 年以来，金寨县先后投入财政资金 3000 余万元，整合项目资金 1.8 亿元，用于茶谷建设。拥抱"互联网＋茶旅"，打造"潮流"谷；推进"规范化＋项目"，打造"养心"谷；实施"常态化＋扶贫"，打造"精准"谷；利用"茶特色＋政策"，打造"美誉"谷；加大"招商度＋资源"，打造"效益"谷，金寨茶谷建设取得了显著成效。

(四)举办六安茶谷开茶节等活动，扩大茶谷知名度

自六安茶谷建设以来，六安市委市政府举办了开茶节、茶文化节等系列活动，扩大了六安茶谷知名度，尤其是六安茶谷开茶节影响最大。

2015 年 4 月 28 日上午，首届六安茶谷开茶节、万里茶道(国际)协作体 2015 六安会议、第十五届六安瓜片茶文化节开幕式在六安茶谷主题公园隆重举行。2016 年 4 月 26 日上午，第五届大别山(六安)山水文化旅游节、第二届六安茶谷开茶节暨第十六届六安瓜片茶文化节开幕式在"六安茶谷核心区"金寨县麻埠镇响洪甸村举行。2017 年 4 月 26 日上午，第六届大别山(六安)山水文化旅游节第三届六安茶谷开茶节在霍山县大化坪镇举行(如图 7－31 所示)。本届开茶节的主题是"行走六安茶谷，共话绿色发展，助推精准脱贫"。当日下午，还举办了"中国茶界名家走进六安茶谷·助推精准脱贫"高峰论坛，诸多茶界名家齐集一堂，呈上了一场精彩的知识盛宴。"依托丰富的茶叶资源，聚焦绿色发展路径，大力建设六安茶谷，六安茶产业发展必将再上新台阶，六安的未来必将大有可为!"中国茶学界泰斗、中国工程院院士陈宗懋做出了如此评价。

图 7－31　第三届六安茶谷开茶节

(五)加大宣传力度,创新营销模式

为了宣传茶谷、推介茶谷,六安市委、市政府努力做响做亮茶谷品牌,通过举办六安茶谷开茶节、茶文化节、大别山(六安)山水文化旅游节、茶谷论坛、茶产业推进会等系列活动,做好六安茶谷宣传推介。各县区也精心谋划,举办了一系列宣传推介活动。把六安茶谷战略精神列为六安市县区各级党校近年的必修课,组织安排相关人员外出考察学习,旨在解疑释惑,统一思想,凝聚精神,进一步解决主观认识不足问题;制订茶谷宣传策划系统方案,做好六安茶谷整体形象宣传。坚持市级统筹,县区主办,突出特色,突出品牌,突出影响,突出效益,办好宣传推介活动。

品牌为先,渠道为王。六安茶谷借助商务电子平台,利用去哪儿网、阿里巴巴、淘宝、京东等直销网站,打破传统销售模式,更新经营理念,积极推广"线上下单、线下购物"的在线游茶谷模式和在线销售瓜片模式,不断推动"茶产业+电子商务"的跨界融合。实施"互联网+""旅游+"工程,将互联网工程和旅游及其他产业有机结合,实现六安茶谷建设各项要素,多元创新、融合发展。

第八章　大别山区生态经济综合效益评价及发展策略探讨

第一节　大别山区生态经济综合效益评价

一、生态经济效益评价研究述评

自20世纪90年代初，国内外学者主要从生态、经济和社会三大效益框架出发，利用定性与定量相结合的方法进行流域生态系统评价，主要研究方法有综合指数法、熵值法、层次分析法和生态足迹评价等。

国外学者多采用过程模拟的方法进行生态经济整合研究，并相继开发出相关的生态经济模型。模型多采用系统动力学方法模拟流域周围土地利用格局的变化以及区域社会经济行为背景下的自然动态，并采用GIS和RS技术实现从小区域到整个流域的耦合过程，解决了生态系统内部过程模拟的尺度问题。

目前我国学者对区域生态经济效益评价研究展开了以下方面的探索。郭莉从生态经济效率与环保投入之间的均衡关系分析了2002年我国30个城市的生态经济效率状况；陈傲以国内生产总值作为生态经济收益，并运用因子分析得出生态成本值，通过两者的比值来分析2000～2006年我国29个省市的生态效益状况；封新林通过建立指标体系综合评价了安徽省生态经济的可持续发展能力；刘炳权利用DEA方法对山东省生态经济效率进行分析评价。李洪泽、朱孔来等在《生态农业综合效益评价指标体系及评价方法》一文中，依据生态农业的本质特征，将生态农业的综合效益分为生态效益、经济效益、社会效益三个子系统；建立了一个3层次18个具体指标构成的评价指标体系；运用AHP方法科学确定出各指标的权重，运用模糊隶属度函数的方法进行无量纲化处理，再进行综合效益的统计分析方法。

综上所述，关于生态经济效益评价研究主要方法是：指标体系评价、模型评价等常用方法。大多学者采用指标体系评价生态经济效益时仅对生态环境建立指标体系，经济发展用GDP代替。本文依据生态经济效益评价依据生态和经济两个系统分为三个维度进行分析:环境维度、资源维度和经济维度,每个维度选取相应的指标,采用因子分析及投入产出法对陕西省 2000～2012 年生态经济效益进行分析评价。

二、大别山区生态经济效益评价分析的内容

生态经济作为一种综合性新型产业,以生态资源为主要投入,因此在生态经济效益评价方面应涉及三个层面,即经济效益、生态效益、社会效益。生态经济效益是三大效益的高度统一,评价指标应充分考虑这三个方面的发展水平。

(一)经济效益

生态经济的经济效益主要是生态经济企业利用农村资源,通过对该地区进行投资,所产生的经济成果,衡量生态经济的经济效益,主要内容包括区域 GDP、绿色 GDP、生态产业产值占 GDP(%)、人均绿色 GDP、人均生态资本投入、人均土地面积六个指标。其中,绿色 GDP 是指区域 GDP 减去社会生产生活的资源消耗与环境破坏损失,它能够客观地评价区域经济效益。

(二)社会效益

社会效益,是指最大限度地利用有限的资源满足社会上人们日益增长的物质文化需求。生态经济的社会效益是指生态经济发展的溢出效益,即生态经济的发展给周边地区带来的影响程度。生态经济的社会效益主要内容为农村人均 GDP、城市化率、全国生态县比例、恩格尔系数、公众对生态满意度五个指标。其中,公众对于生态的满意度这一定性指标,虽然无法用定量指标来表达,但可以对其进行赋值,非常满意为 2 分、满意为 1 分、不满意为－1 分,认为无影响的为 0 分,用其进行定量分析。

(三)生态效益

生态效益的基础是生态平衡和生态系统的良性、高效循环。生态经济发展中讲究生态效益,就是要使生态经济系统各组成部分在物质与能量输出输入的数量上、结构功能上,经常处于相互适应、相互协调的平衡状态,使生态自然资源得到合理的开发、利用和保护,促进农业和农村经济持续、稳定发展。生态经济的生态效益主要是生态经济在发展中给区域生态环境带来的影响,主要包括环保投入、三废综合治理率(%)、区域生态效率(%)、旅游生态环境达标率(%)、森林覆盖率(%)六个指标。其中,区域生态效率是经济发展水平和环境影响价值的比值,经济发展水平可用该区域工业总产值计算,环境影响价值可用生态投入来计算。

三、大别山区生态经济效益评价指标体系

(一)评价指标选择的原则

(1)客观性原则。即应从客观实际出发,全面准确地反映生态经济发展状况,尽量克服主观因素的影响,力求呈现出客观真实的评价。

(2)系统性原则。生态经济是一个综合性问题,因此指标的设定应具有系统性,即应从系统整体出发,能够准确反映生态经济的各个方面及其主要特征,反映生态经济各影响因素之间的内在联系。各指标间既相互独立又相互联系,共同构成一个有机整体。

(3)可比性原则。指标必须能充分反映本系统在不同时期的特征以及同一时期内各层次子系统、各要素的特点,要求对比指标之间具有相同的计算方法和同样的计算范围,要注意剔除掉特殊自然因素对系统作用而出现的特殊情况,以反映不同被评对象共同属性的差异。

(4)可操作性原则。这一原则包含两层含义:一是资料便于收集,大部分数据可通过地区综合统计年鉴与各种专业年鉴获得;二是指标容易量化,对定量指标要保证其可信度。另外,指标体系不能过于复杂,力求简明实用。

(二)评价指标体系

根据上述分析,在服从评价指标选择原则的基础上,构建大别山区生态经济效益评价指标体系,将生态经济的综合效益分为经济效益、社会效益、生态效益三个子系统,建立了一个 3 个子目标共 16 个具体指标的评价指标体系,见表 8-1 所列。

表 8-1　大别山区生态经济效益评价指标体系

	权　重	指　标	权　重	指　标
大别山区生态经济综合效益	0.391	经济效益	0.191	区域 GDP(B_1)
			0.190	绿色 GDP(B_2)
			0.260	生态产业产值占 GDP(%)(B_3)
			0.102	人均 GDP(B_4)
			0.147	人均绿色 GDP(B_5)
			0.110	农村人均可支配收入(B_6)
	0.221	社会效益	0.174	城市化率(%)(B_7)
			0.197	全国生态县比例(%)(B_8)
			0.054	恩格尔系数(%)(B_9)
			0.165	自然保护区面积占比(%)(B_{10})
			0.041	公众对生态满意度(%)(B_{11})
	0.388	生态效益	0.158	环保投资率(%)(B_{12})
			0.172	三废综合治理率(%)(B_{13})
			0.201	区域生态效率(%)(B_{14})
			0.266	旅游生态环境达标率(%)(B_{15})
			0.203	森林覆盖率(%)(B_{16})

(三)评价指标权重的确定

各个评价指标在指标体系中的地位不一样,即对综合效益的影响程度不一致,因而需要事先确定各个评价指标的权重。由于直接分析多个指标对综合效益的影响非常困难,所以运用一般的定性分析方法确定指标权重难以确保合理,本研究采用层次分析法(AHP)确定指标权重。根据层次分析法的计算原理,请有关专家逐层建立两两比较的判断矩阵,根据方法进行计算并进行一致性检验,最终得到各个指标在整个评价指标体系中的权重,用 $A_i(i=1,2,3)$ 表示经济效益、社会效益与生态效益,用 $B_i(i=1,2,3,\cdots,16)$ 表示各项指标。计算经济效益、社会效益、生态效益在生态经济综合效益中所占的比重 W_0,通过专家打分得出判断矩阵 M_0:

$$M_0=\begin{bmatrix}1 & 5 & 3\\ 1/5 & 1 & 1/2\\ 1/3 & 2 & 1\end{bmatrix}\xlongequal{\text{按行求和、标准化}}\begin{bmatrix}0.391\\ 0.221\\ 0.388\end{bmatrix}\Rightarrow \boldsymbol{W}_0,M_0\times \boldsymbol{W}_0=\begin{bmatrix}1.960\\ 1.211\\ 0.238\end{bmatrix}$$

$\lambda_1=3.0049$,$C.I.=(\lambda_1-n)/(n-1)$,当 $n=3$,$C.I.=0.0024<0.1$,通过一致性检验;查表知:$C.R=0.58$,$R.I.=C.I./C.R.=0.0042<0.1$,通过完全一致性检验。

通过进行一致性检验,各个指标权重 W_0 通过检验,其权重见表 8-2 所列:

表 8-2 一级指标对评价目标的指标权重值

指标	经济效益 A_1	社会效益 A_2	生态效益 A_3
比重	0.391	0.221	0.388

计算得出 $\lambda=3.011796$,$C.I.=0.0056<0.1$,$C.R.=0.0096<0.1$,通过完全一致性检验。根据层次分析法计算准则层所对应的指标 B_i 的权重。经计算得出,$B_i(i=1,2,3,4,5,6)$ 在生态经济生态效益的权重 W_1,通过专家打分得出判断矩阵 M_1,计算出生态经济综合经济效益下各指标的权重 W_1,并进行一致性检验,结果如下:

$$M_1=\begin{bmatrix}1 & 2 & 4 & 3 & 7 & 5\\ 1/2 & 1 & 2 & 1/2 & 3 & 2\\ 1/4 & 1/2 & 1 & 1/3 & 2 & 1\\ 1/3 & 2 & 3 & 1 & 3 & 2\\ 1/7 & 1/3 & 1/2 & 1/3 & 1 & 1/3\\ 1/5 & 1/2 & 1 & 1/2 & 3 & 1\end{bmatrix}\xlongequal{\text{求和、标准化}}\begin{bmatrix}0.191\\ 0.190\\ 0.260\\ 0.102\\ 0.147\\ 0.110\end{bmatrix}\Rightarrow \boldsymbol{W}_1,M_1\times \boldsymbol{W}_1=\begin{bmatrix}2.557\\ 0.998\\ 0.539\\ 1.284\\ 0.305\\ 0.6\end{bmatrix}$$

$\lambda_1=6.178$，$C.I.=(\lambda_1-n)/(n-1)$，当 $n=6$，$C.I.=0.037<0.1$，通过一致性检验；查表知：$C.R=1.24$，$R.I.=C.I./C.R.=0.029<0.1$，通过完全一致性检验。

通过进行一致性检验，各个指标权重 W_1 通过检验，其权重见表 8－3 所列：

表 8－3

指标	B_1	B_2	B_3	B_4	B_5	B_6
权重	0.191	0.190	0.260	0.202	0.047	0.110

经计算得出，$B_i(i=7,8,9,10,11)$在生态经济社会效益的权重 W_2 如下：

$$M_2=\begin{bmatrix}1 & 3 & 5 & 2 & 1/3\\ 1/3 & 1 & 2 & 1/2 & 1/5\\ 1/5 & 1/2 & 1 & 1/3 & 1/5\\ 1/2 & 2 & 3 & 1 & 1/3\\ 3 & 5 & 5 & 3 & 1\end{bmatrix}\xlongequal{\text{按行求和标准化}}\begin{bmatrix}0.174\\0.197\\0.054\\0.165\\0.041\end{bmatrix}\Rightarrow W_2,M_2\times W_2=\begin{bmatrix}1.302\\0.461\\2.924\\0.795\\2.482\end{bmatrix}$$

$\lambda_1=5.164$，$C.I.=(\lambda_1-n)/(n-1)$，当 $n=5$，$C.I.=0.041<0.1$，通过一致性检验；查表知：$C.R=1.12$，$R.I.=C.I./C.R.=0.037<0.1$，通过完全一致性检验。

通过进行一致性检验，各个指标权重 W_2 通过检验，其权重见表 8－4 所列：

表 8－4

指标	B_7	B_8	B_9	B_{10}	B_{11}
权重	0.174	0.197	0.054	0.165	0.041

计算得出 $\lambda=5.349$，$C.I.=0.087<0.1$，$C.R.=0.077<0.1$，通过完全一致性检验。经计算得出，$B_i(i=12,13,14,15,16)$在休闲农业社会效益的权重 W_{Bi} 如下：

$$M_3=\begin{bmatrix}1 & 1/3 & 1/2 & 1/5 & 1/4\\ 3 & 1 & 2 & 1/3 & 1/2\\ 2 & 1/2 & 1 & 1/5 & 1/3\\ 5 & 3 & 5 & 1 & 1/2\\ 4 & 2 & 3 & 2 & 1\end{bmatrix}\xlongequal{\text{求和、标准化}}\begin{bmatrix}0.158\\0.172\\0.201\\0.266\\0.203\end{bmatrix}\Rightarrow W_3,M_3\times W_3=\begin{bmatrix}0.315\\0.822\\0.477\\1.831\\0.914\end{bmatrix}$$

$\lambda_1=5.251$，$C.I.=(\lambda_1-n)/(n-1)$，当 $n=5$，$C.I.=0.067<0.1$，通过一致性

检验；查表知：$C.R=1.12$，$R.I.=C.I./C.R.=0.056<0.1$，通过完全一致性检验。

通过进行一致性检验，生态经济社会效益各项指标通过完全一致性检验，具体指标权重见表8－5所列：

表8－5

指标	B_{12}	B_{13}	B_{14}	B_{15}	B_{16}
权重	0.158	0.172	0.201	0.266	0.203

整理综合分析，计算出指标 B_i 对生态经综合效益的权重 W_i，见表8－6所列：

表8－6 生态经济经济效益各评价指标权重值

B_i	B_1	B_2	B_3	B_4	B_5	B_6	B_7	B_8
W_i	0.075	0.074	0.102	0.040	0.057	0.043	0.038	0.044
B_i	B_9	B_{10}	B_{11}	B_{12}	B_{13}	B_{14}	B_{15}	B_{16}
W_i	0.012	0.036	0.009	0.061	0.067	0.078	0.103	0.079

四、大别山区生态经济效益综合评价

（一）层次分析法

层次分析法（AHP）是由美国运筹学家 A. L. Saaty 教授于20世纪70年代提出的，先后从多方面进行了完善，成为目前解决综合评判和决策问题的最重要方法之一。层次分析法的基本原理是：先构造递阶层次结构将复杂的决策问题进行分解，然后请专家、权威人士对各因素两两比较重要性，构造判断矩阵，对各因素层层排序，并计算同一层中的各个元素对上一层中某一准则所占的权重，最后计算合成待选方案的综合权重值并形成最终决策。

层次分析法（AHP）的步骤如下：

（1）构造递阶层次结构。首先明确要分析决策的问题，并把它条理化、层次化，确定递阶层次结构。AHP的递阶层次结构一般由目标层—准则层—指标层组成，不同层级元素间一般存在隶属关系，即上一层元素由下一层元素构成，并对下一层元素起支配作用。明确各个层次的因素及其位置，并将他们之间的关系用连线连接起来，就构成了递阶层次结构。

（2）构造判断矩阵。运用专家意见法，得到一个综合专家智慧，并按一致性情况进行整合的打分结果，填写判断矩阵。对不同指标进行两两比较并数量化，对重要性程度按1～9赋值（见表8－7所列）。

表 8-7　重要性标度含义表

标　度	含　义
1	两个指标比较，具有同样重要性
3	两个指标比较，前者比后者稍微重要
5	两个指标比较，前者比后者明显重要
7	两个指标比较，前者比后者重要得多
9	两个指标比较，前者比后者极端重要
2,4,6,8	上述两相邻判断的中间值
倒数	若指标 i 与指标 j 的重要性之比为 a_{ij}，则指标 j 与指标 i 的重要性之比为 $1/a_{ij}$

(3)求解判断矩阵。采用特征根法求解每一个判断矩阵，找出最大特征根 λ_{max} 及其对应的特征向量 W，即得到同一层各指标相对于上一层指标的相对重要性即权重。

(4)进行一致性检验。根据各平均一致性指标，求出判断矩阵的一致性指数 $CI=(\lambda_{max}-n)/(n-1)$、随机一致性比 $CR=CI/RI$(其中 RI 为平均一致性指标)，若 $CR<0.10$，则认为矩阵具有满意的一致性，否则必须重新调整矩阵，直至矩阵具有满意的一致性。

(二)指标数据的标准化

评价指标的原始数据可以根据大别山区四市 2016 年度的国民经济和社会发展统计年鉴、2015 年国民经济和社会发展统计公报等相关资料得到，然后对原始数据进行无量纲化和标准化处理，使数据介于[0,1]之间。由于本研究的评价指标全部为正指标，因此具体计算公式为：

$$Z_{ij}=X_{ij}/(X_{max}-X_{min}) \tag{1}$$

其中：Z_{ij} 为标准化指标数值，X_{ij} 为指标原始值，X_{max} 和 X_{min} 分别为指标原始值的最大值和最小值。取 X_{min} 为 0，再将上式简化为：

$$Z_{ij}=X_{ij}/X_{max} \tag{2}$$

经过计算，得到大别山区四市生态经济综合效益评价指标的标准化数据，见表 8-8 所列。

表 8-8　生态经济综合效益评价指标标准化数据(2015)

	准则层	指标层	六安市	安庆市	信阳市	黄冈市
大别山区生态经济综合效益	经济效益	区域 GDP(B_1)	0.609	0.859	1.000	0.846
		绿色 GDP(B_2)	0.668	0.705	1.000	0.864
		生态产业产值占 GDP(%)(B_3)	0.941	1.000	0.793	0.797
		人均 GDP(B_4)	0.667	1.000	0.983	0.847
		人均绿色 GDP(B_5)	0.801	0.975	0.990	1.000
		农村人均可支配收入(B_6)	0.885	0.961	0.960	1.000
	社会效益	城市化率(%)(B_7)	0.996	1.000	0.999	0.998
		全国生态县比例(%)(B_8)	1.000	0.250	1.000	0.250
		恩格尔系数(%)(B_9)	0.962	1.000	0.931	0.993
		自然保护区面积占比(%)(B_{10})	0.800	0.800	1.000	0.400
		公众对生态满意度(%)(B_{11})	1.000	0.889	1.000	0.444
	生态效益	环保投资率(%)(B_{12})	0.822	1.000	0.761	0.850
		三废综合治理率(%)(B_{13})	0.989	1.000	0.973	0.997
		区域生态效率(%)(B_{14})	1.000	0.810	0.238	0.571
		旅游生态环境达标率(%)(B_{15})	0.930	1.000	0.737	0.805
		森林覆盖率(%)(B_{16})	1.000	0.878	0.762	0.962

(三)评价指标数据的综合集成及比较分析

1. 评价指标数据的综合集成

生态经济综合效益评价指标的综合数值采用加权求和法计算，其计算公式如下：

$$Y=\sum_{i=1,j=1}^{5n}\sum(Z_{ij}\times r_{ij})\times W_i \tag{3}$$

经过计算，得出大别山区四市生态经济综合效益综合集成值结果，见表 8-9 所列。

表 8-9　大别山区四市生态经济综合效益综合评价值(2015)

	六安市	安庆市	信阳市	黄冈市
经济效益	0.302	0.355	0.366	0.342
社会效益	0.132	0.098	0.138	0.075
生态效益	0.369	0.363	0.266	0.323
综合集成值 Y	0.803	0.816	0.770	0.740

2. 大别山区四市生态经济综合效益的比较分析

从上述表 8-9 中可以看出，在大别山区四市中，安庆市生态经济效益综合评价值最大，表明安庆市生态经济综合效益最高，这是因为在十六项具体指标值中，安庆市有七项指标值名列第一；而黄冈市生态经济综合效益最低，这是因为在十六项具体指标值中，黄冈市仅仅只有两项指标值名列第一。分指标看，在经济效益方面，信阳市具有较明显的优势，六安市最弱；在社会效益方面，信阳市仍然优势明显，而安庆市最弱；在生态效益方面，六安市最具有优势，而信阳市最弱。这说明六安市生态资源在向生态效益方面转化是最好的，而向生态经济效益方面转化得最差；而信阳市生态经济效益最高，这说明信阳市生态资源被转化为经济效益是最充分的。另外，黄冈市应该要提高生态经济的社会效益。

第二节　大别山区生态经济发展策略探讨

大别山区生态产业开发和生态经济区建设是一项系统工程，事关大别山区域振兴、脱贫致富和生态保护的重任，因此，要多方形成合力，探讨适合的发展策略。

一、因地制宜，培养区域主导产业

大别山区四市的生态资源各有特色和优势，因此，要因地制宜，发挥各自生态资源优势，培育区域特色主导产业。发挥六安市作为江淮粮仓、白鹅王国、茶药宝库、丝绸之府、旅游资源以及水资源的优势，培育特色生态主导产业；发挥安庆作为全国重要的粮棉油、水产品、林产品和畜禽生产基地以及旅游资源的作用；发挥信阳盛产主要农产品和茶叶、畜禽等以及物流中心作用；发挥黄冈粮油棉种植优势、“板栗之乡”“药材之乡”优势以及旅游资源的作用，培育特色生态主导产业。

二、构建生态产业开发和生态经济区建设的多元化支持体系

首先，要制定和完善生态经济发展的各项政策，制定和完善产业生态化发展的

激励和约束机制、土地政策、税费政策、财政政策、政府采购政策、生态补偿机制等。其次，大别山区许多贫困地区经济基础薄弱，资金短缺，需要构建以政府为主导、以企业为主体、多方参与的多元化投资模式，确保生态经济开发的持续资本投入。再次，要构建科技支撑体系，通过构建省级特色产业基地和试验区，在各县(市)组建一个生产力促进中心，联合高校和科研院所，通过派遣科技特派团，围绕大别山区生态产业发展等领域中的重点、难点问题进行科技攻关，构建长期有效的科技服务机制。最后，构建生态经济开发的人才支持体系，制定相应政策，采取政府、企业和社会三结合集资方式，建立引智经费投入体系，吸引和鼓励国内外优秀人才到大别山区工作和创业。

三、构建区域生态产业一体化管理协调机制和基础设施建设一体化

首先，目前大别山区生态资源管理和利用还存在各自分割的局面，缺乏统一管理协调机制，甚至还存在相互排斥和恶性竞争的现象，因此，要构建大别山区生态资源一体化管理协调机制，加强对大别山区生态资源、旅游资源、水资源等进行一体化管理和利用，处理好生态资源区域内统一整合、管理、利用与属地管理、利用之间的关系，实现生态资源区域内最优配置。其次，强化大别山区域交通、通信、水利、电力等重大基础设施建设，制定和执行跨行政区域基础设施中长期发展规划，完善区域基础设施建设一体化格局。

四、加快生态园区建设，推动城乡生态经济协同发展

首先，要加快生态园区建设，发展生态工业。要结合大别山区各地的自然生态和工业基础，用生态学原理来规划生态园区建设，明确园区产业定位，推广应用先进适用技术，引进培育一批新兴产业项目，重点打造新型现代产业和重点工程；着力发展循环经济，促进企业生产链条的衔接，使企业做到优势互补，绿色生产；处理好区域物质能量的循环利用，建立各种生产模式的综合利用，实现生产—消费—废弃—利用的有机统一。走一条科技含量高、经济效益好、资源消耗低、环境污染少、人力资源优势得以充分发挥的新型工业化道路。

其次，推动城乡生态经济协同发展。

(1)针对农村地区和山区面临越来越多的生态问题的现实，着力改善山区农村生态环境，提高山区农村环境设施综合利用效率，加快污染物综合治理，着力推进工程减排、结构减排、管理减排，改善农村环境质量，增强区域环境承载能力，推动城市和农村生态产业、生态环境保护和生态社会建设同步进行，促进城乡协调发展。

(2)建设好若干生态县、生态镇和跨地区的生态功能区，着力解决一些地区生

态破坏后遗症带来的现实问题，推动大别山区经济建设、社会发展和生态资源保护共生共荣。

(3)要把发展生态工业作为城乡协同发展的战略举措，正确处理好环境保护和企业发展的关系，在发展中落实保护，在保护中促进发展，力求环境保护和企业发展共赢，实现企业发展和生态治理良性互动。

五、强化自主创新，培育自主品牌

大别山区生态产业开发过程中要强化自主创新，包括技术创新、市场创新、品牌创新等。

(1)技术创新。构建以政府、高校和企业为主体的生态产业技术创新联盟，围绕生态产业的发展，搭建产学研紧密合作的公共技术创新平台，加强科技攻关和成果转化，加强特色农业技术推广服务，改造传统产业生产工艺，延长产业链，增加附加值，节约了资源、能源，减少了排放。

(2)在大别山区生态资源资产化、商业化、市场化途径方面进行创新，在生态补偿机制和碳汇交易机制方面进行创新，变生态资源优势为经济优势。构建"公司＋基地＋农户＋市场"的经营模式，逐步形成完整的生态农业产业链。

(3)打造自主品牌，争创名牌产品和驰名商标。将大别山区生态产业品牌创新与地方文化开发相结合，打造自主特色品牌，在生态产品中注入地方特色文化因素，增加产品的文化内涵和附加值，提升产品的层次，打造一定数量的全国名牌产品和驰名商标。另外，要强化大别山区特产资源的地理标志知识产权保护与非物质文化遗产的保护。

六、完善生态补偿机制

生态补偿是用经济的手段达到激励人们对生态系统服务功能进行维护和保育，解决由于市场机制失灵造成的生态效益的外部性并保持社会发展的公平性，达到保护生态与环境效益的目标。经济较落后的大别山区，经济发展与生态环境保护矛盾突出，因此，构建资源有偿利用制度和生态补偿机制成为解决此矛盾的有效手段。构建生态补偿机制，也是大别山区实现经济发展与生态环境保护双赢战略，推进可持续发展的重要举措。因此，首先要加强生态保护立法，从法律、制度和政策层面确定生态补偿机制和相关优惠政策，这样有利于大别山区生态功能保护区建设以及生态环境管理的有效开展。其次，要构建大别山区生态功能保护区及水源地保护生态补偿机制和跨行政区域的生态补偿机制，建立生态补偿基金，制定合理的生态补偿标准。再次，将资金补偿、实物补偿、技术补偿和人才支持等方式综合应用，以促进生态基地的经济发展。最后，要建立生态环境防治的多元投资融资制度，在以政府投入为主要渠道的前提下，充分吸收社会融资，为生态环境建设提供财政支持。

七、将大别山区生态经济发展与扶贫开发战略相结合

大别山区优势特色是生态资源富集，特点是贫困落后，属国家连片特困地区之一，扶贫开发任务艰巨。因此，发展生态经济与扶贫开发应该相辅相成。大别山区扶贫不能仅仅依靠政府的输血式扶贫，而要依靠区域自我发展这种造血式脱贫。充分开发大别山生态资源，打造具有大别山特色的生态产业，变生态资源为生态资本，落实生态补偿机制和碳汇交易机制，大力发展生态经济，既是大别山区脱贫致富的重要路径，又是实现从扶贫开发走向区域振兴的重要途径。

最后，构建大别山区生态补偿机制。经济较落后的大别山区，经济发展与生态环境保护矛盾突出，因此，构建资源有偿利用制度和生态补偿机制成为解决此矛盾的有效手段。首先政府要从制度和政策层面确定生态补偿机制和相关优惠政策，然后要构建水源地保护生态补偿机制和跨行政区域的生态补偿机制，最后将资金补偿、实物补偿、技术补偿和人才支持等方式综合应用，以促进生态基地的经济发展。

第九章　结论及展望

一、全文结论

本文以大别山区生态产业和生态经济区建设为研究对象，系统地对大别山区生态功能区进行了分类，对生态产业开发进行了研究，运用层次分析法评价大别山区生态经济综合效益，并结合实际情况对生态经济发展进行策略探讨。

本文的主要工作如下：

一是对大别山区概况进行了简介，对大别山生态功能保护区进行了分类探讨，并应用GIS对各种生态功能保护区的分布进行了定位并绘图；

二是对大别山风景旅游名胜区进行了分别探讨，并应用GIS对各种生态功能保护区的分布进行了定位并绘图；

三是对大别山区生态产业开发类别进行探讨，并对各生态产业的发展现状及发展对策分别进行了探讨；

四是对大别山区生态经济区规划进行了探讨并绘图；

五是以六安茶谷为例，对大别山区生态产业集中发展区的发展情况进行了全面的探讨；

六是采用层次分析法（AHP）对大别山区四市生态经济发展综合效益进行测度评价，并有针对性地提出了相关发展策略。

二、研究展望

大别山区生态经济发展研究是一个涉及众多学科、领域的复杂系统，本文所做的工作只是对大别山生态经济发展做一点尝试性探索，虽然取得一些有益的成果，但仍然有许多问题有待商榷和进一步研究。

首先，本文通过实地考察调研和查阅大量的文献材料，以及理论分析对大别山区生态产业开发和生态经济区建设做了初步探索。从研究的范式上看，研究分为定量研究和定性研究，本文对大别山区生态产业发展做了大量的定性研究。因此，在后续的研究中将采用计量经济学的方法确定生态经济区建设体系的构成要素。

其次，生态经济区产业发展如何处理环境与经济发展之间的关系，如何处理环境与资源，如何处理资源与经济之间的关系，如何实现生态经济可持续发展也值得继续研究。

最后，基于本文的研究成果，进一步深化，构建有效地评价和预测生态经济区均衡发展的情况，并能有效实时监控生态经济区运行情况的动态模型。

参考文献

[1] 厉以宁．非均衡的中国经济[M]．北京：中国大百科全书出版社，2009.

[2] 王志凯，史晋川．中国区域经济发展的非均衡状况及原因分析[J]．浙江大学学报(人文社会科学版)，2011(11)：91－103.

[3] 课题组．建立大别山国家级生态经济区的战略构想[J]．理论建设，2013(3)：13－20.

[4] 国务院关于大别山革命老区振兴发展规划的批复(国函〔2015〕91 号)[EB/OL]．http://www.gov.cn.

[5] 孙久文．走向 2020 年的我国城乡协调发展战略[M]．北京：中国人民大学出版社，2010.

[6] 沈满洪．生态经济学[M]．北京：中国环境科学出版社，2008.

[7] 陈钊．区域经济生态化研究[M]．成都：四川大学出版社，2011.

[8] 李周．中国生态经济理论与实践的进展[J]．江西社会科学，2008，(6).

[9] 李怀政．生态经济学变迁及其理论演进述评[J]．江汉论坛，2007，(2)：32－35.

[10] Chen G. L. Construction of ecological economic model for sustainable development. China Market，2007(13)：92－93.

[11] C. D. Robert，P. Lasserre. Implementing Carbon Credits for Forests Based on Green Accounting，Ecological Economics，2006，56(4)：610－621.

[12] 张谊浩．生态经济学的方法论[J]．经济学家，2007(5).

[13] 方时姣．西方生态经济学理论的新发展[J]．国外社会科学，2009(3).

[14] 刘薇．区域生态经济理论研究进展综述[J]．北京林业大学学报(社会科学版)，2009(3)：142－147.

[15] 孙根紧，何婧．中国生态补偿研究综述[J]．商业时代，2011(12)：100－102.

[16] 朱再昱，曹建华，陈美球．鄱阳湖生态经济区协作机制创新研究[J]．求实，2009(7).

[17] 程水源，王庆．大别山试验区国家战略实现路径研究[M]．北京：经济科学出版社，2013.

[18] 安徽省梅山水库[EB/OL]. http://www. mssdz. com. cn.

[19] 响洪甸水库概况[EB/OL]. http://www. xhdskglc. com.

[20] 龙河口水库简介[EB/OL]. http://lhk. ahsl. gov. cn.

[21] 花凉亭水库概况[EB/OL]. http://www. aqhltsk. com.

[22] 信阳市南湾湖风景区简介[EB/OL]. http://www. nanwanhu. gov. cn.

[23] 鲇鱼山简介[EB/OL]. http://www. nyssk. cn.

[24] 白莲河水库[EB/OL]. http://www. baike. com.

[25] 国家公园定义与功能[EB/OL]. http:// www. forestry. gov. cn.

[26] 国家公园的意义及在中国的发展[EB/OL]. http://www. docin. com.

[27] 鹞落坪国家级自然保护区[EB/OL]. http://www. iyaoluo. com.

[28] 金寨天马国家级自然保护区[EB/OL]. http://tmbhq. cn.

[29] 安徽省金寨县天马国家级自然保护区[EB/OL]. http://tmbhq. cn.

[30] 鸡公山国家级自然保护区[EB/OL]. http://www. 360doc. com.

[31] 湖北龙感湖国家级自然保护区[EB/OL]. http:// hblghnr. forestry. gov. cn.

[32] 岳西枯井园国家级自然保护区[EB/OL]. http://xf. yuexi. gov. cn.

[33] 湖北大别山自然保护区简介[EB/OL]. http://219. 138. 147. 116:8080.

[34] 张理华．安庆沿江湿地管理与保护区建设[J]．人民长江，2009(19)：6-9.

[35] 安徽潜山板仓省级自然保护区 http://www. ahly. gov. cn.

[36] 刘永敏．霍邱东西湖湿地管理现状及保护对策浅析[J]．安徽林业科技，2012,38(4)：44-46.

[37] 舒城万佛山风景区[EB/OL]. http://travel. luan. gov. cn.

[38] 信阳四望山省级自然保护区[EB/OL]. http://swsnr. forestry. gov. cn.

[39] 信阳天目山森林生态保护区[EB/OL]. http://www. linan. gov. cn.

[40] 新县黄缘闭壳龟野生动物保护区[EB/OL]. http://shop. bytravel. cn.

[41] 走进金刚台[EB/OL]. http://www. jingangtai88. com.

[42] 商城县鲇鱼山省级自然保护区简介[EB/OL]. http://www. nyssk. cn.

[43] 国家地质公园基本概念[EB/OL]. http://vip. luaninfo. com.

[44] 建立国家地质公园的意义[EB/OL]. http://www. china. com. cn.

[45] 安徽大别山（六安）国家地质公园导游手册[EB/OL]. http://vip. luaninfo. com.

[46] 安徽大别山（六安）国家地质公园说明牌[EB/OL]. http://

vip. luaninfo. com.

[47] 走进天柱山[EB/OL]. http://www. tzs. com. cn.

[48] 国家地质公园浮山风景区[EB/OL]http://www. zyfushan. com.

[49] 湖北黄冈大别山国家地质公园[EB/OL]. http://www. dbsdzgy. com.

[50] 湖北黄冈大别山国家地质公园概况[EB/OL]. http://www. dbsdzgy. com.

[51] 信阳金刚台国家地质公园[EB/OL]. http://tea. qicaispace. com.

[52] 国家森林公园及其重要意义[EB/OL]. http://www. zw3e. com.

[53] 中国林业网[EB/OL]. http://www. forestry. gov. cn.

[54] 天柱山国家森林公园[EB/OL]. http://tzsfp. forestry. gov. cn.

[55] 安徽大龙山国家森林公园简介[EB/OL]. http://slgy. aqyx. gov. cn.

[56] 安徽天堂寨国家森林公园[EB/OL]. http://ah. wenming. cn.

[57] 天堂寨风光[EB/OL]. http://www. ttzly. com.

[58] 妙道山国家森林公园[EB/OL]. http://hkjum991176. 51sole. com.

[59] 安徽浮山国家森林公园[EB/OL]. http://www. zyfushan. com.

[60] 石莲洞国家森林公园简介[EB/OL]. http://www. shiliandong. com.

[61] 信阳市南湾湖风景区简介[EB/OL]. http://www. nanwanhu. gov. cn.

[62] 河南金兰山国家森林公园[EB/OL]. http://www. xyxww. com. cn.

[63] 河南黄柏山国家森林公园简介[EB/OL]. http://hahbsfp. forestry. gov. cn.

[64] 国家级森林公园落户平桥[EB/OL]. http://haxy. forestry. gov. cn.

[65] 大别山国家森林公园[EB/OL]. http://lvyou. 2345. com.

[66] 黄冈三角山国家森林公园[EB/OL]. http://hgsjsgjslgy. 21hubei. com.

[67] 天台山——大别山一颗璀璨明珠[EB/OL]. http://www. ha—tts. com.

[68] 吴家山国家森林公园[EB/OL]. http://www. forestry. gov. cn.

[69] 天堂寨景区简介[EB/OL]. http://www. ttzly. com.

[70] 天堂寨资源概况[EB/OL]. http://www. ttzgwh. gov. cn.

[71] 湖光山色 百里画廊——万佛湖[EB/OL]. http://www. wanfohu. com. cn.

[72] 大别山主峰(白马尖)景区[EB/OL]. http://travel. anhuinews. com.

[73] 金寨革命烈士陵园[EB/OL]. 安徽文明网 http://ah. wenming. cn.

[74] 裕安区独山革命旧址群[EB/OL]. http://xxgk. yuan. gov. cn.

[75] 临淮岗风景区[EB/OL]. http://www. huoqiu. gov. cn.

[76] 东石笋风景区[EB/OL]. http://www. ja. gov. cn.

[77] 皖西大裂谷简介[EB/OL]. http://www. wxdaliegu. com.

[78] 大别山风情谷景区介绍[EB/OL]. http://www. dbsfqg. com.

[79] 六安市大别山石窟风景区旅游开发有限公司[EB/OL]. http://

www. dbssk. cn.

[80] 梅山水库[EB/OL]. http://www. bytravel. cn.

[81] 边走边看天柱山[EB/OL]. http://www. tzs. com. cn.

[82] 安徽天柱山简介[EB/OL]. http://scenic. cthy. com.

[83] 花亭湖简介[EB/OL]. http://scenic. cthy. com.

[84] 巨石山生态文化旅游区介绍[EB/OL]. http://www. aqjss. com.

[85] 孔雀东南飞文化园[EB/OL]. http://www. huangmei. gov. cn.

[86] 明堂山[EB/OL]. http://www. bytravel. cn.

[87] 天峡景区简介[EB/OL]. http://anqing. cncn. com.

[88] 五千年文博园简介[EB/OL]. http://www. wqnwby. com.

[89] 菱湖公园[EB/OL]. http://jing818827. qiyeshangpu. com.

[90] 桐城嬉子湖景区[EB/OL]. http://jing130135. cn. zhsho. com.

[91] 大别山彩虹瀑布风景区简介[EB/OL]. http://www. chezhilv. cn.

[92] 白马潭景区介绍[EB/OL]. http://www. baimatan. net.

[93] 安庆天柱山山谷流泉文化园简介[EB/OL]. http://anqing. cncn. com.

[94] 信阳市南湾湖风景区简介[EB/OL]. http://www. nanwanhu. gov. cn.

[95] 鸡公山风景区简介[EB/OL]. http://jd47110. homeintour. com.

[96] 西九华山旅游风景区[EB/OL]. http://jing921405. qiyeshangpu. com.

[97] 罗田天堂寨风景区简介[EB/OL]. http://www. tiantangzai. com.

[98] 红安黄麻起义和鄂豫皖苏区革命烈士陵园概况[EB/OL]. http://www. hmjny. com. cn.

[99] 麻城龟峰山风景区[EB/OL]. http://www. macheng. gov. cn.

[100] 英山县桃花冲风景区[EB/OL]. www. hubei. gov. cn.

[101] 彭玉婷. 安徽省大别山区生态产业体系建设研究[J]. 当代经济,2013(21):90-91.

[102] 王瑞,孙芸,栾敬东. 大别山区农业特色产业发展优势和问题及对策[J]. 农业现代化研究,2013(5):313-317.

[103] 田安国. 大别山区现代特色农业发展对策[J]. 湖北农业科学,2013(3):1226-1228.

[104] 吴义鸿. 安庆市茶产业现状与发展对策[J]. 中国茶叶,2013(5):30-31.

[105] 陈兆清. 六安市茶产业发展研究[J]. 安徽农学通报,2013,19(10):3-7.

[106] 杨精明. 对六安茶业发展的思考[J]. 茶业通报,2014,36(2):54-57.

[107] 张友明. 大别山区茶叶生长的气候生态分析及高产对策[J]. 北京农业,2015(23):51-52.

[108] 刘之杨,熊晚珍,孙志国. 大别山片区茶叶地理标志与茶文化遗产保护[J]. 安徽农业科学,2014,2(4):1223-1224.

[109] 卢晓阳. 信阳茶产业发展现状与对策分析[J]. 中国市场,2014(51):55-56.

[110] 张小芬,熊健. 六安市休闲农业发展现状及对策建议[J]. 安徽农学通报,2014,20(05):118-120.

[111] 六安市林业概况[EB/OL]. http://www.laslyj.gov.cn.

[112] 安庆市森林资源概况[EB/OL]. http://www.ahaqly.gov.cn.

[113] 信阳市"十二五"林业生态建设成效显著[EB/OL]. http://haxy.forestry.gov.cn.

[114] 黄冈市林业概况[EB/OL]. http://www.hglyj.cn.

[115] 2015—2020年六安市中药行业调查及十三五规划参考咨询报告[EB/OL]. http://www.askci.com.

[116] 安徽六安市大力发展中药材产业[EB/OL]. http:// news.makepolo.com.

[117] 安庆市中药材产业化发展规划(2015—2020)[EB/OL]. http://www.askci.com.

[118] 信阳市中药材种植发展情况调查研究[EB/OL]. http://d.wanfangdata.com.cn.

[119] 关于对黄冈市中药材产业发展的调研情况[EB/OL]. http:// www.hbdofcom.gov.cn.

[120] 段院生,余夕帆,王沫. 黄冈市中药材产业发展的问题与对策[J]. 湖北农业科学,2014(08):1947-1949.

[121] 汪先霞,袁春哓. 信阳市中药材种植发展情况调查研究[J]. 农业科技通讯,2016(08):44-46.

[122] 陈丽军. 大别山区域旅游扶贫的实现路径探讨[J]. 湖北农业科学,2016(08):4330-4334.

[123] 彭玉婷. 安徽大别山区生态旅游SWOT分析与发展模式探讨[J]. 商业经济,2013(10):53-54.

[124] 尉静. 黄冈市旅游产业发展现状与对策刍议[J]. 黄冈师范学院学报,2015(10):13-15.

[125] 陈丽军,王庆,汪季石. 大别山区域四市旅游资源比较研究[J]. 湖北农业科学,2014(05):1235-1240.

[126] 刘泽双,顾利平. 大别山红色旅游资源整合与开发的策略研究[J]. 价值工程,2015(10):284-286.

[127] 王丰阁,袁娟．大别山生态旅游产业发展策略研究[J]．当代经济,2014(20):24-25.

[128] 海热提．循环经济与生态工业[M]．中国环境科学出版社,2008.

[129] 绿色引导 创新驱动——2016年六安市工业经济发展稳中有进[EB/OL]. http://www.luaninfo.com.

[130] 安庆工业[EB/OL]. http://www.anqing.gov.cn.

[131] 信阳市在全省产业发展座谈会上的汇报[EB/OL]. http://www.xydrc.gov.cn.

[132] 黄冈工业经济发展路径观察[EB/OL]. ttp://www.hgitv.com.

[133] 杨精明．创新产业融合 打造六安茶谷[J]．茶业通报,2016(40):20-23.

[134] 茶谷概况[EB/OL]. http://www.lacgw.com.

[135] 六安茶谷特色产业[EB/OL]. http://www.lacgw.com.

[136] 六安茶谷节点[EB/OL]. http://www.lacgw.com.

[137] 六安茶谷旅游景点[EB/OL]. http://www.lacgw.com.

[138] 六安茶谷特产[EB/OL]. http://www.lacgw.com.

[139] 六安茶谷精品线路[EB/OL]. http://www.lacgw.com.

[140] 吴国琴．大别山区旅游合作绩效的实证分析[J]．信阳师范学院学报:自然科学版,2015(01):59-61.

[141] 赵新泉,彭勇行．管理决策分析[M]．北京:科学出版社,2008.

[142] 张炳江．层次分析法及其应用案例[M]．北京:电子工业出版社,2014.

[143] 侯淑婧,周洋．区域生态经济效益评价指标体系构建研究[J]．中国经贸导刊,2016(6):66-68.

[144] 尤鑫．基于主体功能区的生态补偿制度建设研究[J]．江西科学,2013(4):270-273.

[145] 霍艳丽,刘彤．生态经济建设:我国实现绿色发展的路径选择[J]．企业经济,2011(10):63-66.

[146] 郝文斌．生态经济发展的理论基础与实践路径[J]．北方论丛,2015(2):144-147.

图书在版编目(CIP)数据

大别山区生态产业开发及生态经济区建设研究/王哲著. --合肥:合肥工业大学出版社,2017.6(2024.12 重印)

ISBN 978-7-5650-3355-1

Ⅰ.①大… Ⅱ.①王… Ⅲ.①大别山-生态经济-经济区-经济建设-研究 Ⅳ.①F127

中国版本图书馆 CIP 数据核字(2017)第 124059 号

大别山区生态产业开发及生态经济区建设研究

王 哲 著　　责任编辑 石金桃

出 版	合肥工业大学出版社	版 次	2017 年 6 月第 1 版
地 址	合肥市屯溪路 193 号	印 次	2024 年 12 月第 2 次印刷
邮 编	230009	开 本	710 毫米×1010 毫米 1/16
电 话	艺术编辑部:0551-62903120	印 张	18.75
	营销与储运管理中心:0551-62903198	字 数	357 千字
网 址	press.hfut.edu.cn	印 刷	安徽联众印刷有限公司
E-mail	hfutpress@163.com	发 行	全国新华书店

ISBN 978-7-5650-3355-1　　定价:45.00 元